中国旅游业普通高等教育应用型规划教材

餐饮管理

主 编 赵顺顶
副主编 马继刚 刘 芳

中国旅游出版社

前　言

本书编写以现代餐饮企业管理岗位实际需要为核心目标，在搭建现代餐饮企业管理知识体系的前提下，以培养学生的实际应用能力为重点，注重提升学生的实践能力和专业技能，使学生既能掌握餐饮服务管理标准，又能分析、制定、实施餐饮服务管理标准。

本书积极吸取国内外现代餐饮业发展新趋势和新成果，关注现代餐饮企业新型管理模式，以餐饮管理实战经验为核心，在编写过程中力求将现代餐饮管理的理念、方法、技能、流程、创新思维等予以系统介绍。

本书编写组由云南财经大学旅游与酒店管理学院长期从事酒店管理、餐饮服务与管理教学工作的博士、副教授和具有丰富餐饮业实战经验的“双师型”教师组成。本书在编写过程中吸收了国内近几年出版的餐饮类有关教材的优点，并结合编者多年的餐饮服务与管理课程教学心得，充分利用编者在餐饮行业和企业的实战经验，甄选教学内容和典型案例。具体编写分工如下：赵顺顶任本书主编，负责全书提纲的拟定、全书的修改及统稿工作；马继刚、刘芳任副主编；张玲编写第 1 章；马继刚编写第 2 章和第 3 章；赵顺顶编写第 4 章和第 6 章；王会金编写第 5 章；刘芳编写第 7 章和第 8 章；班先海编写第 9 章；董良飞编写第 10 章。

本书每章皆由导言、学习目标、导入案例、知识链接、同步思考、复习思考题、案例分析等板块构成，层次分明，循序渐进，以增强教学的实效性。本书把餐饮管理体系中需要学生了解和掌握的实践技能以实训指导的形式展现出来，明确训练的内容、目标、方法、要求、学时等，方便教学效果的检查和评估。

由于编写时间紧，编者水平有限，书中难免有不足之处，希望得到专家、学者、同行和读者的批评指正！

编者

2015 年 12 月

目录
CONTENTS

第一章

餐饮业概述

导言

餐饮业基础知识是餐饮管理人员应具备的行业素养。本章主要介绍餐饮业的基本概念、特点和行业发展趋势，梳理现代餐饮企业的组织架构和主要岗位职责，明确餐饮管理的目标和任务。

【学习目标】

1. 能够识别餐饮业的类型，了解餐饮业的概念和基本特征、餐饮产品的结构。

2. 掌握餐饮管理的目标、任务和特点，熟悉餐饮企业组织结构的设置和餐饮业工作人员的岗位职责。

3. 了解餐饮业的发展趋势。

【导入案例】

雕爷牛腩餐厅，是中国第一家“轻奢餐”餐饮品牌，其烹饪牛腩的秘方系中国香港戴龙所创。雕爷牛腩餐厅在开业前进行了半年的封测，邀请美食达人、影视明星前来试菜。经过不断微调，餐厅于2013年5月20日正式对外营业，并大受食客追捧。“把一种食物，探索到细致入微，雕琢出大巧大拙!”此概念由雕爷牛腩首先提出。他们经营这家餐厅所追求的就是“无一物无来历，无一处无典故”：从香港戴龙手中买断秘方、选用大马士革钢锻造牛腩切刀，炖牛腩的锅已申请专利，顾客到店喝的水则是FIJI Water和Saratoga Spring Water。雕爷牛腩餐厅有一独特岗位——CTO（首席体验官）。一家优质的餐厅有三要素，即口味、环境、服务。前两者改进的空间是有限的，而服务的改进空间是无限的。鉴于此，餐厅CTO会以顾客的角度去感知餐厅服务，不断反馈顾客的意见和改进服务，并有权为顾客喜爱的甜点和小菜免单。这也是雕爷牛腩餐厅的企业愿景：以求道之态度做一碗牛腩，并给予顾客饕餮之外的惊喜与感动。

雕爷牛腩餐厅，既是一家普通的餐厅，又是一家不普通的餐厅。餐饮市场竞争激烈又蕴藏若干机遇，餐饮管理人员具备深厚、系统的餐饮知识和创新能力，是把握机遇的关键所在。

第一节　餐饮业的概念与特征

一、餐饮业的概念

餐饮业是指通过即时加工制作、商业销售和服务性劳动等手段，向消费者提供食品（包括饮料）、消费场所和设施的食品生产经营行业。根据上述定义，构成餐饮业的各组织机构应具备三个基本要素。

（一）提供菜品、饮料和服务

餐饮业是专门提供菜品、酒水饮料及其服务的行业。菜品、酒水饮料是餐饮产品的基本要素，而服务则是体现餐饮产品质量和档次的重要标准，也是顾客评价餐饮店优劣的主要依据之一。餐饮企业提供的菜品和酒水饮料应在质量、数量、价格等方面做到与服务相一致。

（二）有固定经营场所

餐饮店在生产和经营上要具有一定的有形建筑物、有一定接待能力的餐饮生产空间或营业场所、有用于餐饮产品生产制作的设施设备。社会餐馆要有独立的经营场所。三星级以上饭店要具有与其接待能力相适应的中餐厅、西餐厅、咖啡厅和宴会厅。尽管一些送餐企业没有较大的供餐场所，但其生产和运营依然需要有相对固定的场所。

（三）以营利为经营目的

实现利润最大化是一切企业组织追求的目标。商业型的餐饮服务机构是通过从事餐饮经营活动，以餐饮服务产品满足顾客和社会需要，并以营利为目的，实行自主经营、自负盈亏的经济组织。星级饭店的餐饮部是一个主要的创利部门。独立经营的社会餐饮企业其主要目的也是创造利润。餐饮经营者应努力扩大客源市场、节约成本、适应市场变化与竞争形势，使企业的创利能力不断增强。

二、餐饮业的类型

餐饮业由各种类型、各种等级的餐馆或餐饮企业组成。按餐饮业的经营形式、餐饮内容或服务方式的不同，餐饮业的企业类型可分为三大类。

（一）饭店和康乐场所的配套餐饮系统

1. 饭店餐饮

各类饭店诸如商务型饭店、度假型饭店、汽车旅馆和经济型饭店等，在满足客人住宿消费的同时，又为客人提供餐饮服务。在星级饭店，为满足客人不同的餐饮消费需要，都设有多种餐饮服务场所，如中西零点餐厅、自助餐厅、咖啡厅、宴会厅、风味餐厅、酒吧和茶座等。在高星级饭店，餐饮设施豪华，能够提供各种风味独特的美味佳肴和一流的餐饮服务。

2. 康乐业餐饮

康乐企业为满足消费者在康乐活动中对餐饮消费的需求，也会进行餐饮食品加工、烹饪和餐饮服务等经营活动。例如，为在高尔夫球场、体育场（馆）、游泳场（馆）、健身房、舞厅、歌剧院、歌厅、公园、游乐场等康乐设施活动的消费者提供的餐饮食品和服务。

（二）独立经营的餐饮单位

1. 普通餐馆

包括社会各类餐馆、酒楼、酒家、饭馆、菜馆、餐饮店等。从总体上讲，这类餐馆数量较多，城乡各地随处可见，经营品种广泛，服务于多元化的消费群体，占餐饮业营业额的比重较高。普通餐馆按服务对象和内容的不同，可分为便餐馆和高级餐馆两种。

2. 风味餐馆

风味餐馆也称特色餐馆，因其经营的菜肴别具特色而区别于普通餐馆。风味餐馆可专营某一类菜肴，如海鲜、野味、素食等；也可经营某一地方菜系，如鲁菜、粤菜、川菜等；还可突出经营某一民族或国家的菜肴，如清真菜、蒙古族菜、法式菜、日式料理等；或专门经营以某种烹调方法为主的菜肴，如烤肉、火锅等。风味餐馆经营菜品较单一，菜单内容也相对有限，同时餐饮服务因饮食风味特点的不同也在某些环节上有所差异。

3. 自助餐馆

自助餐馆是指客人自选自取适合自己口味菜点就餐的餐馆。这种经营方式基本取消了餐桌服务，因而服务人工成本降低很多。此外，客人可以自由选择菜点及数量，所以很受客人欢迎，成为餐饮业一种常见的经营方式。

4. 快餐店

人类社会越现代化，生活节奏也就越快，于是这种随叫随吃，既不费时又美味可口的快餐逐渐成为主流。快餐店以人们喜欢的餐饮食品、低廉的价格、标准化的技术、快捷的服务、明净的就餐环境，为众多的消费者所欢迎。

5. 酒吧

酒吧是售卖酒精饮料给顾客当场饮用的店铺，一般夜里营业，部分酒吧也提供食物。酒吧能够为完成繁忙工作后需要轻松一下的顾客提供一个休闲的场所，成为西方国家和我国许多城市时下较流行的一种餐饮休闲场所。

6. 茶馆和咖啡店

茶馆是人们品茶、休闲和交际的固定场所。中国的茶馆由来已久，其雏形是茶摊。在现代社会，茶馆作为文化生活的一种形式，已成为人们业余生活的重要选择之一。茶馆风格不一，有历史悠久的老茶馆，如成都顺兴老茶馆、上海七宝镇上的老茶馆等，有采用现代建筑和装饰风格的新茶馆，还有衍生出的书茶馆、棋园茶座、音乐茶座等。

咖啡店是以售卖咖啡饮品为主的固定场所，与茶香飘逸的茶趣雅境不同，咖啡店更能与快节奏的现代社会相吻合。一些国际知名的咖啡连锁店，如美国的星巴克国际连锁店、宾诺咖啡连锁店，法国的爵士岛连锁店以及我国台湾地区的上岛咖啡连锁店等纷纷进入中国大陆市场，在中国咖啡行业中扮演着举足轻重的角色。

（三）单位内部的餐饮服务机构

单位内部的餐饮服务机构主要作为单位的后勤服务部门，满足特定范围内消费群体的饮食需要。近些年，一些单位如学校、机关等的内部餐厅，开始实行后勤社会化改革，引入连锁等先进的管理模式，建立适应市场经济法则的现代餐饮管理机制，体现出现代服务型企业的品质特征。单位内部的餐饮服务机构主要包括企事业单位的职工食堂、校园内的餐厅、医院的职工食堂及病人专用食堂、军营的食堂等。

三、餐饮服务产品及其构成

餐饮服务产品实际上是顾客在餐馆消费期间所获得的一种生理和心理上的感受与经历。零售业先驱马歇尔·菲尔德（Marshan Field）曾经说过："给顾客出乎意料的惊喜，让他们体验愉快的服务经历，这是最能赢得顾客忠诚的办法。"

（一）餐饮服务产品的含义

餐饮服务产品由满足顾客需求的某种物质实体和非物质形态的服务构成。物质实体包括餐馆建筑、设施、用品、菜肴、酒水等，称作有形产品；非物质形态的服务包括餐饮企业品牌、等级、特色、氛围，以及员工礼节礼貌、服务态度与行为等，称作无形产品。完整的餐饮服务产品概念，从满足顾客的需求来说，可分解为三个层次：核心产品、实际产品、延伸产品。

1. 核心产品

核心产品是指产品能够带给消费者的基本效用、核心利益。核心产品主要是回答顾客购买产品所要解决的问题是什么，因此核心产品实际上是指产品的利益而非产品的形态，它是顾客需要的企业内容。餐饮核心产品则是指为顾客提供的最基本的服务，它能够满足顾客在餐馆中的最基本需求，包括顾客在用餐消费过程中希望由餐厅解决的各种基本问题。对不同的顾客来说，所需要解决的问题是不同的。例如：对"求廉型"的消费者来说，是便宜、卫生地吃顿饱饭；对“享受型”的消费者来说，是享受高档菜肴和舒适服务；对“健康型”的消费者来说，则是希望通过食物的营养食疗作用达到保健的目的。

在餐饮服务产品的设计与管理中，只有先提出产品核心的理念，才能设计出符合顾客需要的产品。

2. **实际产品**

核心产品必须转变成一个真实有形的产品，才能满足顾客购买的需要，这就是产品的第二个层次，即实际产品。实际产品是指产品呈现在市场上的具体形态，包括品质、特征、式样、包装、品牌等。实际产品是顾客需要与利益的实现形式，是核心产品的有形载体。餐饮实际产品则是指从形式上能展示餐饮产品核心利益的多种因素，包括餐馆的设计风格、建筑特色、地理位置、周围环境、品牌、餐厅设施与环境等，也包括餐饮企业为顾客提供的各种菜肴和饮品，以及各项服务，如餐厅预订服务、领位服务、摆台、撤台、点菜服务等。这些展现因素使餐饮服务产品的核心利益有形化，也正是这些产品的展现因素，才使世界上的餐馆各具特色。

3. **延伸产品**

产品的第三个层次是由扩大服务和利益所构成的延伸产品。延伸产品是伴随着实际产品的出售，企业向顾客提供的各种附加服务和利益的总和。餐饮延伸产品则是指在客人购买其实际产品时所提供的额外超值服务。这种额外超值服务可以增加核心产品的价值，能给顾客带来更多的满足，对客人购买实际产品具有一定的影响力。

餐饮延伸服务内容越多，其档次、规格也越高，例如，小孩照看服务、残疾人服务、俱乐部成员优惠、送餐服务、提前预订餐位、提供特殊菜品、按客人需要制作菜品、餐饮营养构成知识介绍、代客驾车服务，以及向客人赠送生日贺卡、生日蛋糕、香槟酒、鲜花、礼品等。

（二）餐饮服务产品的构成

如前所述，完整的餐饮服务产品是由有形物质实体和无形服务构成的有机整体。具体讲，餐饮服务产品由以下几个方面构成：

1. **餐饮设施设备**

餐饮设施设备包括直接或间接影响顾客用餐的一切设施设备，可分为生产设施设备和客用设施设备两大类。餐饮生产设施设备是提供餐饮产品的手段和物质基础，作为餐饮服务的依托和凭借，反映餐饮服务的能力与档次，影响餐饮服务质量和效率。餐饮客用设施设备发挥着服务的功能，是满足客人心理、生理需要的手段，是客人餐饮消费中享受的内容之一，其舒适、美观、完善程度直接影响服务质量或客人的体验与满意程度。

2. **餐饮环境与服务氛围**

餐饮环境与服务氛围构成餐饮服务产品的重要组成部分，包括环境氛围和服务氛围两个方面。环境氛围是由餐馆的建筑、设施、装饰、陈设、餐位结构、灯光、声音、颜色、温度、湿度、卫生等多种因素构成的，它是餐饮服务的硬环境；服务氛围则是由餐厅员工的仪容仪表、态度和行为等因素构成的，它是餐饮服务的软环境。餐饮服务环境氛围对客人的情绪影响很大，客人往往把对环境氛围的感觉作为选择和评价餐馆的重要依据。

3. **餐饮食品**

一般来说，光临餐馆购买餐饮食品是就餐客人最直接、最明确的购买内容。对于经营者来说，餐饮食品是餐饮企业推销餐饮服务的载体，它构成餐饮服务产品的基础。

餐饮食品的生产加工，从菜单设计开始，经过食品原料的采购、验收、保管、发放、初加工、切配、烹调和装盘等一系列生产经营活动，最后通过餐厅服务员的餐桌服务摆到宾客面前。餐饮食品体现着餐馆各部门、各环节的协调配合，是各岗位员工共同劳动的成果。

4. **餐饮服务用品**

餐饮服务用品分为生产服务用品和直接供客人使用的客用品，如餐具、茶具、酒具、台布、口布、餐巾纸、推车、托盘等。生产服务用品是餐厅提供优质服务的物质保证，客用品是全面满足客人就餐消费需求的重要方面。

5. **餐厅服务**

餐厅服务是指餐厅、宴会厅、咖啡厅、酒吧等餐饮消费场所的就餐服务。餐饮服务是餐饮服务产品的一个十分重要的组成部分，也是宾客选择餐馆的主要考虑因素之一。服务人员是餐厅服务理念的具体执行者和体现者，其服务水平的高低、质量的优劣是构成餐饮企业竞争力的重要方面。因此，餐厅服务人员要牢固地树立自觉为客人服务的观念和意识，明确自己的角色、责任和义务，以最佳的精神状态，为就餐客人提供优质的服务。

第二节　餐饮管理概述

一、餐饮管理的概念

餐饮管理是餐饮企业经营管理的简称，包括经营和管理两个方面。经营是以市场需求为依据，对企业的经营目标、经营内容、经营方式、经营策略作出科学决策的活动过程。管理则是为了达到企业经营目标，对企业内部资源进行合理组织、配置，使企业业务有效运转的活动过程。

餐饮管理是餐饮经营管理者在了解市场需求的前提下，运用各种管理方法，对企业所拥有的有限资源进行有效的计划、组织、指挥、协调、控制，形成高效率的服务生产系统，以实现既定的企业目标的活动的总和。理解餐饮管理的概念必须明确以下几点：

第一，管理主体是管理者。餐饮经营管理行为过程的主体是管理者，他们掌握企业管理权力，承担管理责任，具有一定管理能力，在企业管理中起到决定性的作用。

第二，管理必须运用各种有效方法，包括经济方法、行政方法、法律方法、数学方法，以及社会学方法、心理学方法等。

第三，餐饮企业拥有一定的资源，包括人力资源、财力资源、物力资源、时间资源和信息资源等。这些资源都是有限的，需要合理组织和配置。

第四，为使有限的资源发挥最大效用，必须进行有效的计划、组织、指挥、协调和控制活动。

第五，管理的基础是对市场需求的了解。在市场竞争的环境下，离开对市场的了解和把握，内部组合再好，也是闭门造车，毫无成效。对现代餐饮企业来讲，纯粹意义上的管理是不存在的，餐饮管理是开放式的经营管理。

第六，管理的目的是实现企业的既定目标。餐饮企业的一切经营管理活动都要围绕其目标进行。如果目标不明确，企业发展就没有方向，管理便无从谈起。

二、餐饮管理的目标

（一）实现资源最佳配置

全面认识、把握餐饮企业拥有的资源，并科学、合理地对各种资源进行有效整合，从而使其达到最佳配置，这是餐饮管理长期追求、努力实现的目标之一。餐饮是个资源涉及覆盖面广，业务运作环节多而复杂的行业。餐饮企业不仅具有企业内部资源，还有企业外部资源，不仅拥有有形资源，还具有无形资源。对餐饮企业至关重要的资源，主要包括人力资源、物质资源、财务资金资源等。

1. 人力资源

人力资源，主要指作为劳动密集型行业的餐饮企业拥有数量众多的员工，拥有不同工种、不同层次、掌握不同技艺的厨师、工程维护人员、修理技术人员，拥有具备营销策划能力、技巧的餐饮销售队伍等。

2. 物质资源

物质资源，主要包括餐饮设备设施、建筑空间和场地、厅堂等。餐饮设备设施要先进、配套齐全，使用方便，美观大方；餐饮的场地、空间、厅堂、包间要环境优美，可大可小，可分可合，布置也要雅致美观。

3. 财务资金资源

餐饮企业正常经营运转之后，资金流量大，周转快。有些经营业务量大、生意红火的餐饮企业，不仅在原料采购上具有买方优势，而且，餐饮企业顾客消费多为现金结账，资金回笼快捷。将这些资金资源用于企业营销、公关策划、投资运作，可以为企业创造更加丰厚的回报。

（二）为顾客提供优质产品

1. 提供优质产品

厨房生产的产品、酒吧调制的酒水，所有有实物形态的餐饮产品，实际是解决餐饮消费者基本功能性需求的产品。因此，对食品质量严格有效管理，确保提供给顾客高品质的产品，是餐饮管理不断追求的目标。

2. 提供优质服务

服务的优劣，体现在顾客的满意度上。顾客对服务满意度高，回头率高，证明餐厅的服务及时、周到、品质优良。服务品质的侧面是餐饮管理水平的展现，服务品质的背后则是餐饮服务管理体系的支撑。因此，要保证持久、优质、顾客高满意度的服务，坚持餐饮服务质量的长效管理是必不可少的。

3. 提供给顾客有机、和谐、统一的享受

尽管厨房生产和餐饮服务在餐饮企业是两个相对独立的阵营，大多分别由不同的管理人员督导管理。然而，顾客追求的，也是企业努力实现、提供的，是餐饮有形与无形产品的有机组合，切实给消费者以舒适、周到的就餐享受。因此，这方面的协调管理，自然就是餐饮管理的重要目标之一。

（三）创造丰厚经济效益

投资是为了回报。如果餐饮投资方向正确，市场定位准确，产品受欢迎程度较高，其投资的回报率就比较高，投资的回报速度也比较快。餐饮的经营业绩、经济收益，虽然与生产、经营场地和时间有比较紧密的联系，但是先进的经营管理手段也是影响其收益的重要因素。例如，在提高产品和服务质量的前提下，实施行之有效的营销，提高餐厅上座率和翻台率以及客人的人均消费，扩大产品外卖等，餐饮企业可以收到良好的经营效果。餐饮管理就是要针对餐饮规模、性质，将各方面有利资源加以科学、合理、充分、有序的整合利用，为企业创造持续、理想的经济效益。

（四）弘扬特色饮食文化

1. 挖掘整理历史资料，继承饮食优良传统

传统饮食文明，是人类历史文化的积淀，是人类的宝贵财富。餐饮从业人员，应抱有严肃认真、勤勉务实的精神，一方面发掘整理传统饮食文化，另一方面保持传统风貌，继承巩固传统饮食文化。发掘整理传统饮食文化，可以向历史典籍、餐饮业传人寻找线索，搜集、整理相关资料，在此基础上加以研究、仿制，并将产品推向市场。例如：北京仿膳饭庄向历史书籍要菜，到北京故宫寻找线索，开发研制新品；南京金陵酒店研究清代袁枚所著《随园食单》，在此基础上制作出随园菜肴；扬州根据古典名著《红楼梦》整理、开发红楼宴菜点。这些都是发掘、整理传统饮食文化的典型。

2. 积极稳妥开发创新，丰富充实饮食文化内涵

今天的饮食文明，源自历史的积淀；未来的饮食文明，同样需要今天的充实。餐饮管理理应在继承传统的基础上，不断给饮食文明注入新的内容。

三、餐饮管理的任务

餐饮管理的基本任务，就是以市场开发和客源组织为基础，以经营计划为指导，利用餐饮设备、场所和食品原材料，科学合理地组织餐饮产品的生产和销售，满足宾客对餐饮服务产品的需求，达到社会效益和经济效益的最优化。

（一）分析经营环境，设定管理目标

要满足客人对餐饮的需求，必须首先了解餐饮企业目标市场的消费特点与餐饮要求，掌握不同年龄、不同性别、不同职业、不同民族和宗教信仰的客人的餐饮习惯和需求，同时掌握国家方针政策和对餐饮经营的有关法规和规定等，然后对这些信息进行认真分析，结合企业自身条件，确定企业市场定位、经营方针、经营策略和经营特色，使企业的等级规格及餐厅场所、设备、用餐环境与接待对象相适应。

（二）发挥规划功能，合理配置资源

管理目标一经确定，就要根据其要求做好统一规划，以保证餐饮经营各部门、各环节的协调发展。餐饮管理资源主要是人、财、物和信息四大资源，合理分配的目标是达到人力到位，物资流、资金流和信息流畅通，为完善餐饮管理目标提供资源保证。其中，人力资源的开发与管理是最为重要的，要通过不断发掘人力资源的潜力，保证和提高企业的竞争力。

（三）广泛组织客源，扩大产品销售

客源是餐饮企业生存与发展的基础和前提，只有广泛组织客源，才能扩大餐饮产品的销售。因此，餐饮企业必须采取各种方法吸引客人前来就餐，从而提高餐饮企业的知名度、美誉度和经济效益。

（四）加强原料管理，保证生产需要

餐饮原料的质量直接影响餐饮产品的质量，而其价格又直接关系到餐饮企业的经济效益。因此，加强对餐饮原料的采购、验收、储存管理，既可保证厨房的生产需要，又可降低餐饮成本。

（五）搞好厨房生产管理，提高菜品质量

厨房是餐饮产品的生产场所，其管理水平的高低直接影响餐饮产品的质量和客人的满意程度。因此，餐饮企业应搞好厨房管理，根据客人需要，合理加工餐饮原材料，组织厨师及时烹制出适销对路，色、香、味、形俱佳的餐饮产品，并加强生产过程的控制，努力提高餐饮产品的质量。

（六）抓好餐厅服务管理，满足宾客需要

餐厅是餐饮企业的销售场所，又是为客人提供面对面服务的现场，它使餐饮产品的价值最终得以实现。适口的菜品酒水，只有配以优质的对客服务，才能真正满足客人的餐饮需求。所以，要为客人营造怡人的就餐环境，提供主动、热情、礼貌、周到的服务。优质的餐厅服务虽然不能掩盖或弥补因粗劣的菜品酒水带给客人的不满，但适口的菜品酒水却肯定会因不良的服务变得难以下咽。由此可见，对客服务在某种程度上比美味佳肴更能满足客人的需要。因此，抓好餐厅管理，既可满足客人的物质和精神需要，提高客人的满意程度，又可体现并反映餐饮企业的管理水平与服务质量。

（七）加强成本费用控制，提高经济效益

餐饮企业应根据等级、客源市场的消费水平和经营目标等因素制订相应的成本标准，按规定的毛利率确定菜肴的售价，在满足客人需要的前提下，保证餐饮企业的经济利益。因此，餐饮企业应建立餐饮成本控制体系，加强对餐饮企业生产全过程，如采购、验收、库存、发放、厨房的粗加工、切配、烹制等各环节的成本控制，并定期对餐饮成本进行比较分析，及时发现存在的问题及其原因，从而采取有效的措施降低成本，最终提高餐饮企业的经济效益。

（八）注重食品安全卫生，确保客人生命与健康

餐饮安全卫生，直接关系到客人的生命健康。近几年危害人们生活和身体健康的食品安全事件屡有发生，引发了全社会对食品安全卫生的关注，也给餐饮企业的经营管理敲响了警钟。因此，餐饮企业必须把保障食品安全卫生作为一项十分重要的管理任务常抓不懈。这就要求餐饮企业要增强社会责任感，强化食品安全意识，加强生产经营各环节的管理，练好扎实内功，要从系统管理角度进行综合考虑，建立完善的餐饮安全控制系统，确保食品安全万无一失。

四、餐饮管理的特点

（一）生产过程短，随产随销

餐饮管理具有很强的时间观念，必须将食品原材料的采购供应、加工切配、烹饪制作和销售服务形成一个有机整体，坚持一条龙服务，正确处理生产过程中各个环节的关系，保持其衔接和协调。

（二）花色品种多，技术要求高

餐饮管理事实上是一个多品种、少批量的生产过程。产品质量的关键取决于厨房的技术力量和厨师的技艺，因此，餐饮管理必须合理选择经营风味和花色品种，加强技术力量的培养，打造一支技艺高超的厨师队伍。

（三）经营方式灵活，收入弹性大

餐饮收入水平的高低取决于企业的等级规格、市场环境、客流量大小、人均消费水平和服务质量等多种因素，具有较大弹性。因此，餐饮管理必须坚持经营方式灵活、服务项目灵活、产品价格灵活，同时广泛组织客源，提高餐厅上座率和人均消费，改善客人消费构成。

（四）成本构成复杂，成本不易控制

餐饮经营成本包括食品原材料成本和流通费用。因此，餐饮管理必须加强成本控制，要建立一套成本管理制度，做好成本核算和成本分析，同时要随时掌握实际成本消耗，加强成本考核，这样才能切实降低消耗提高经济效益。

【同步案例】

一天晚上，李先生陪一美国客人到酒店用晚餐。点菜后，服务员便热情地为他们服务起来。她为外宾摆上刀叉，为客人斟酒、上汤、上菜、上饭。当上一盆汤后，她先为客人报了汤名，接着为他们盛汤，盛了一碗又一碗。上菜、报菜名，杯子空了马上斟酒，见有鱼刺多了便更换碗碟……服务员忙上忙下，搞得客人拘谨起来。客人说：“算了，我们还是赶快吃完走吧。这里的服务太周到了，就是让人有点透不过气来。”

问题：为什么周到的服务反而使客人不满意呢？

第三节　餐饮企业组织机构

一、餐饮企业组织机构的设置

（一）餐饮企业组织机构设置的原则

1. 效率原则

组织机构的设置会影响企业的工作效率。所以在设置组织机构时，要坚持效率原则，做到因事设岗，而非因人设岗。每个岗位配备的人员数量要与所承担的任务相适应，既保证工作人员有足够的工作量，同时又不会有过重的负担。

2. 统一指挥原则

餐饮组织机构设置时应避免政令多出，保证每个员工只接受一个上级的领导和指挥。在设置岗位时，要明确划分各部门、各管理人员的职权范围，各管理人员只能按管理层次向自己管辖的直属下级人员发号施令，不允许擅自跨级管理。同时，每个下属人员也只对自己的直接上级负责，接受直接上级的领导和指挥。

3. 分工协作原则

现代餐饮企业经营管理专业性越来越强，通过细致的分工，纷繁复杂的工作才能得以具体化，才能保证服务质量，提高工作效率。一些大型酒店的餐饮部，下设宴会部、中餐厅、西餐厅、送餐部、采购部等多个部门，几乎每个部门都有自己具体的专业工作。如果分工不具体，则会导致工作人员手忙脚乱，同时会因无法保证服务质量而导致顾客满意度下降。当然，分工也不是越细越好，分工过细会造成机构臃肿，给组织内部的协调和沟通造成障碍。因此，在设置组织机构时应考虑分工与协作的关系，达到既利于工作的专业化，同时又利于协作和管理。

4. 管理幅度、管理层次合理原则

管理幅度也称管理跨度，是指一名上级管理人员直接领导的下级人员的数量。餐饮部门的最高管理人员受主客观条件的限制，不可能管理所有的人。因此应根据内部分工，委托他人来分担相应的管理工作。管理幅度的大小受多种因素的影响，如管理者的管理水平、工作的难易程度、企业职工的素质等，在确定管理幅度时必须将这些因素考虑进去。

管理层次是指在既定的组织机构中，有多少层次的管理机构。管理层次受组织规模和管理幅度的影响，组织规模越大，管理层次越多；组织规模越小，管理层次越少。在组织规模一定的条件下，管理幅度越大，管理层次越少；管理幅度越小，管理层次越大。餐饮企业在设置组织机构时，应充分考虑本餐厅的管理幅度和管理层次，争取使两者达到最优组合，以利于实现组织的目标。

5. 集权与分权结合原则

餐饮部的经营管理权应集中，这样有利于统一指挥以及合理配置和充分利用企业的人力、物力、财力资源。但是过分集权也会造成弊端，如决策质量低。因此，应做到集权与分权的有机统一。

（二）餐饮企业组织机构的类型

餐饮企业的内部组织结构，因其规模、性质、等级的不同而形式各异。各餐饮企业应根据自身的特殊情况和经营任务，来设计组织结构。图 1－1 所示为中小型独立餐饮企业组织机构。

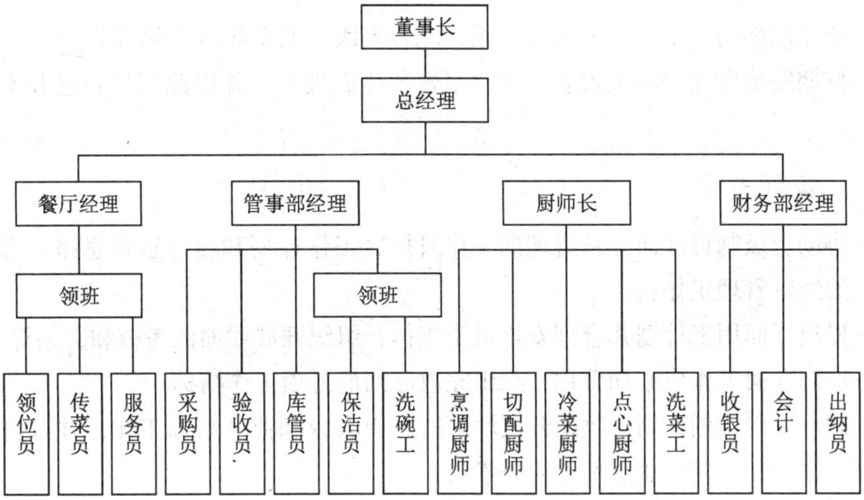

图 1-1　中小型独立经营餐厅的组织结构

二、餐饮企业部分工作人员的岗位分析

餐饮企业每个工作人员都应熟悉各自岗位的要求与特点，了解各自岗位主要工作内容、组织关系及工作目的。

（一）餐厅经理

——以餐饮企业经营宗旨为导向，准确掌握厅面的工作内容，按照工作质量标准，制订厅面经营管理的工作目标、工作计划和整体运作思路，组织厅面开展经营管理工作；

——按照企业的工作要求及标准，拟定厅面岗位职务说明书、各项规章制度、各岗位的服务流程、方法和规范（标准），并督促、检查本部门员工学习、掌握和实施；

——提出厅面用工计划并合理安排员工工作，组织厅面开展考核和奖惩工作；

——控制厅面工作成本和费用，指导厅面完成各项工作指标；

——制订厅面培训计划，开展厅面的思想教育和业务培训工作，并亲自培训授课，以提高厅面员工的职业水准和业务素质；

——指导、督促、检查厅面的对客服务工作，并亲自组织重要接待，迎送宾客，征求宾客意见；

——建立客史档案，在规范化服务的基础之上为宾客提供满意加惊喜的特色化服务；

——做好现场督导检查工作，及时解决出现的问题；

——检查厅面的设施设备维护保养、检修、更新等工作；

——向企业财务部门提出厅面的物资采购计划，督导、检查对购进物资的验收、入库、发放、保管等工作；

——建立厅面内外部良好的人际关系，配合上级协调企业内外部事务；

——按期完成厅面的相关报表、专题报告和述职报告，并以此指导自己和本部门的各项工作。

（二）餐厅主管

——协助上级制订厅面经营管理的工作目标、工作计划和整体运作思路，有效组织开展厅面的经营管理工作；

——提出厅面用工计划并合理安排员工工作，组织开展厅面的考核和奖惩等工作；

——控制厅面工作成本和费用，组织完成厅面的各项工作指标；

——制订厅面培训计划，组织开展厅面的思想教育和业务培训工作，并亲自培训授课，以提高厅面员工的职业水准和业务素质；

——组织厅面的对客服务工作，处理宾客投诉；

——组织厅面建立客史档案，在规范化服务的基础之上为宾客提供满意加惊喜的特色化服务；

——组织开展厅面的现场督导检查工作，及时解决出现的问题，并及时向直接上级反馈督导检查情况；

——组织开展厅面的设施设备维护保养、检修、更新等工作，并及时向直接上级反馈设施设备的状况；

——建立厅面内外部良好的人际关系，配合上级做好厅面内外协调工作；

——主动向上级报告工作，及时通报各种情况，接受上级的工作指令，完成上级交办的各项工作。

（三）餐厅领班

——提出厅面用工计划的建议，向员工分配具体工作，调配厅面接待人员，保证各服务点上都有岗、有人、有服务；

——现场指导检查员工的接待准备和对客服务情况；

——收集并反馈宾客对菜品、服务等方面提出的意见、建议，反馈宾客食用菜品的情况；

——接受客人的投诉，并及时向上级汇报，并协助上级妥善处理；

——协助上级建立客史档案，在规范化服务的基础之上为宾客提供满意加惊喜的特色化服务；

——协助上级开展厅面的现场督导检查、考核和奖惩等工作；

——检查、清点厅面的设备、餐具、布草、用品、用具等物品，向上级汇报相关情况，协助上级控制厅面的成本和费用。

（四）餐厅值台服务员

——做好接待场所的准备以及开餐前的各项准备；

——协助上级做好宾客的领位和迎接、安排餐位、送别工作；

——做好对客接待服务工作，为顾客提供热情、主动、耐心、细致、周到、准确、高效的服务；

——解答宾客的问题，向上级反馈宾客对菜品、服务等方面提出的意见、建议，反馈宾客食用菜品的情况；

——做好厅面指定区域设施设备的使用、清洁和养护工作；

——做好厅面指定区域餐茶酒具、布草、用品、用具的领取、使用、清洁、送洗、保存和养护工作；

——做好厅面指定区域的安全、清洁卫生工作；

——参加业务培训工作，接受现场督导检查，不断提高职业水准和业务素质。

（五）餐厅传菜员

——做好配餐间餐前餐具、用具、餐桌调料的准备工作；

——快速、准确、安全、卫生地向用餐场所传递菜点、酒水、餐桌调料及为宾客提供的其他物品；

——协助接待员撤换菜点、餐具及其他物品；

——做好配餐间的安全及设施设备的使用维护和清洁卫生工作；

——做好配餐间餐茶酒具、用品用具的领取、使用、清洁、送洗、保存和养护工作；

——协助接待员做好用餐场所的撤桌、清场、餐茶酒具送洗工作。

第四节　餐饮业的发展趋势

近几年，我国餐饮业已由单纯的价格、产品质量竞争发展到产品与企业品牌的竞争、文化品位的竞争，由单店竞争、单一业态竞争发展到多业态、连锁化、集团化、规模化的竞争，由在本地发展向跨省市发展，由民营企业与国有企业竞争为主发展到民营企业之间的竞争，进而发展到国内企业与外资企业的竞争，并继续保持较高的增长势头。

一、大众化是我国餐饮业发展的必然趋势

随着居民收入的不断提高，居民消费观念、生活方式的变化和休闲时间的增多，越来越多的居民选择外出就餐，从工作繁忙的上班族到学业紧张的学生族，都倾向于外出

解决饮食问题。城市化进程推进过程中，不断增加的流动人口，由于收入低或者时间紧迫，也加入到在外就餐的队伍，构成了大众化餐饮业庞大的潜在顾客群。同时，外出就餐也成为居民亲友聚会的一种休闲娱乐方式。

二、经营功能的多元化趋势

随着经济全球化的深入发展和中国对外开放水平的不断提高，餐饮业呈现出餐饮消费方式多元化的发展趋势。

（一）外来资本、品牌的进入

中国餐饮市场这个庞大的蛋糕吸引了越来越多的国际资本和实力雄厚的餐饮企业不断进入，在抢食市场蛋糕的同时，这些国际餐饮品牌也带来了很多先进经营管理理念与餐饮运营方式，丰富了国内餐饮经营业态。

（二）餐饮竞争升级

国内餐饮企业经过市场竞争的洗礼，竞争层次越来越高，餐饮企业都在设法站在更高的层次上来提高自己的竞争力，以更好地适应与满足消费需求的变化，而消费需求的升级也在一定程度上刺激了餐饮业朝多元化、细分化趋势发展。

（三）生活日益多元化

随着人们生活及餐饮需求的日益多元化，餐饮经营形式也随之不断变化，休闲餐饮、旅游餐饮、娱乐餐饮、网络订购餐饮等不同业态的餐饮将会更多地进入现代人的日常生活。可以预见，未来餐饮业在经营特色化、业态多元化等方面的特点将更加明显。

三、更加强调营销环境的情调与氛围

现代社会的消费者，在进行消费时往往带有许多感性的成分，容易受到环境氛围的影响。他们非常注重进食时的环境与氛围，要求就餐的环境场景化、情绪化，从而能更好地满足他们的感性需求。因此，相当多的餐馆，在布置环境、营造氛围上下了很大的功夫，力图营造出独具特色的高雅情调，或新奇别致，或温馨浪漫，或清静优雅，或热闹刺激，或富丽堂皇，或小巧玲珑；有的展现都市风光，有的炫示乡村风情，有中式风格的，也有西式风格的，更有中西合璧的。从美食环境到极富浪漫色彩的店名、菜名，食客在大快朵颐之际，享受一派温馨的情调。

近几年来，各地纷纷出现了诸如阿凡提风味餐厅、傣家大酒楼、苗族竹楼、水上渔村、民族餐厅、边疆风情园、民族歌舞美食城等以经营民族风味佳肴为主的企业。例如，北京的建国饭店，每当一个国家的节日到来之时，就在餐厅悬挂这个国家的小国旗，做这个国家的菜，并在装饰上突出这个国家的风土人情，收到了良好的效果。餐厅别具特色，吸引更多的人前来就餐，所有这些都说明了情调、氛围在餐饮营销中的重要性。

四、市场需求的多样化趋势

人作为复杂的社会群体，由于受到年龄、性别、职业、生长环境、文化水平、社会氛围、饮食习惯等诸多因素的影响，需求表现出个性化，体现在饮食上则表现为对品种、花色、风味等方面的选择的多样化，个性化已成为饮食消费的时尚。

五、服务的个性化趋势

随着人们生活水平的提高，消费需求将日趋个性化，这要求企业重视人们的具体要求，根据具体的消费场景、消费时间、消费对象，提供有针对性的服务，并据此塑造出符合顾客要求的企业形象。从现代消费者的心理来看，许多人在进行某种消费时，不仅是在消费商品本身，也是在消费商品的名气和通过商品体现出来的形象。因为形象具有一定的象征价值，能满足人们对身份地位等方面的追求，让人产生自豪感，抑或给人们一种谈资。

六、企业品牌化、经营连锁化趋势

我国国内有些企业，包括百年老企业之所以长盛不衰首先得益于它的品牌，新企业迅速扩张同样靠的是品牌。中国餐饮业想要展现自身风采，参与市场竞争时，就必须强化品牌意识，高度重视品牌建设，打造一批具有代表性的名师、名菜，形成整体的品牌形象。集团化、连锁化是许多工商业扩大企业规模、优化资源配置、提升竞争力的必由之路，也是餐饮业在国际竞争中做大做强的必由之路。

七、生态农业、绿色食品、环境保护将更为人所重视

生态餐饮是以生态环境为依托而开发的一种全新的餐饮经营模式。在这种模式下，餐饮业是核心，种植、养殖、农业加工、农业观光、生态休闲都可以融入其中，从而整合为一种循环经济的架构。观光、采摘等活动为餐饮之余增加了乐趣，同时也提供了新鲜的餐饮产品和田园化的就餐环境。对于城市居民来说，这既是餐饮，又是休闲游乐，还是一种品味新鲜的尝试。生态餐厅是这种餐饮模式的典型代表，而其他餐厅也可以通过增加生态化的内容，提升其品位。

八、管理信息化、网络化趋势

餐饮信息化就是利用计算机及计算机网络技术，用平板电脑、触摸屏及无线点菜器代替手工作业作为服务终端，以网络作为数据传输渠道，以餐饮信息化管理软件作为管理平台，将餐饮企业的前台营业、采购、库存、财务、数据统计、会员管理、人员考核、连锁管理等工作进行系统管理，从而达到稳定安全、准确高效地管理企业的目的。

随着中国餐饮业的蓬勃发展，越来越多的餐饮企业使用信息技术来提高自身的管理水平，把传统饮食与现代信息化管理有机地结合在一起，对企业的做大、做强、管理规范化起到至关重要作用，餐饮企业的管理目的是成本控制、运营控制，其最终结果表现为效率和效益。而要达到这一目的，管理数据的及时性、准确性、完整性、有效性是至关重要的，而这些也恰恰是信息系统的最重要的特点。

九、餐饮运营产业化

产业化是指通过资源整合，逐步建立集餐饮设备、餐饮产品开发、餐饮经营、餐饮建筑装饰和餐饮原材料供应等一体的较完整的产业链，发挥餐饮业对种植业、养殖业、加工业、建筑业等相关产业的带动作用。随着行业规模的不断扩大和餐饮社会化的不断深入，开拓经营、延伸经营与连锁配送、烹饪工业化等趋势日益明显，餐饮产业一体化的推进，将加快行业的发展和进步，为餐饮产业化奠定基础。

【复习思考题】

1. 简述餐饮经营管理的目标和任务。
2. 简述餐饮企业组织结构设置的基本原则。
3. 当代餐饮业的发展趋势是什么？

【案例分析】

麦当劳的 QSC + V

麦当劳的黄金准则为“顾客至上，顾客永远第一”，并为此制定了提供服务的最高标准：QSC + V。

Q（Quality）表示质量：麦当劳对食品有极其严格的标准，确保顾客在任何时间或任何连锁分店品尝到的麦当劳食品都是同一品质，没有差异。麦当劳采用最优良的产品及经过仔细开发的食谱。为保证食品的独特风味和新鲜感，麦当劳制定了一系列近乎苛刻的指标。

S（Service）表示服务：按照细心、关心和爱心的原则，提供热情、周到、快捷的服务，客人进店后有一种宾至如归的温馨之感。没有快捷、礼貌的服务，品质和清洁就会被浪费。一个微笑就如同世界上最好的食品会吸引顾客再次光临，经营中，顾客是唯一的也是最重要的因素。顾客对礼貌会称赞，也会称赞快捷的服务。有时同时为顾客提供快捷和礼貌会发生困难，但麦当劳很好地做到了两者的结合。这也是麦当劳与众不同之处。

C（Clean）表示清洁：麦当劳提出了员工必须坚决执行的清洁工作标准，以确保食品安全可靠，店面干净整洁，从而让就餐的顾客放心。走进麦当劳餐厅，你会感觉到那里的环境清新优雅，干净整洁。清洁像一块磁铁将顾客吸引到麦当劳来。

V（Value）表示价值：最能体现麦当劳的经营思想，目的在于进一步传达麦当劳向顾客提供更有价值的高品质的理念。麦当劳的食品讲究味道、颜色、营养，价格与所提供的服务一致，让顾客感到真正物有所值。同时，麦当劳还尽力为顾客提供一个宜人的环境，让顾客进餐之余得到精神文化的享受，这是无形的价值。

分析题：综合上述案例，分析麦当劳在中国成功的主要原因是什么。

第二章

餐饮服务基本技能

导言

熟练的餐饮服务技能是做好服务工作，走向职业经理人的基本条件。餐饮服务工作的分工较为细致，岗位多样，但不管负责哪项工作，从事哪个岗位，熟练掌握本章所述的这些基本服务技能都是必不可少的。本章从餐饮服务中最常用、最基本的技能入手，分别介绍托盘、口布折花、铺台、上菜、派菜、斟酒等基本技能的原理和具体操作方法。

【学习目标】

1. 全面掌握餐饮服务涉及的基本理论知识，熟练掌握餐饮服务中最基本的、最常用的技能，如托盘、口布折花、铺台、上菜、派菜、斟酒等，了解这些技能的操作程序、操作方法以及操作技巧，培养较为规范化、标准化的实践操作能力，提升职业素养。

2. 在学习基本理论知识的基础上，树立餐饮职业风尚，把握餐饮服务精神，提升餐饮服务意识，懂得怎样为宾客提供个性化的服务，为后续管理能力、创新能力的培养奠定扎实的根基。

【导入案例】

某次晚餐，服务员小王将一份番茄炒蛋送到餐桌转盘上返身巡台时，发现一位客人搭在椅子上的衣服有两块油渍，仔细一看，是番茄炒蛋的汁水，这里正是自己刚才上菜的位置。此时客人仍然谈笑风生，毫无察觉。小王心里顿时矛盾起来，若立即上前主动告之并认错，也许客人会不愉快，进而影响整个晚餐的心情；若装作没看见，过一会儿，客人发现了，仍然要指责她。带着这样矛盾的心情，小王服务过程中，语言和动作都显得不太自然了，餐厅经理看出了小王的心事，上前询问后得知了事情的原委，便主动走到餐桌前，把汤汁弄脏客人衣服一事告知了客人，并向客人道歉，并对餐费进行了打折。最后，餐厅经理指出这是自己的工作不到位，平时忽略了对服务员托盘技能的训练，今后一定加强服务员基本技能的培训。

第一节 托 盘

托盘是餐饮服务中服务员用来运送物品的常用服务工具之一。中餐讲究托盘不离手，西餐则是托盘和徒手服务相结合。正确地使用托盘，是每一位餐饮服务人员在工作中所必须掌握的一项服务技能。相对其他技能而言，托盘是餐饮服务中最基本的一项服务技能。

一、托盘的种类

（一）按规格分

可分为大、中、小三种。每一种托盘均有大、中、小三种规格。运送东西时，应该选择与所负载的东西大小相称的托盘。

（二）按形状分

可分为正方形、长方形和圆形。大方形托盘和中方形托盘一般用于托运菜点、酒水和盘碟等较重的物品；大圆形托盘和中圆形托盘一般用于斟酒、展示饮品、传菜、分菜、送咖啡冷饮等；小圆形托盘主要用于递送账单、收款、递送信件等。

（三）按材质分

根据材质的不同，餐厅常用的托盘有木质（用木做胎，外表用油漆进行彩绘）、金属（如银、铝、不锈钢等）、胶木、塑料等制品。如果所使用的托盘不是防滑托盘，则应用一块湿的专用盘布垫在托盘上，以起到防滑作用。目前，国内的星级餐饮企业一般均采用由化工合成方法、经防滑工艺处理制作的防滑托盘，价格从几十元至几百元不等。

二、托盘的使用

托盘的使用方式，按其所托物品质量的多少，分轻托（又叫胸前托）、重托（又叫肩上托）两种。

（一）轻托

轻托通常使用中小圆托盘或小方托盘，是专门用来托送体积小、重量轻的物品，如为宾客上菜、斟酒、派小吃等，也称为胸前托，一般负荷在3千克以下。其操作步骤如下：

1. **理盘**

根据不同的用途选择好托盘，并将其洗净、擦干，但注意防滑托盘不能放入洗碗机中洗涤，因为高温会使其变形、老化。若非防滑托盘，可以在盘内垫上经过消毒的茶巾或专用盘布，盘布铺平拉正，四边与盘底相齐。整理铺垫后的托盘，既要保证整洁美观，又要避免盘内的物品滑动，可在盘布上洒些清水以减少物品滑动的可能性。

2. **装盘**

装盘是端托的基础准备，装盘以安全稳妥、便于端送、便于取用为原则。要根据物品的形状、体积、质量和使用的先后次序进行合理的装盘。盘内的物品要排放整齐，重量分布要得当，也不允许堆得太高，不允许小的在下、大的在上。单件应摆于中心位置，两件摆成一线，三件一般摆成三角形，四件摆成正方形，五件摆成火字形等。几种物品同装时，一般是重物高物在里，轻物低物在外，先用先上的在上在前，后用后上的在下在后。端送酒水时，商标朝外，方便客人看清楚，便于其作出相应的选择。

3. **起托**

（1）起托的手势：虚掌六点。要求重心把握在中心，一般用左手托盘，因为右手需要做更多的服务工作，如上菜、撤盘、换烟缸等。要求用虚掌，掌心向上，五指分开，以大拇指指端到手掌的掌根部位和其余四指托住盘底，手掌自然形成凹形，掌心不与盘底接触，平托于胸前，手指随时根据盘上各侧面的轻重变化而做相应的调整，以使托盘平稳。这样除五个指尖外，拇指根部手掌外侧的部分也要接触托盘底部，保证有6个支点，因为人的指头有天然的减震作用，这样的虚掌比实掌更稳，而且比实掌更为灵活，当托盘左右晃动稍大的幅度，也不至于会滑落出手。

（2）起托的方法：慢速平稳。在落台上装好盘后，右脚后退半步→弯腰→把左手和左肘放到与托盘同样的平面上→用右手缓慢地平拉出托盘逐渐离开桌面移至左手掌心→在右手的协助下，左手用力抬起托盘，用右手帮助左手找准托盘的重心→将腰伸直后垂直站立→收回右脚、两脚并拢→调整托盘重心，右手慢慢离开托盘后自然下垂至裤兜位置→抬头，双眼平视前方。

端托盘要严格按照操作规范的要求去做，即使是端轻的、小的物品，也要按操作要求进行，这有助于养成良好的端托盘习惯。有些低星级服务员用大拇指按住盘边，以另外四指托盘底的做法，是对工作的轻率和对宾客不礼貌的举动，是不符合端托盘的操作规范的。

（3）起托后的姿势：两个90度。起托后的站立应有两个90度，即左手小臂向上弯曲至大臂和小臂成90度角，同时还要求小臂和躯干正面成90度，即小臂垂直于左胸前。这样既美观，又有助于平衡行走，也不会占用太大的空间或妨碍操作。

4. **行走**

行走时要头正肩平，上身挺直，两眼平视前方，步履轻快，精力集中，如没有遇到特殊情况，要始终保持两个 90 度。端托盘的左手腕要轻松灵活，托盘略有摆动，但应注意不能让其上下摆动的幅度过大，以菜汁、酒水不外溢为限。右手要随着走路的节奏自然摆动。行走时，切忌右臂和身体僵硬死板。

5. **服务**

从托盘上取物品时，要由外到内，由上到下，从两边交替进行。

服务中，托盘左手应向后自然延伸。例如，用轻托的方式给宾客斟酒时，要随时调整托盘的平衡，勿使托盘翻掉而将酒水泼洒在宾客身上，不可将托盘越过宾客头顶，以免因碰撞发生意外。

6. **落托**

走近落台→右手扶住轻托→右脚后退半步→弯腰、缓慢地放低托盘至台面位置→将轻托外侧担于落台面外侧→用右手将托盘向前平推放于落台台面上→双手松开→伸直腰→右脚收回并拢。千万不要在没有放好托盘之前就急于取出上面的东西，否则，容易造成翻盘。

（二）重托

重托指对较大且重的物品的端托，也叫肩上托，主要用于托运菜点、盘碟等重物。重托要求服务员有一定的臂力和技巧，在实际服务工作中，多为男性服务员使用。其操作方法分为“理盘→装盘→起托→行走→落托”五大步骤。

1. **理盘**

重托的理盘方法基本与轻托理盘相同，但重托由于端托的物品较大，因此应选用大小适宜的托盘。重托的托盘常与菜肴接触，易沾油腻汤汁，因此每次使用前，要仔细检查，如果有油污，则需要认真擦拭，只有及时将盘内的油垢除去，才能有效减少或避免发生物品滑动的事故。若非防滑托盘，可根据需要在盘内铺上洁净的垫布，垫布上洒少量清水，以增加摩擦力。

2. **装盘**

重托装盘时，要做到托盘内的物品分类码放均匀得体，使物品的重量在盘中分布均匀，并注意把物品按高矮、大小摆放协调，切忌将物品无层次地混合摆放，以免造成餐具破损。装盘时还要使物与物留有适当的间隔，以免端托行走时发生碰撞而产生噪声。

3. **起托**

（1）起托的手势：左手实掌。和轻托不同，重托要求用实掌，将左手掌心全部贴于托盘底部。

（2）起托的方法：慢速平稳。右脚后退半步→弯腰→左手低于台面，右手抓住重托靠落台外侧的一个短边→右手将托盘拖至落台的边沿，使托盘的 1/2 悬空→右手将托盘扶稳→左手伸入托盘下，五指分开掌心向上伸平，托住托盘底部的中心→双膝略微弯曲→左手像托轻托一样地托起托盘，找好重心→右手协助左手向上用力将托盘慢慢托起→左手向上弯曲臂肘，在托起的同时转动手腕和托盘，向右后方（逆时针）旋转 90 度，使托盘在左旋转过程中送至左肩上方→左手指尖向后，距肩2厘米，端平托盘→确定托稳后，将右手撤回呈下垂姿势。

（3）起托后的姿势：两个90度。重托和地面平行，左手小臂和托盘地面呈90度，大臂紧靠身体，但托盘不能搁肩贴耳，盘前不近嘴，盘后不靠发，以免行走时晃动加剧，使大量汤汁外溢。这样，左手仿佛一个汽车避震器，能够最大限度地保持重托内物品的平衡。托盘一旦托起，要始终保持均匀用力，将托盘一托到底。用力不均容易造成物品歪、洒、掉、滑的后果。重托托盘上肩后，如端托手指向前伸或向左、向右伸，均会使手臂承重力不够，轻微时表现为费力、手酸、麻、胀、痛，严重时则出现翻盘。

4. 行走

在行走时要做到平、稳、松。

（1）平就是托送时掌握好平衡，平稳轻松。行走时要保持盘内平、肩平、动作协调。

（2）稳就是装盘要合理稳妥，不要在盘内装力不能及的物品。托托盘时不晃动，行走时不摇摆，转让灵活不碰撞，使人看了有稳重、踏实的感觉。

（3）松就是在手托重物的情况下，动作表情要显得轻松自如。上身保持正、直，行走自如。

5. 落托

重托在肩上时，不允许服务，只有等到落托后，才能取出托盘内的物品。

右脚后退半步→右手拇指在上，扶住托盘的前面一个短边→转动左手手腕，带动托盘顺时针转动至眼前→两手缓慢放下托盘→将托盘的一半担于落台台面上→右手用力将托盘往里推→左手撤出→腰伸直后双手自然下垂。

三、托盘操作中应注意的问题

（一）自然舒适

以自己的自然舒适为出发点，不能勉强。端托时要掌握好端托姿势，做到站稳，端平，托举到位，高矮适中。行走时上身要挺直，动作轻快敏捷，精力集中，步伐稳健，视线开阔。端托时要用左手，右手下垂，除了在落台时右手扶托外，行走时禁止右手扶托。原因有三：一是不雅观，二是遮挡行走时的视线，三是容易失误。

（二）卫生安全

轻托时，所托物品要避开自己的鼻口部位，也不可将所托物品置于胸前；重托时，端托姿势要正确，托举到位，不可将所托物品贴靠于自己的头、颈部位，以免不小心被烫伤。

（三）步伐得当

服务员在服务过程中，任何情况下都不能跑，要因时制宜、因地制宜、因人制宜地选择适宜的行进步伐：

1. 常步

即常规步伐或常用步伐。使用平常行进的步伐，步距均匀，快慢适宜。

2. 疾步

即快步。急行步，步幅大，步速较快。端送急需物品或火候热吃菜肴，如松鼠鱼、锅巴类、拔丝类、铁板类时，宜用较快速度的步伐，因为这些菜若上慢了会影响口味。快步要求稳中求快，也就是说，在保证菜不变形、汤汁不洒的前提下，以最快的走路速度将物品托送到位。

3. 碎步

即小快步，指步幅小的中速行走，适用于端送汤汁多的菜肴。用这种步伐行走，可保持上身平稳及减少手臂的过大摆动，从而保持所托物品的平稳。

4. 垫步

又称辅助步。即一只脚在前，一只脚在后，前脚进一步，后脚跟一步的行进步伐。在狭窄的过道，或靠近落台、餐桌需要减速时使用垫步，这样能使身体呈略向前倾的姿势，以便平稳地将物品放下。

5. 巧步

又称技巧步，指超出常规行走的灵活多变的步伐。如在端托行走时，突然遇到意外或障碍时就要用巧步，以避免意外事故的发生，是基本功较为扎实的服务员作出的一种反应，是服务员具有较强应变能力的体现。

6. 上楼步伐

是传菜服务员端托上楼时所使用的一种特殊步伐。其要求是：身体向前弯曲，重心前倾，一步一个台阶或一步两个台阶，一步紧跟一步，上升速度要快而均匀，巧妙利用身体和托盘运动的惯性，既快又省力，不可上一步停一下。

第二节　口布折花

一、口布的种类

（一）按质地分

有棉布制（细卡、漂白布）、涤纶化纤布制和纸面巾三种，各有优缺点。

棉布制的口布，吸水去污性强，易折叠造型，但每次用过洗净后，均需上浆烫挺，比较费时费力。

涤纶化纤布的口布弹性好，平整挺括，不用浆烫，但吸水去污性较差，折花造型效果不及布制的好。因此，单就折花造型讲，以选用棉布制的口布为好。

纸面巾是用较厚的软性纸制成，不是布，但完全能够起到口布的作用，用彩色纸面巾折花也非常美观。相对于反复清洗的传统口布而言，纸制的口布更清洁，成本低，污染少。

（二）按颜色分

有白色口布和彩色口布，彩色口布又分为冷色口布和暖色口布。

白色口布最常用，印有或绣有花纹图案（暗花），色调素雅，目前饭店使用的口布大多是白色丝光提花布制成的，折叠出的口布造型雅致漂亮，可以调节人的视觉平衡，安定情绪，给人以清洁卫生、洁白庄重、恬静雅致的感觉。

冷色口布有浅绿、中灰、淡蓝色等，色调清新，在适当的场合和季节使用，给人以平静、舒适、凉爽的感觉。

暖色口布有粉红、橘黄、鹅黄、橘橙色等，色调柔美，给人以富丽堂皇、鲜艳醒目、兴奋热烈的感觉，可以烘托用餐气氛，刺激客人食欲，多用于婚宴、寿宴、迎宾宴等场合。

（三）按规格分

有大、中、小三种。一般来说，51 厘米见方口布，在折叠造型、实际使用等方面都比较适宜。口布的形状为正方形，边缘可平直，也可呈波浪形曲线，巾角最好为尖圆形，这样便于折鸟头、花瓣等形状。口布若有彩色拷边或在一角绣以简朴的花卉，可在折制时巧妙利用，则造型效果更好。

二、口布花的种类

口布花的种类很多，凡能叠成一定的实物形状具有一定的欣赏价值，又适用于酒席宴会场合的花形都可采用。现在已使用的口布花有 200 多种，常用的有二三十种。

（一）按摆放位置分

可分为杯花和盘花。杯花一般需插入杯中以完成造型，取出杯子即散形；盘花造型完整、美观大方、清洁卫生，成形后不会自行散开，可放于盘中或其他盛器及台面上，中西餐均倾向于使用盘花。

（二）按造型分

1. 植物类造型

植物类花型变化多，造型美观，是口布折花品种中的一个大类，根据植物花的造型折制的有月季、荷花、梅花、牡丹、水油花等品种；根据植物的叶、茎、果实造型折制的有荷叶、竹笋、玉米、香蕉等品种。

2. 动物类造型

动物类造型有的塑其整体，有的取其特征，形态逼真，生动活泼，是口布折花中重要的一类，包括鱼虫鸟兽，其中以飞禽为主，如孔雀、蝴蝶、仙鹤、鸽子、天鹅、大鹏、海鸥等。

3. 实物造型

此类花型是模仿日常生活中各种实物形态折叠而成。常见的有帽子、和服、帆船、花篮、蜡烛、信封、折扇等。这类花型在口布花中只占少数，目前品种不太多，但在餐饮企业中用得却最多，大有潜力可挖。

三、口布折花的要求

（一）卫生清洁、杜绝污染

由于口布可能直接和客人的嘴相接触，因此叠口布之前，要洗净双手，剪短指甲。在折叠的过程中，不能用手以外其他部位，如将口布置于膝盖上，用牙咬，用肘压均不允许，也不要多说话，以防唾沫玷污口布。经浆烫的口布一定要妥善保管，特别是夏季，温度、湿度都很高，口布极易霉变，所以应将浆烫后的口布放在通风干燥处，以便随时取用。

（二）折法简单、拆用方便

口布折花不同于雕塑与绘画，无须烦琐的程序与复杂的工艺，因而要求折制容易、快速（一分钟一种）、拆用方便。如果折花过于复杂，一则不卫生，二则口布展开后皱纹过多也不雅观，因此要力求简便、快捷、整齐、美观、大方。

（三）造型生动、形象逼真

用口布折出的花鸟鱼兽等造型要力求形似神随、简洁明了，不能让人感到似是而非、牵强附会。譬如，折白鹤亮翅，要让人第一眼就认出是鹤，而不应令人觉得既像鹤又像孔雀或其他。

（四）分清正反面

叠口布的第一步，要分清正反面，这是叠口布最基本的常识。如果弄错了正反面，则会影响最后的造型，观赏性大大降低。实际工作中，遇到这样的情况，服务员需要重叠。

（五）一次成型

折花时，要对所取花型成竹在胸，并谙熟操作程序；同时要求姿态正确，手法灵活，用力得当，折裥均匀，一次折成。如果不得要领，一再返工，则会影响折花质量。

四、口布折花的基本技法

口布花的折叠方法众多，但无论哪种花型、哪种方法，都有共同的基本操作技法和要领。这些技法，概括起来可分为叠、推、卷、翻、拉、捏、穿、攥、掰等九种。折叠不同类型的花型，须运用不同的折叠方法，有时需要穿插运用几种手法。

（一）叠

叠是最基本的口布折花手法，几乎所有折花都会用到。叠是折叠、堆叠的意思，就是将口布一折为二、二折为四，分为单层或多层叠，可以折成正方形、长方形，或是斜折成三角形、菱形、梯形、锯齿形等各种几何图形。

叠的要求是：要熟悉基本造型，叠时要看准折缝线和角度一次叠成，避免反复，否则口布上会留下折痕，从而影响造型的挺括、美观。

（二）推

推也称为打折、折裥，就是将口布叠面折成褶裥的形状，使花型层次丰富、紧凑、美观。可分为直线推折和斜线推折两种方法：折两头一样大小的折，用直线推折；折成一头大一头小的折或折成半圆形或弧圆形的折，则可用斜线推折。多条斜裥形似扇状，折裥时用斜推法制作。方法是用一手固定所折口布的中点不动，另一手按直推法围绕中心沿圆弧形推折，其指法基本与直推相同。

推折时，用双手的拇指、食指分别捏住口布两头的第一个折裥，两个大拇指相对成一线，指面向外。再用两手中指按住口布，并控制好下一个折裥的距离，拇指、食指的指面握紧口布向前推折至中指处。用食指将折裥挡住，中指腾出去控制下一个折裥的距离。三个手指互相配合，要求均匀整齐，距离相等，每裥的高低、大小、宽度根据花型的不同需要而定，要求拇指、食指紧紧握裥向前推，用中指控制间距，不能向后拉折，否则折裥距离大小不匀。至于对称的折裥，一般应从中间分别向两边推折。

（三）卷

卷是将口布卷成圆筒形并制出各种花型的一种手法。卷分为平行卷（直卷）和斜角卷（螺旋卷）两种。

平行卷是将口布两头一起卷拢，操作时要卷得平直，两手用力均匀，同时平行卷动，口布两头一定要卷平、大小一样。树桩、海鸥等花型即用此卷法。

斜角卷就是将口布一头固定，只卷一头；或是一头多卷一头少卷，形成的卷筒一头大、一头小。可先将口布折成三角形，口布边要参差不齐；要求两手能按所卷角度的大小，互相配合。鸟尾、姜芽等花型均用此卷法。

不管用哪种卷法，都要求卷紧，卷得挺括，否则就显得松软无力，在后面的折花中出现软折，容易弯曲变形而影响造型。

（四）翻

翻是在折制过程中，将口布经过折、卷后的部位翻成所需花样，将口布的巾角从下端翻折至上端、两侧向中间翻折、前面向后面翻折，或是将夹层里面翻到外面等，以构成花、叶、芯、翅、头颈等形状，翻拉大都用于折花鸟。

操作时，一手拿口布一手将下垂的口布翻起一只角，拉成花卉或鸟的头颈、翅膀、尾巴等。翻拉花卉的叶子时，要注意对称的叶子大小一致，距离相等。拉鸟的翅膀、尾巴或头颈时，一定要拉挺，不要软折。

（五）拉

拉就是牵引，是在翻的基础上，为使口布造型挺直而使用的一种手法，如折鸟的翅膀、尾巴、头颈，花的茎叶等。通过拉的手法，折巾的线条曲直明显，花型挺括而有生气。翻与拉一般都在手中操作。一手握着已折成初具形状的花型，一手将下垂的巾角翻上，或将夹层翻边，拉折成所需的形状。在翻拉过程中，双手要配合好，根据需要，松紧适度。在翻拉花卉的叶子及鸟类的翅膀时，要注意大小一致、距离相等、用力均匀，不要猛拉，否则会损坏花型。

（六）捏

捏的方法主要用于做鸟头。操作时，先将鸟的颈部拉好，然后用一只手的大拇指、食指、中指 3 个指头，捏住鸟颈的顶端，食指向下，将口布一角的顶端的夹角向里压下，大拇指和中指将压下的角捏出尖嘴。鸟头的大小根据鸟体、鸟翅的大小而定，常见的鸟头形状有：上翘嘴型、平尖嘴型、向下嘴型、弯角嘴型、先翻后捏而成的嘴型、特殊嘴型。

（七）穿

穿是指用工具从口布的夹层折缝中边穿边收，形成皱褶，使造型更加逼真美观的一种手法。在穿之前，口布一般应是打好折裥的，这样容易穿紧，使形成的皱褶饱满而富有弹性。穿的工具一般是筷子，根据花型需要确定所用筷子的根数。穿时左手握住折好的口布，右手拿筷子，将筷子的一头穿进口布的夹层折缝中，另一头顶在自己身上，然后用右手的拇指和食指将筷子上的口布一点一点往里拉，直至把筷子穿过去。穿好后，要先将折花插进杯子，再把筷子抽掉，否则皱褶易松散。另外，有的花型在穿之前不折裥，而将筷子直接穿入，再将折巾从两头向中间挤压而成皱褶。这种挤皱的方法，常用来折制花的卷叶。穿挤时，只需将折巾用筷子卷起，两头向中间一挤即成。穿用的工具要光滑、洁净。皱褶要均匀，如孔雀开屏的花型需双层穿裥时，应先穿下层，再穿上层，这样，两层之间的折裥不易被挑出散开。

（八）攥

攥是为了使叠出的口布花半成品不易脱落走样，一般用左手攥住口布的中部或下部，然后再用右手操作其他部位，同时保证攥在手中的部分不能松散。

（九）掰

一般用于制作花束如月季花。掰是将口布叠好的层次，用右手按顺序一层层掰出花瓣。掰时不要用力过大，掰出的层次或褶的大小距离要均匀。

五、口布花的摆放和服务

（一）色彩和谐

口布造型应整齐美观、位置适当、便于观赏、使用方便，尽可能与台布、器皿的色调和谐。口布的色彩可根据餐厅的颜色选用，力求与餐厅色彩和谐。彩色口布的使用应以配合宴会主题为原则，选择得当可烘托气氛、渲染情绪，收到特有的宴会摆台的艺术效果，否则将适得其反。作为装饰、点缀用的巾花在摆设时，一要注意摆放的位置要适当，通常应摆在与饮食有关的家具和器皿上；二是注意清洁除尘，口布多为浅色，折制后易积尘，若不定期除尘或更换，就会起到适得其反的效果。

（二）主次有别

现在餐饮企业一般均采用同一花色的台面，在一张餐桌上摆放不同品种花型时，要位置适当。应将形状相似的花型错开，对称摆放，主花要摆插在主位，主人位最高、副主人第二高，其余则摆放在其他宾客席上，高低均匀，错落有致。一般不宜将相同造型的口布花摆放在一起，通常的做法是动物、植物交替摆放。

（三）注意观赏面

摆插口布花时，要将其观赏面朝向宾客席位。适合正面观赏的口布，如孔雀开屏、和平鸽等，要将头部偏右 45 度，朝向宾客。插入杯中的口布花要恰当掌握深度，插时要保持花型的完整，杯内部分也应线条清楚。插花时要慢慢顺势插入，不能乱插乱塞或硬性塞入。插入后，要整理一下花型。盘花则要摆正摆稳，挺立不倒。

（四）服务优先

各口布花之间的距离要均匀，整齐一致。口布花不能遮挡台上用品，不要影响服务操作，即不能舍本逐末，注重了美观而妨碍了服务。在客人入座后，服务员应拿口布的边角抖开口布，铺在宾客膝上或压于盘下。当客人中途离座时，应将口布沿对角线进行两次折叠成一个小三角形，放于骨碟或展示盘的右侧。

第三节 铺 台

铺台，也称为摆台，就是为客人就餐摆放餐桌、确定席位、提供必需的就餐用具的工作，包括餐桌的布局、铺台布、安排席位、准备用具、摆放餐具、美化席面等。它是餐饮服务中最常使用的一项技能，是餐饮服务中一项要求较高的基本功，铺台质量的好坏直接影响服务水平和餐厅的面貌。

一、铺台的种类

根据用餐形式的不同，铺台时所用餐具的数量也不一样，铺台可分为中餐铺台和西餐铺台两大类，每一大类下又分为零点和宴会，零点又可分为早餐和正餐两种。需要注意的是，各饭店或餐饮企业管理公司均有自己独特的铺台式样和要求，没有规定统一的标准。

二、铺台的要求

（一）整齐统一

每一件餐具摆放均要有明确而固定的位置，不能随意摆放，如有图案、文字或店徽的餐具要朝上摆正。

（二）相对集中

每一套餐具要相对集中、紧凑，让客人一看便知哪些餐具是属于自己的，哪些餐具是邻座的。但餐具的摆放又不能拥挤，若相邻两套餐具贴靠在一起，则客人在取用时，难免会发生碰撞，发出叮叮当当的噪声，也较容易带倒相邻餐具。鉴于此，餐饮企业通常采用的做法是相邻两个餐具间隔 1 ~ 2 厘米，也就是一指幅宽的距离，这样就很好地解决了既要紧凑又不拥挤的问题。

（三）方便用餐

餐具的摆放并非以服务为中心，而是要以客人为本，以方便客人用餐为导向。西餐中，多数人习惯用右手拿刀，故餐刀应放于展示盘右侧，方便客人右手取用，而刀口向左，则是为了最大限度避免客人在拿取时不小心碰触到刀口；中餐时，多数人习惯用右手拿筷，右手拿酒杯，右手用牙签，因此，中餐铺台通常将筷子、杯具、牙笺放于骨碟右侧，也是为了方便宾客取用时方便。

（四）清洁光亮

要注意台面的清洁卫生，所有的布件、餐具、调味品及装饰品都应整齐、清洁，给人以悦日之感，尤其是摆台过程中，不仅要注意轻拿轻放，还要注意手拿餐具的方法，如表 2 - 1 所示。

表 2-1 服务员拿餐具的规范操作

餐具种类	方 法
瓷盘	拿边缘部分，如中餐骨碟用两指，西餐展示盘用五指
大小瓷勺、长柄汤勺	拿柄的尾部
玻璃杯	有柄杯拿柄，如古典杯、海波杯、比尔森啤酒杯等
	无柄杯拿中下部，如葡萄酒杯、香槟杯、白兰地杯等
不锈钢刀、叉、勺	用拇指和食指拿中间最窄的部分
碗、烟缸	用拇指和中指拿边沿，尽量接触最少
口布	抖口布和收口布时拿边、角
其他物品	拿中部，如筷子、筷架、牙签、盐、胡椒瓶等

三、中西餐铺台操作规范

（一）中餐铺台

1. 备餐桌

（1）餐桌规格。中餐台面常见的有圆桌和方桌两种，应根据客人的人数，选择大小适宜的餐桌。

方桌即正方形桌面，一般在零点餐厅中使用，其规格为 90 厘米、100 厘米、110 厘米和 120 厘米见方，适宜 1～4 位客人使用。

圆桌的规格则比较多，其直径在 150～240 厘米。150 厘米的餐台适宜 4～6 位客人使用，160 厘米的餐台适宜 6～8 位客人使用，170 厘米的餐台适宜 8～10 位客人使用，180 厘米的餐台适宜 10～12 位客人使用，200 厘米的餐台适宜 12～14 位客人使用。220 厘米的餐台适宜 14～16 位客人使用。240 厘米的餐台适宜 16—18 位客人使用。

圆桌的底桌或桌架，高度一般为 80 厘米。在铺台之前要检查底桌或桌架，确保主人位无桌脚，同时也能让铺好的台布的四角下垂部分正好盖住桌子的四脚。

在开始铺台前，服务员要三检查：检查餐桌、座位是否整齐排列；检查餐桌、座位是否稳固；检查餐桌、座位是否干净，必要时先用湿抹布擦除有油污的地方，再用干抹布擦净。

注意：如是大型宴会，要突出主桌，并在餐厅内开辟主通道和次通道，以便于宾客和服务员行走。

（2）中餐 10 人桌座次安排。主人座在厅堂正面，对门的位置，副主人与主人相对而坐，主人的右、左两侧分别安排第一主宾、第三宾客，在副主人右、左两侧分别安排第二、第四宾客，其他座位为陪同席。

2. **备台布**

（1）中餐台布的种类。中餐台布的种类很多，餐厅大多使用纯棉的提花台布，台布的图案有团花、散花、素布、工艺绣花等，颜色有白色、黄色、粉色、绿色、红白格子等，以白色台布最为普遍。一般来说一个餐厅只选用一种颜色的台布，选择台布的颜色，要同餐厅的风格、装饰、环境相协调。

为了使台布的外观更加平整、挺括、饱满，同时减弱餐具和台子碰撞的响声，现在流行的做法是在台面上加一个橡皮的垫子或者垫布，然后再铺上台布。

（2）台布的规格。中餐台布的规格大小不等，应根据餐桌的大小来选择适当规格的台布，普遍使用的是边长为 140 厘米、160 厘米、180 厘米、200 厘米、220 厘米、240 厘米、260 厘米的正方形台布。

3. **备餐具**

备餐具是指准备铺台要用的餐具，主要有：

（1）骨碟。中餐骨碟也称为餐碟，是作为用餐过程中吃冷、热菜和接骨、刺等垃圾的小型圆盘（不用腰盘）。

（2）筷子。筷子种类很多，有象牙筷、红木筷、黄杨木筷、漆筷、竹筷等。餐饮企业零点餐厅一般使用仿象牙长筷，约 25 厘米，这种筷子的优点是易清洗，不易变形，缺点是筷头太滑。中、高档宴会则用红木筷、象牙筷、银筷等。铺台时，筷子须套上筷套。

（3）筷架。为保持桌面清洁和饮食卫生，筷架可以避免筷头与台面直接接触。筷架有瓷质、木质、竹质、金属等制品，造型多样、精致可爱。

（4）汤勺。可分为客用汤勺、公用汤勺和服务汤勺三种。小型的瓷汤勺一般放在口汤碗里，用来喝汤、吃甜品或烩菜；金属制长柄形汤勺通常用作分汤的服务勺；大瓷汤勺主要作为公用勺，摆放在架上备用。

（5）口汤碗。口汤碗是专门用来盛汤或者吃其他带有汤汁菜肴的小碗。客人用公勺将汤从大汤碗（盆）中舀到自己的口汤碗中，用自己的小汤勺喝盛在口汤碗内的汤，这样既卫生又礼貌，这也是餐饮企业所倡导的用餐习惯。

（6）味碟。味碟是盛放辣酱、姜汁等调味品的小碟，直径通常为 5 ~7 厘米。

（7）杯具。中餐铺台一般使用的杯具有茅台杯（小型烈酒杯）、红酒杯（玻璃，高脚，但不如西餐红酒杯大）、黄酒杯（瓷器，类似西餐中所用的蛋杯）、海波杯（圆柱形玻璃杯，用于软饮）、比尔森啤酒杯（口大肚小，呈喇叭形）等。

（8）口布。前面已经详细讲解，这里不再赘述。

（9）其他。包括三孔盐瓶、五孔胡椒瓶、酱油壶、醋壶、公勺、公筷、公勺（筷）架、茶盅、独立包装的牙签、烟灰缸等物品，有的餐饮企业还有垫盘。

4. **铺台布（以中餐 10 人桌为例）**

（1）站位。服务员站在主人位或副主人位（通常是站在主人位），双手自然下垂，双眼平视前方。

（2）时间标准。将折叠好的台布放于桌面上，服务员离餐桌边缘0.5米左右自然站立，然后计时。开始至台布按标准铺完，用时在12秒内为优秀，12～15秒为良好，15～18秒为及格，超过18秒为不合格。

（3）台布铺完后的标准。台布正面朝上，平整无皱纹；十字折痕居中，台布中间的十字折痕的交叉点正好在餐桌的圆心，其中上凸的折痕（即正面股缝）朝上，要过主人位和副主人位；同一餐厅所有餐台台布的折缝横竖要统一；台布的四角要和桌腿成平行线下垂，与地面距离相等；台布无油迹、污渍、破洞、毛边、刮痕。如发现台布有污渍或破洞、破边等情形，应及时更换。

（4）方法。推拉式，抖铺式和撒网式。不论哪一种方式，均要求用力得当，动作熟练，一次抖开并铺到位，台布不能沾地面。以上三种方式中，采用较多的是推拉式，因为这种方式和另外两种方式相比，占用的空间不大，形成的空气流动较小，不至于扇起邻桌的烟灰、纸巾等轻薄的物品，尽可能不干扰周围的客人用餐。

5. 围桌裙、摆转盘

直径为180厘米的大圆桌应配直径为90厘米的转盘，要将带转圈和转盘都置于餐桌中央，要求放于正中，一次放到位，转盘旋转时，应转动灵活，无摆动、杂音等不良现象。

宴会应在圆桌外沿围上桌裙，零点则不需要。

6. 摆插花

一个10人圆桌，中间应摆放一个直径为30厘米的圆形插花；若是大圆桌，如14人、18人、20人台，就要摆放直径分别为40厘米、50厘米、60厘米的圆形插花；24人大圆台要将插花进行拼合，中间放上一个直径约为40厘米的圆花，周围均匀放5个直径约25厘米的小圆花，并用绿草拼合成一个五角形的图案。

7. 骨碟定位

具体要求是：

（1）服务员左手抬托盘，侧身，双脚分开并对齐通过主人位和副主人位的台布中线，从主人位开始，顺时针行进，依次用右手摆放骨碟，这样操作的原因是方便服务员，工作起来快速、准确。

（2）主人、副主人位的骨碟要被中线平分为两等份。

（3）骨碟外侧边沿离桌边2.5厘米（手指在45°量时大约两指宽），每一个骨碟距桌子边沿距离相等。

（4）10个骨碟放好后，相邻骨碟的距离应相等，桌上的10个骨碟要形成三个对称，即左右对称、上下对称、中心对称。（实际工作中，根据预订情况，如果用餐人数不是10人，如五人台、六人台等，则无法做到三个对称，但要确保主人位压中线。）

（5）要求骨碟轻声、准确地一次放到位，不得来回挪动，反复调整。

（6）若骨碟上有店徽、图案、花纹的，要将店徽、图案、花纹置于顶端，并对正。

8. 摆放餐、酒具

因各餐饮企业铺台的餐具品种不统一，具体的操作可视铺台的实际情况而定，以下仅供参考：

（1）摆放次序。餐、酒具摆放大致可以用托盘分四次托放。

第一托（小托盘）：骨碟。主要起到定位的作用，为后面的餐具摆放奠定基础。

第二托（大托盘）：海波杯、葡萄酒杯、茅台杯（或称为中国白酒杯）。

在不同的餐饮企业，三套杯可摆成一字形、弧形或三角形，还有饭店将插餐巾花的水杯放在骨碟正前方，其余两个酒杯稍微偏右。总之，杯具的摆放应是左高右低，以既方便宾客用右手拿取任何一个酒杯，又不妨碍宾客右手取菜为原则。

第三托（小托盘）：口汤碗、瓷勺、筷架、筷子、牙笺，要求后三件按牙笺→筷子→筷架的顺序依次拿起。

第四托（小托盘）：盐瓶、胡椒瓶、酱油壶、醋壶、公勺、公筷、公勺（筷）架、烟灰缸、火柴。

（2）摆放标准。不同餐、酒具有不同摆放标准。

——口汤碗：放于骨碟正左侧，离骨碟1~1.5厘米（即一指幅），碗内小勺柄位于钟表10点钟方向。

——三套杯：海波杯放于骨碟正上方，离骨碟1~1.5厘米（即一指幅）；葡萄酒杯水平放于海波杯右侧，杯身距海波杯1~1.5厘米（即一指幅）；茅台杯水平放于葡萄酒杯右侧，杯身距葡萄酒杯1~1.5厘米（即一指幅）。

——筷架：水平放于茅台杯底座中心右侧，距茅台杯底座1~1.5厘米（即一指幅）。

——带筷套的筷子：放于筷架上，离餐桌边沿2.5厘米（即二指幅），筷子和筷架的接触点在筷子的1/3处，筷套正面朝上。

——牙签：放于筷子右侧1~1.5厘米（即一指幅）处，牙笺底部距桌面边沿4厘米（即三指幅）。

——味碟：水平放于筷架右侧，距筷架1~1.5厘米（即一指幅）。

——公勺、公筷：应放置在主人、副主人席位的正前方，筷子尾端向右，勺把向左，方便主人和副主人用右手拿筷，左手拿勺进行分菜、让菜。如果设四套公用餐具，其他两套则摆在与正副主人等距的位置，成“十字形”，离转盘4厘米（即三指幅）。

——酱油壶、醋壶：放于第一主宾位前方，在和盐瓶、胡椒瓶相对称的转盘对面，离转盘4厘米（即三指幅）。因习惯上认为用醋的可能性大于用酱油，故酱油壶在左、醋壶在右，方便第一主宾用右手取用醋。

——盐瓶、胡椒瓶：放于第二主宾位前方，在和酱油壶、醋壶相对称的转盘对面，离转盘4厘米（即三指幅）。因习惯上认为用胡椒的可能性大于用盐，故盐瓶在左、胡椒瓶在右，方便第二主宾用右手取用胡椒。

——烟缸：烟缸放于第三主宾和第四主宾前面，分别在转盘两对面，离转盘 4 厘米（即三指幅）。有的餐饮企业将火柴放于烟缸边沿上，则火柴盒的封面朝上，火柴磷面向里；而有的餐饮企业将火柴靠在烟缸外壁上，则火柴盒的封面朝客人，火柴磷面向下。

9. 摆口布花

用手放置已经折好的口布盘花；若是杯花，则要将叠好的餐巾花，事先插放在海波杯中，在前面摆杯具时同时摆上桌。

10. 摆菜单、台号

10 人以下摆放两张菜单，摆在正、副主人席位的右侧，菜单底部距桌边 1 厘米。12 人以上摆四张菜单，摆成“十”字形。高档次宴会每个餐位放一份菜单和席位卡，席位卡有写宾客姓名，便于宾客对名入座，卡上姓名要正对餐椅。

大型宴会应摆放台号座，台号要朝向宴会厅的入口处，方便客人一进餐厅就能看到。

11. 围餐椅

围餐椅或称为拉齐盯椅，要从主人位置开始，餐椅要对骨碟正中，餐椅的前端要与桌边平行，距台布下边约 5 厘米。相邻座位的距离要相等，这样既美观又便于客人入座。

（二）西餐铺台

1. 备餐桌

（1）餐桌规格。西餐厅中一般以方桌为主，规格为 90 厘米 ×90 厘米，高度为 75 厘米，这种小方桌适合 1～4 人用餐，但通常只摆放 2～3 把座椅，而不会摆放 4 把，只有长方台才摆放 4 把座椅。圆桌也逐渐在西餐厅中流行，规格为直径 120～150 厘米不等。

在西餐宴会中，通常采用将方桌进行拼接的方法，拼成想要的长条形后，再铺桌布围上围裙，因此，西餐厅中使用的方桌其宽度和高度应一致，使餐桌的安排自由灵活。西餐宴会多采用长台，其台形设计按厅堂的大小来布置。一般有长方一字台、T 字台、口字形台、门字形台、山字形台等，原则是左右对称，出入方便。

（2）座次的安排。一般性家庭式西餐宴会习惯英式和美式座位排列方式，即长台的一端为主人席位，另一端为女主人或副主人席位。主人的右侧为第一主宾，左侧为第三宾客，副主人右侧为第二宾客，左侧为第四宾客，其余交错类推。这种宴会席位排法的优点是气氛较随和，有两个谈话中心。

较为正式的西餐宴会，按欧洲传统的排列座位方式，将主人和副主人位安排在长台长边中央位置，主人和副主人相对而坐，宾客按顺序交叉安排在长台左右，主人的右侧为第一主宾，左侧为第三宾客，副主人右侧为第二宾客，左侧为第四宾客，其余交错类推，原则是男女交替入座，离男女主人的座位越远，座位等级就越低。这样可使全桌形成两个谈话中心，不至于冷落宾客，同时便于宾客之间互相认识、沟通交流。

但应注意的是，现今许多中、西餐宴会，出现了将主宾席安排在主人左侧的做法，这样做是考虑到服务时先从主宾开始，顺时针方向操作，至主人结束，以体现对宾客的尊重。

2. **备台布**

（1）台布的种类。传统的台布以白色为主，高雅、庄重，可以在各种场合使用，与各种风格的餐厅相配套。许多餐饮企业西餐厅为了突出个性，大胆选用其他彩色台布，如大红、枣红、橘黄、墨绿、紫色、浅蓝、蓝白、红白格子图案等的台布。在西餐服务中，台布上加铺桌毯也是一种常见的台面设计方式。

（2）台布的规格。台布尺寸的大小与餐台设计有十分密切的关系，台布尺寸过小、过大都会影响到整个台面的设计质量，甚至会影响到客人就餐的满意度。不同规格的餐桌需要选择不同规格的台布，一般的要求是台布铺就后，四角、四边下垂距离相等，四边下垂的台布正好接触椅面（见表2－2）。

表2－2 西餐桌布和桌面的匹配（单位：厘米）

桌面	桌布
90×90	157×157
75×90	135×157
75×120	135×180
75×150	135×225
75×180	135×240
90×120	157×180
90×180	157×240

3. **备餐具**

叠好餐具套放于托盘内，根据菜肴或惯例准备头盘刀、叉，鱼刀、叉，尖头或圆头汤勺，主菜刀、叉，黄油刀等餐具。

4. **铺台布**

（1）零点铺台布。小桌铺台布时一般站在方桌的一侧，桌子的两条腿之间进行；若是长条桌，则站在长边一侧；若是圆桌，则站在主人位右侧90度角位置进行。方法如下：

——在桌面铺一块桌垫，桌垫一般为厚法兰绒或薄的海绵状材料制成的垫子，铺上桌垫后用平头钉将其固定，或者将桌垫四角的绳子在桌下系好，以稳定桌垫，不致使其滑动。使用桌垫的目的有两个：一是防止台布在桌面上滑动，二是减少铺台过程中餐具撞击台面发生的噪声。

——将对折成16份的台布放上餐桌，将折叠口朝右，然后打开台布，并将台布右侧部分下垂，折叠中缝正对餐桌的中心。

——将台布从中缝部分向左侧打开。

——用拇指和食指夹住台布的第一层，食指和中指夹住第二层，然后将台布提起。

——将台布向餐桌对面抛出，使台布的另一侧沿桌边下垂，同时放开食指和中指所夹住的第二层台布。

——台布应中股缝向上，将台布的中缝对准餐桌的中心线，徐徐放下手中的台布，使其下垂，四周下垂部分相等。

（2）宴会铺台布。宴会铺台布一般由二人一组合作进行，因为宴会的餐台较长，单人铺设容易将台布弄皱或弄脏，同时也不便操作，造成时间的浪费。考虑到西餐的长餐台的台布需要用几块甚至十几块台布拼铺而成，所以，在铺设时，应从靠餐厅里面的一边往外铺，让每张台布的接缝朝里，使步入餐厅的客人看不见明显的接缝，要求台布中线相连，成一条线，台布下垂部分的四个边要平行相等，台布下沿正好接触到椅面。

5. 铺小台布

小台布又称为桌毯。在一些餐厅，餐桌上铺好台布后，会在台布上再铺上一块小台布。小台布的颜色与大台布不同，可用来装饰台面，增加台面的观赏性。并且，小台布用脏后比较容易更换，翻台时对客人的影响也要小得多。

（1）将小台布折叠成四方形，站在餐桌的一角，然后打开小台布，铺在桌面上，将小台布的中缝对准餐桌的对角线。

（2）检查小台布，使其四周下垂部分正对座椅，且下垂距离相等，台布无皱褶。

6. 摆放花瓶或插花

台布铺好后，应摆放花瓶或插花，但高度不要高过客人眼睛位置。

（1）花瓶摆放。花瓶用于1～8人的小餐台，分为蒜头形和直立形两种，插花时只插放1枝或3枝鲜花，插放3枝时要配绿叶，花必须新鲜。1～4人的方台或长方形台摆放1个花瓶，花瓶位于餐台正中，5～8人的长方形台（即一字形台）要摆放2个花瓶。摆放位置为台布长中股缝上，间距视台型长度决定，但不可少于30厘米。

（2）插花摆放。西餐台面有一字形台、U字形台、T字形台等，有时也会使用圆台。根据台形，插花可设计为圆形花、长形花和花篮3种。一盆好的鲜切插花要根据台面设计要求来确定大小，和台布大小成正比。6人以上的一字形台需摆放长形插花，U形台可根据台形大小摆放3～6个长形插花，T字形台也要根据台形大小，可摆放6～7个长形插花。长形插花的标准通常是：长直径40～50厘米，短直径约为20～50厘米。

7. 摆放烛台、椒盐瓶等用具

插花或花瓶摆完后，应摆放烛台、椒盐瓶、烟缸、火柴。

（1）烛台只在晚餐时使用，摆放时注意烛台的清洁程度，烛台若为银质，需光亮无氧化点，摆放于中股缝距花瓶10厘米处。

（2）盐瓶在左，胡椒瓶在右，且在主位前方。

（3）烟缸放置于中股缝距烛台10厘米处，火柴摆放在烟缸上，且应磷面向里，店徽向上。

8. 展示盘定位

展示盘只起装饰作用，一般不直接装菜用，在高星级饭店，展示盘通常是定制的，并在展示盘上印上店徽。

摆展示盘时，用左手垫上口布，包住盘底，从主人位开始顺时针走动，用右手在每个席位正中摆放一个展示盘，离桌边2～3厘米，凡带店徽的展示盘必须将店徽朝上，正对着客人。

展示盘一般在上第一道菜之前或者上主菜之前撤下。若是在头盘之前撤展示盘，那么，在服务荤菜色拉或汤时，一般会在菜盘或汤盅下加一只底碟（或称为垫盘）。

9. 摆放餐具

（1）早餐。包括以下内容：

——摆餐刀、餐叉：在席位的右侧摆餐刀，刀刃向左；在席位的左侧摆餐叉。餐刀与餐叉的距离以能摆放一个装饰盘为宜，一般是30厘米，刀叉后端距桌边1厘米。

——摆吐司盘：吐司盘摆放在餐叉的左侧，距餐叉1厘米，盘底边离桌边2～3厘米，与展示盘底边平齐。

——摆黄油刀：将黄油刀的刀口朝盘心摆放在吐司盘内，距吐司盘中轴线右侧1/2（即整个盘子的1/4）处，垂直于桌边；也有些餐饮企业将黄油刀横放于吐司盘上方1/4处，刀口朝盘心平行于桌边。若放有黄油碟，则置碟于面包盘上方，碟上放黄油刀。

——摆咖啡杯具：将咖啡杯连底碟摆放在餐刀的右侧，相距最右侧餐刀1厘米，咖啡匙放在底碟内，咖啡杯上方，紧靠咖啡杯，杯柄和匙柄朝右。

——调味架、牙签筒、口纸杯、烟灰缸按四人用一套的标准摆放在餐台中线或规定的位置上（注：各餐饮企业的摆法不太统一）。

——早餐一般不上水杯（一种有柄的大形高脚杯），可根据餐别要求，决定是否在餐具上方放置水杯。

（2）正餐零点。根据用餐顺序将对应餐具从外往里放。

在展示盘的右侧从左向右依次摆放主菜刀、鱼刀、汤匙、冷菜（开胃品）刀。刀刃一律向餐盘（即朝左），刀柄末端距桌边2厘米。有的餐饮企业将鱼刀位置突出于其他餐具1厘米处。

在餐盘的左侧从右向左依次摆放主菜叉、鱼叉、冷菜叉，叉齿一律向上，叉柄末端距桌边2厘米。有些饭店将鱼叉突出于其他餐叉位置1厘米处。

餐叉有两种不同摆法，英式服务中叉尖朝上，法式服务中叉尖朝下（即桌面），但现在基本上都是采用叉尖朝上的摆法。

在宾客点完菜后，根据需要为客人增添部分合适的餐具，若宾客所点的菜肴较多，则在用过桌上刀叉后每菜追加一副刀叉。

(3) 正餐套餐。套餐的餐具根据菜单进行摆放，餐具的数量比零点略多。例如：

甜品刀、叉、匙摆放在展示盘的上方，茶匙的柄向右，甜品叉柄向左；

白葡萄酒杯、红葡萄酒杯、水杯和香槟酒杯从右往左斜向摆放在餐刀的上方；

黄油碟、盐瓶和胡椒粉瓶以及烟灰缸等分别摆放在餐桌的中间。

10. 摆放饮具（杯具）

正餐零点和套餐需要摆放杯具，有两种情况：

(1) 三套杯：杯具摆在餐刀上方位置，在主菜刀上方3厘米处从最高的水杯摆起，从左到右依次降低，从左到右分别是水杯、红葡萄酒杯、白葡萄酒杯。在水杯的右下方45度斜角位置摆放红葡萄酒杯，水杯和红葡萄酒杯两杯相距1厘米，白葡萄酒杯水平放于红葡萄酒杯右侧，杯身相距1厘米。

(2) 四套杯：在三套杯的基础上，将红葡萄酒杯向下移1~2厘米，在其上放置香槟酒杯，使4个酒杯呈菱形图案。各酒杯的杯身之间相距1厘米，以能伸入手指取杯为宜。

注意：酒杯的摆放可以根据客人点的酒水品种来定。西餐铺台并不是一成不变的，当客人点菜后，西餐服务员要根据客人所用菜肴、酒水增加或撤走相应的餐具、杯具。一般而言，摆台时每位客人不得超过4套餐具，如客人订单超过4道，应在用餐过程中，在该菜肴上桌前，上相应的餐具。

11. 摆口布盘花

将折叠好的盘花放在展示盘中，西餐一般不用杯花。

12. 摆菜单

这只是针对西餐宴会，参加人数较少时，每人摆一份菜单，人数较多时，可两个席位摆一份菜单，间隔摆放，但不得少于每桌两份。

（三）中餐西吃铺台

中餐西吃台面，既可用中餐的方台、圆台，亦可用西餐的各种台面。餐、饮具可采用中西餐的各种形式，不拘泥于套路，目的是以客为本，尽量方便其用餐。这样的思想是当今高规格餐饮服务的主流，我们应尽心尽力为宾客提供方便，以提供个性化服务、心理服务、超前服务、文化性服务。

第四节 上 菜

上菜是值台员将冷热菜按规格和一定顺序奉上餐桌的一种服务技能，相比其他技能而言，上菜这一技能要求对菜肴知识有较深入的了解，要按照上菜顺序进行，根据宾客的要求和进餐速度灵活掌握上菜时机，并按餐厅要求为客人配齐佐料和相应餐具、用具。

一、中餐上菜

（一）中餐上菜的原则

中餐上菜的原则是：先冷后热，先菜后点，先咸后甜，先炒后烧，先荤后素，先干后稀，先浓后淡，先高档后普通。

（二）中餐上菜的顺序

具体地说，中餐上菜的顺序一般为：冷菜（以便下酒）→主菜（较高档的菜肴，如海鲜）→烩菜→炖盅→热菜（包括煎、炒、烹、炸、蒸、爆等方法制作的较多数菜肴）→烧烤→素菜→咸点→汤→甜点→水果。

注意：由于中国的地方菜系很多，又有多种宴会种类，如著名的燕菜席、燕翅席、鱼翅席、鱼唇席、海参席、全羊席、全鸭席、全鳝席、全素席、满汉全席等，所以在上菜顺序上，也不会完全相同。例如，粤菜与西餐上菜顺序相似，先上汤；全鸭席的主菜，北京烤鸭，就不作为头菜上，而是作为最后一道大菜上，人们称其为“千呼万唤始出来”；谭家菜燕翅席，因为席上根本无炒菜，所以在主菜之后上的是烧、扒、蒸、烩一类的菜肴；上点心的时间，各地习惯亦有不同，有的是在宴会进行中上，有的是在宴会将结束时上，有的甜、咸点心一起上，有的则分开上。因此，我们在实际上菜时，要根据宴席的类型、特点和需要，因地制宜、因时制宜，不可千篇一律。

（三）中餐上菜的方法

中餐就餐方式，一般有共餐式和分餐式两种，上菜时有所不同。

1. 共餐式就餐的上菜方法

共餐式是传统的、普遍的中餐就餐形式，由就餐者自己取用菜肴，或用公勺、公筷让菜，适合于零点、团队餐、会议餐、婚宴等。

（1）上冷菜。包括以下内容：

——主冷菜：拼盘、工艺冷菜、攒盒等应摆在餐桌中央。

——花式拼盘：要根据拼图形状，将正面朝向主人。其他冷菜对称摆在主冷菜周围，摆放时注意荤素交替、颜色口味的搭配和间隔、盘与盘之间的距离相等。

——摆放位置：用餐开始后，若无转台，值台员要视冷菜食用情况，适时将冷菜调换位置，以方便各个角度的宾客；如使用转台，所有冷菜一律摆放在转台上。

——时间：零点要最先上桌，间隔 3 ~5 分钟后可上热菜；宴会要提前 15 分钟上桌，但不要浇汁水。

（2）上冷菜以外的其他菜肴。包括以下内容：

——上菜的位置：从陪同人员之间将菜端上桌。因为他们是餐桌上说话较少的人，在端菜上桌时，应尽量不要打扰正在交谈中的宾客，若陪同也正在说话，则须从另一处找空隙上菜。

——报菜名：在菜上桌后立即报菜名，要求口齿清楚，音量适中。

——上附带有佐料、配料的菜肴：要一次上齐，不可遗漏。例如：膏蟹配红醋、姜末、味碟，大闸蟹配姜茶、蟹钳、蟹夹、蟹锤，三文鱼刺身配芥末、美极鲜、双格味碟，烤乳猪配白糖、甜面酱，西湖牛肉羹配胡椒，片皮鸭配葱、面饼、甜面酱，燕菜配银耳汤，拔丝菜配冷开水，白灼虾配洗手水，清蒸鱼配姜醋汁，等等，在上菜时可略做说明。

——上要求配餐具的菜肴：在菜盘子内放公勺，从陪同人员之间侧身将热菜盘放在转台中央，公勺的柄朝向主人，汤菜一律要配垫盘、大汤勺。

菜肴的摆放要注意以下几点：

一是突出主菜。在小方桌上，菜肴要摆在小件餐具前面，间距要适当，主菜、高档菜应摆在中间位置上，看面要朝向顾客。在大圆桌上摆菜，从餐桌中间向四周摆放。头菜的看面要对正主位，大拼盘及热菜中的主菜、汤菜应摆在餐桌中间。

二是照顾主宾。高档的菜或有特殊风味的菜，要先摆在主宾位置上，如用转盘，要先转到主宾面前，在上下一道菜前再撤摆在其他地方。如果有的热菜使用腰盘，其盘子要横向朝主宾。

三是讲究集中。菜盘的摆放形状一般是：两个菜可并排摆成横一字形；一菜一汤可摆成竖一字形，汤在前，菜在后；两菜一汤或三个菜，可摆成品字形，汤在上，菜在下；三菜一汤可以汤为圆心，菜沿汤内边摆成半圆形；四菜一汤，汤放中间，菜摆在四周；五菜一汤，以汤为圆心摆成梅花形；五菜以上都以汤或头菜或大拼盘为圆心，摆成圆形。每上一道菜，都须将桌上菜肴作位置上的调整，使台面始终保持美观。

四是对称整齐。要以菜肴的原材料色彩、形状、盛具等几个方面讲究对称，如鸡可对鸭，鱼可对虾等。同形状、同颜色的菜肴也可相间对称摆在餐台的上下或左右位置上，一般不要并排摆在一起，摆放时注意荤素、颜色、口味的搭配和间隔，盘与盘之间距离相等。

五是尊重习俗。上整体型菜肴，应鸡不献头、鸭不献掌、鱼不献脊，头朝右，即上菜时将其头部一律向右，脯（腹）部朝主宾和主人，表示尊重。若有转盘，则转于主宾和主人前面。

【知识链接】

“鱼不献脊”的起源

关于“鱼不献脊”的习俗，据说来源于“鱼腹藏剑”的典故。春秋战国时，吴国的公子姬光为了除掉吴王僚，继承王位，请来猛士专诸相助。专诸善烤鱼，姬光便请吴王僚来尝专诸的烤鱼。专诸在做好的鱼腹中暗藏锋利的鱼肠短剑，乘进鱼之机，从鱼腹中抽出短剑将吴王僚刺死。而当时专诸为了取剑方便，正是将鱼脊朝向吴王僚，鱼腹朝向自己的。从此，“献鱼不献脊”说法便流传于世。

2. **分餐式就餐的上菜方法**

分餐式就餐也称为分菜式、派菜式，指服务员先将菜肴上桌进行展示，再撤至落台或桌面上，为客人将菜分成小份，每客一份，奉送至每一位客人面前。它借鉴了西餐服务方式派菜的做法，并与传统中餐相结合，长期以来，主要出现于高星级餐饮企业中官方、正式、高雅的场合，在“非典”后，分餐制也逐渐为老百姓所接受和喜爱，正越来越多地进入大众餐馆和酒楼饭庄。

（1）上冷菜。和共餐制相同。

（2）上冷菜以外的其他菜肴。包括以下内容：

——程序：由传菜员将菜从厨房端出放于落台上→值台员核对桌号后，从陪同位上桌→报菜名→介绍菜肴→撤下至落台→派菜至骨碟内→从主宾位开始顺时针依次上，每人一份，右上右撤。

——讲菜：对菜肴作简要介绍，介绍的内容可以是典故、原料构成、制作方法、菜肴特点中的一方面或几方面。

——上附带有佐料、配料的菜肴：要一次上齐，不可遗漏，若要配好佐料分给宾客的，应事先征求同意，然后再操作。

（四）中餐上菜的时机

在接受客人点菜之后，应问是叫起还是即起，叫起就是暂时不用上菜，等客人告知服务员可以上菜的时候再上，即起是点完菜后便立即可以上热菜了。在上菜过程中，服务员应根据情况掌握好上菜的时间及节奏，值台服务员和传菜服务员应在客人与厨房之间起到一个沟通纽带的作用。一旦失去这个纽带，就可能出现厨师一股脑儿将所有的菜全推到桌上，某些菜来不及吃，时间放长了以后会影响其口味，让厨师的劳动和技术大打折扣，或者出现菜接不上趟，导致客人投诉等情况的发生，这是餐厅中影响服务质量的主要因素，也是客人投诉和抱怨的多数原因。服务员要了解菜肴的烹制时间，根据其所需时间的长短送交点菜单和通知厨师做菜。服务员要根据厨房的忙、闲程度决定何时送点菜单，比如忙时提前送单，闲时迟些时候送单，做到既不让客人等菜，又不上菜太快。

二、西餐上菜

（一）西餐上菜的顺序

西餐通常的上菜的顺序为：开胃菜（头盘）→汤→鱼→主菜（有时跟配菜）→奶酪→甜品→咖啡或茶

（二）几种典型服务方式中的上菜

1. **美式上菜**

美式服务是盘式服务，是最普遍、最惯常的一种西餐上菜方式。厨师不仅制作菜肴，而且要完成分菜、分盘的工作。服务员只需要准确、快捷地将菜肴送进餐厅，端给客人。美式服务比较程序化，对服务员来说，操作起来相对简单，一般汁往左、菜往右，美式服务适合于非正式用餐及快餐。

（1）面包、黄油。面包、黄油在客人点菜以前从客人左侧递上供其挑选。要求提供新鲜的热面包和冷黄油，并使用清洁的面包篮和黄油碟、黄油刀。

（2）头盘。开胃品是餐前食品，有冷、热之分，应注意凉菜要凉、热菜要热，并用相应温度的餐盘。服务时先给女士，从客人的右侧为客人上菜。同一餐台的客人，应在同一时间内，按客人订单的内容，放在一个垫盘里，端到客人的正前方。在上海鲜类开胃品时要给客人送上海鲜叉，也可以将海鲜叉放在垫盘的右边与开胃品一起送上。头盘与下一道菜不应中断，应在客人开始享用头盘数分钟后，请厨师制作下一道菜。

（3）汤。汤可以代替开胃品先上，也可以作为第二道菜上。带盖的汤盅上台后要揭去其盖放在托盘内带走。汤要摆在席位的正中，汤匙放在垫碟的右边。服务汤时，都应配底碟，清汤用双耳杯装，并配圆头汤勺，浓汤用汤盆（碗）装，并配尖头汤勺。服务员应小心地把汤放在客人餐台上，并准确报出汤的名字。同一餐台的客人要同时上汤，客人用完汤后，征得主人同意，从客人右侧，将汤碗、汤碟和汤勺一同撤下。

（4）作为配菜的蔬菜或水果色拉。这种色拉可以用小推车推到客人的台子前让客人挑选，盛器一般用木质的色拉钵。上台后要放在餐具的左边，把正中的位置留出来上主菜。因为很多客人喜欢主菜与色拉同时食用。

（5）主菜。主菜是一餐的主要部分，餐具必须与所选定的主菜相对应，如吃牛排要配牛排刀，吃龙虾时要配龙虾开壳夹和海味叉，吃鱼类要配鱼刀、鱼叉等。像牛排汁酱一类的调味品应当在客人需要的时候随时送到餐桌上。主菜要放在摆台的正中位置，并要注意将肉食鲜嫩的一面朝向客人。从客人右侧服务，如餐盘过热，应提示客人注意。

（6）甜品。甜品是最后一道食品，客人用完主菜后，彻底清洁台面，从客人右侧为其摆上甜品叉、甜品勺，叉左勺右。

（7）咖啡、茶或餐后酒。咖啡用具要配套使用，咖啡底碟上摆放咖啡杯，杯柄朝向右，咖啡勺平放于咖啡杯右上方。冰水、咖啡、利口酒等都从客人的右边用右手送上，如客人只喝咖啡或茶，杯具放于客人正前方，如客人同时食用甜食，杯具放于客人右手侧。

为客人服务咖啡、茶时，应先将糖盅、奶罐摆放在客人餐台上。糖盅内应放 3 种糖：1 袋白砂糖，1 袋咖啡糖，1 袋怡口糖。糖量为糖盅容量的 4/5。奶罐内应注入新鲜的冷冻植脂淡奶，如客人要求用鲜奶，则应为客人上鲜奶。在斟咖啡、酒水等饮料时，不要用手端起杯具，而应直接向餐桌上的杯具或玻璃杯中斟饮料。为座位间距较密的一批客人斟热饮料时，左手要拿一块干净、叠好的餐巾护住客人，以免客人碰到热烫的饮料盛器，客人用完第一杯咖啡或茶后，要为客人加第二杯咖啡或茶。

许多西餐厅在记账时，将咖啡或茶的收入记进食品账目，这是因为我们已经习惯于把咖啡、茶当作用餐的最后一道菜。

2. 法式上菜

法式服务也称餐车服务。法式餐厅备有各种带有轻便加热器的手推餐车，食品制作的最后一道工序在餐桌旁由首席服务员完成。法餐首席服务员必须能够在餐台旁现场将菜肴烹制完毕。客人接受法式服务时，具有一种观赏表演的性质。

(1) 取菜。法式餐厅的传菜员于服务前5分钟到厨房通知厨师准备好将要服务的菜肴。取菜肴时，核对数量、火候、特殊要求和所配的调味汁是否与订单上的要求一致。核对后将菜肴整齐地摆放在餐车上，热菜需加热保温，盛放调味汁的银器放在垫有花纸的盘上，最后将餐车平稳地推到餐厅，同一餐台的菜肴必须一次拿完。

(2) 上菜。服务员将放有食品的服务车推至客人餐台旁，并礼貌地提醒客人。上菜时动作要轻，并保证所有菜的摆盘方向相对一致。上菜时从客人右侧，并报菜名。

(3) 服务调味汁、配料和鲜胡椒。法式服务中，调味汁和配料从客人左侧服务，鲜胡椒必须从右侧服务。

从左侧服务调味汁和配料时，服务员要右手托调味盅，调味盅要配底碟，左手拿勺为客人服务，并要说明汁和配料的名称，询问客人调料放于盘中的位置。

服务鲜胡椒时，应左手握住胡椒磨，右手转动磨的顶部，同时询问客人胡椒的用量。停止服务时，须轻敲胡椒磨的顶部，防止胡椒散落到盘外。

(4) 酒水服务。法式餐厅的酒水服务，设立专职的酒水员，使用专用的酒水车，并要很好地向客人介绍和推荐酒车上的各种酒。

3. 俄式上菜

俄式服务也称大盘服务，厨师根据订单，将准备好的菜肴整齐地摆放在银质大浅盘中，由服务员为客人分送菜肴。这种服务比较适合于宴会服务。俄式服务类似法式服务，要求服务人员有娴熟的技巧。

(1) 上菜前的准备工作。厨师在大银盘中摆放菜肴时，要讲究摆盘的造型和艺术性，服务员左臂要有很好的承重力，在厨房托起大银盘，以正确姿势走入餐厅。有时，需要两名服务员合作，进入餐厅。

(2) 菜肴的展示。服务员要左手托大盘，走到客人面前展示菜肴，通常，只站在主人右侧，将左手放低，使全桌客人的视线能看到菜肴整体即可。展示时，要报出菜肴的名称。展示完后，将菜肴放至落台上，落台要有保温设备。

(3) 为客人上餐盘。分菜前，要将热的餐盘从客人右侧，放于客人面前。

(4) 上汤。上汤后也要为客人分汤。服务员应把热碗放在大底盘上，然后左手托汤，右手用大银汤勺为客人分汤。

(5) 分让菜肴。俄式分菜使用服务叉、服务勺，服务员持叉勺的正确姿势应是叉在上、勺在下，首先重叠摆放，然后用右手食指分开叉勺，进行分菜操作。

服务员分菜时，左手托大盘，右手持叉勺分菜，当分到最后一个客人时，仍然要保持大银盘内的美观外形。为了客人的方便，通常，每道菜应分让两次，第一次分让保证每个客人的菜量基本相同。第二次分让只是给需要添加食品的客人分让，服务员要灵活掌握菜量，并要保证最后一个客人也得到足够分量的菜肴。两次分让完成后，大银盘内只能剩下少许的菜肴，要及时送出餐厅。

4. 英式上菜

英式服务是典型的家庭式服务。其主要特点是，由服务员将菜肴首先让给主宾，再由主宾传递给其他客人，客人自取所需的菜量。

（1）为客人上餐盘。上菜以前，服务员首先要给每位客人上一个干净的餐盘，并且是每吃一道换一次，冷头盘应用凉的餐盘，热菜则用热餐盘。

（2）上菜。上菜前，要先在菜肴器皿侧边放上一副公用叉勺，然后从主宾右侧，将菜肴端给主宾。主宾接过菜肴后，取够自己的菜量，再将菜肴传递给下一个客人，然后依次传递，直到最后一个客人。客人传递菜肴过程中，服务员应站于客人背后，随时提供帮助。

（3）撤换餐具。英式服务不要求高度技巧，但服务员要保证大量的时间用于清理客人的餐台，如更换公用叉勺、撤换客人的餐盘等。

（三）强调搭配

搭配的餐具、辅汁、酒水要一齐上，不可遗忘，例如：

面包：种类繁多，如燕麦包、法式面包、小圆甜面包、牛角包、丹麦包等。服务时摆面包盘和黄油刀，置于餐位左侧。早餐面包配黄油、果酱、有些西餐厅还配蜂蜜，午、晚餐面包只配黄油。

早餐煮鸡蛋：放在蛋盅里上桌，摆茶匙、胡椒盅、盐盅。

煎蛋、炒蛋：各种煎蛋、炒蛋都用热盘盛放，左手边放中号叉，右手边放中号刀，配胡椒盅和盐盅。餐厅可以根据宾客要求提供不同煎法的煎鸡蛋。

玉米片：一般用于早餐，用汤盆或大碗盛放，配鲜奶、糖，使用汤勺进食。

法式洋葱汤：配小面包粒和帕玛森芝士。

海鲜鸡尾杯：摆鸡尾酒杯、叉、茶勺，配鸡尾酒和调味沙司。

色拉：配色拉汁（主要有油醋汁、千岛汁、意汁、罗弗汁，色拉可以作冷头盘吃，也可作主菜的配菜吃）。

烟熏三文鱼：左手边摆鱼叉，右手边摆鱼刀，配柠檬角、胡椒末。

法式田螺：左手边摆田螺夹，右手边摆田螺叉，配法式干面包。

生蚝：配生蚝叉、洗手盅。

蜗牛：配蜗牛夹、蜗牛叉、甜品匙。

龙虾或小龙虾：配纯清黄油，左手边摆龙虾钳、鱼叉，右手边摆鱼刀、龙虾叉，跟骨碟和洗水盅（内放 2/3 的温茶水，并配一片柠檬）。

煎蛙腿：配甜品刀、甜品叉、洗手盅。

煎、炸鱼类菜肴：配柠檬角、鞑靼调味汁（汁中含有凿碎的熟蛋黄、碎酸菜、橄榄油、干葱粒等）。

浓味炖鱼：用汤盆盛放，配空骨碟，左手边摆鱼叉、面包盘、面包刀，右手边摆鱼刀、汤勺。用鱼刀、鱼叉将鱼肉切开，后用汤勺将鱼肉带汁舀起食用。

牛排：配沙司，上菜时要询问是摆在一边，还是浇上。

羊排：配薄荷汁、薄荷啫喱、主菜刀叉。值台员派汁时要问清宾客，是浇在肉排上还是放在盘边。

爱尔兰炖肉：放在热汤盆里端上，摆餐刀、餐叉、甜品勺，配胡椒、盐、辣酱油。

汉堡包：配番茄酱。

热狗：配芥末汁、酱汁。

土豆薄饼：配苹果酱。

煎薄饼：配糖浆。

意大利面：左手放勺、右手放叉，配一碟巴马干酪。

奶酪：摆小盘，配新鲜黄油、各式面包、克力架、冰冻洋芹条、胡萝卜条、胡椒盅、盐盅、甜品刀叉。

圣诞布丁：将圣诞布丁摆放在银盘上，布丁上浇上白兰地，点燃后端进餐厅。客人用甜品盘、甜品叉、甜品勺食用。圣诞布丁配白兰地、黄油或白兰地、奶油。

水果篮：摆小盘，盘上放水果刀、水果叉，刀叉交叉放置，也可左叉右刀放置，备一空盘盛放果皮壳。准备糖粉碗、茶勺、盐盅，洗手盅里放温水、柠檬片或玫瑰花瓣。

咖啡：用咖啡杯、垫碟、咖啡勺，配淡奶、糖缸。

柠檬茶：配柠檬片、糖。

红茶：配淡奶、柠檬汁或糖。

三、中西餐上菜时应注意的问题

第一，为避免发生事故，设计科学的餐饮企业厨房分设进出两扇门，服务员在进出时应遵守行走规则。

第二，上菜时传菜员和值台员均有核对菜肴、酒水的义务，避免上错菜。

第三，发现菜色有偏差时，应请教厨师长后再上。

第四，上菜时不应再询问客人点了什么菜，而应从订单上了解他们各人选定的菜食。

第五，按不同的服务方式，从规定的一边上菜。

第六，端菜盘时，用 4 个手指托住盘子的下面，大拇指搭在盘子的边沿上，避免手伸入菜盘中。

第七，要灵活服务，为方便客人可以打破正常的服务规矩，如为座位靠墙的客人斟酒倒咖啡时，就可以从左边或端起杯子倒。

第五节　派　菜

派菜又称为分菜、让菜，是服务员代表主人，运用相应的服务器具将菜肴分装、依次端给就餐宾客各自享用的一种服务技能。派菜是服务员向客人做操作表演的技能，要想熟练地掌握，就必须对各种菜肴的烹制方法，菜肴成型后的质地、特点有很好的了解，这样才能在实际工作中运用自如。

一、中餐派菜

（一）中餐派菜的工具

常见的中餐派菜工具有：分菜叉（服务叉）、分菜勺（服务勺）、公勺、公筷、长柄汤勺、切割刀、比萨饼铲等。许多菜肴并不能用筷子派，因为，用筷子不便于派汁水较多的菜肴，尤其是浇汁的菜肴。另外，对于一些松软的菜肴，筷子易将其夹烂、夹碎，对于少数硬而滑的菜肴主料，筷子也显得笨拙。

（二）中餐派菜的时机

中餐宴会派菜，通常在以下三种情况下进行：

第一，高级宴会，应进行分菜服务。

第二，客人在订餐或上菜前及上菜中向服务员提出分菜服务时，应提供分菜服务。

第三，主人因故离席时，服务员应主动进行分菜。

（三）中餐派菜的手法

1. **单手**

用服务叉和服务勺进行。叠好餐具套放置于落台左上角或右上角，准备并排列好骨碟或口汤碗，值台员左手背在身后腰脊上，轻握四指，手背朝里，手心朝外，用右手准确地握住叉和勺把的后部拿起，勺心向上，叉齿尖部向勺心，叉齿尖略短于尖头服务勺的前端，用小指、无名指、中指夹住服务勺（无名指在上，小指和中指在下），用食指和大拇指拿住叉，其余三指控制勺把。其中，无名指和小指起稳定作用，中指支撑勺把中部。在夹菜肴时，主要依靠经过练习的灵活的手指来控制。

这样，勺在下，叉在上，在派菜时，不仅灵活，而且不易弄碎菜肴，破坏菜肴的完整性，也解决了汁水难派的问题。分带汁的菜时，由位置在下的服务勺盛汁。

2. **双手**

用公勺、公筷进行。服务员站在与主人位置成90度的位置（即陪同席位间），右手握公筷，左手持公勺，相互配合，将菜肴分到宾客餐碟之中。

（四）中餐派菜的方式

1. **桌上式**

分菜时由两名服务员配合操作，一名服务员分菜，另一名服务员为宾客送菜。分菜服务员站在陪同人员位置进行操作，右手持叉、匙夹菜，左手持长把汤勺接挡下方，以防菜汁滴落在台面上。另一名服务员站在宾客的左侧，把餐碟或口汤碗递给分菜的服务员，待菜肴分好后将餐碟放回宾客面前。

2. **桌旁式**

分菜服务员用左手垫上餐巾布将热盘托起，右手拿分菜用的叉、勺进行分让。服务员要站在宾客左侧，站立要稳，身体不能倾斜或依靠在宾客身上，脸斜侧与菜盘成一直线，腰部稍弯，头部不要距离宾客太近。

3. **落台式**

在备餐时，就要在分菜台上准备好干净的餐盘，备好叉、匙等分菜工具，每道菜从厨房取来后，服务员把菜放在转台上报菜名，介绍典故、传说、特色、营养、主要原料、烹饪方法等，然后取下来放到落台上，分菜服务员在落台上将菜均匀、快速地分到宾客所用的餐盘中，菜分好后，逐一上给宾客。

二、西餐派菜

西餐中的美式服务和英式服务不要求服务员掌握分菜技术，服务员只提供上菜及其他服务就可以了。而俄式服务则要求较高的分菜技术，法式服务要求分切技术。

（一）西餐派菜的工具

俄式服务的分菜用具是叉和勺。叉、勺要求同样规格和质地，通常以不锈钢的为主。

法式服务的分切用具比较多，包括服务车、分割切板、刀、叉，以及分调味汁的叉、勺。

这些分菜用具都要保证无污迹、无异物，每使用完一次，都要送给专人清洗，不能连续使用。准备分菜用具时，还要准备与客人人数相应的已加热的主盘。

（二）西餐派菜的手法

俄式分菜和中餐用服务叉和服务勺进行的分菜一致，实际上，中餐是学习和借鉴了这一方式。

法式分切菜时，应将要分切的菜肴（通常为肉类、鱼类和奶酪等），取放到分割切板上，再将切板放在餐车上，分切时应用左手拿叉轻压住肉或鱼或奶酪的一侧，右手用刀分切。

（三）西餐派菜的顺序

西餐分菜的顺序是先宾后主、先女后男，即按主宾、主人或女主宾、主人、男主宾，然后其他来宾的顺序进行。

三、派菜时要注意的问题

（一）主宾优先

分派的菜肴，最优部分要给主宾，因为服务员是代表主人为其客人服务，服务员应牢记主宾优先。

（二）派菜的分量

分每道菜，第一次分完后，宜余下1/10的菜肴，即1～2份在盘中，以示菜肴的宽裕，并为第二次分让做好准备，也可防备有的宾客要添加。若桌上菜肴已经过多，则可以恰好全部分完。

（三）分派均匀

分菜时还要保证同一餐台客人的每份菜平均量一致，摆盘方法一致。摆盘既要美观又要干净，主辅料搭配均匀，带汁水菜的色彩也要搭配均匀，不要让汁水弄出盘外或滴在宾客身上，头、尾、残骨等不宜分给宾客。

（四）不出噪声

不刮、拔、并、倒，不仅要确保不出声，而且要避免拖带菜汁，或滴落在盘边上，或滴落在桌面上，或溅到客人衣服上。

（五）快速、协调、利落

以最快的速度、最短的时间完成分菜工作。分菜要做到一勺准、一叉准。绝不允许把一勺一叉菜分给两位宾客，更不允许从分得多的盘碗中匀给分得少的，这样是很不礼貌的。

第六节　斟　酒

斟酒就是为客人倒酒，是用餐过程中的一项服务工作，也是餐饮服务中较难掌握的技能之一。斟酒看似简单，实则不易，服务员必须经过长期练习，才能真正达到标准和要求。

一、准备工作

斟酒前的准备工作是斟酒服务的基础，要做以下准备工作：

（一）酒品种类的准备

中西餐厅都应备有中国酒和洋酒，如中国白酒、日本清酒、黄酒、果酒、啤酒、葡萄酒（包括红白粉、雪利、波特、香槟、味美思等）、白兰地、威士忌、伏特加、朗姆、特基拉、金酒、利口酒、开胃酒。

（二）酒具的准备

酒具是斟酒服务的必备用品。餐厅应该准备的酒具种类、规格要与其经营的酒品种类相配。一般常备酒具有水杯、红葡萄酒杯、白葡萄酒杯、浅碟形香槟杯、郁金香型香槟杯、黄酒杯、黄酒壶、白兰地杯、烈酒杯、波特酒杯、三角形及梯形鸡尾酒杯、比尔森啤酒杯、扎啤杯、海波杯、古典杯、暴风杯、果汁杯，以及冰桶、冰桶架、冰夹、冰铲、温酒壶、酒篮、酒钻、开酒器等。这些酒具应放在餐厅随时可以取到的地方，无论客人选中哪款酒品，服务员都能及时将适用的酒杯送到客人面前。

（三）点酒

服务员应主动向客人提供酒单，递上酒单时，一般不要打开，让客人自行打开，服务员介绍酒品种类、口味、度数、产地、香型、瓶装容量、价格等情况。对客人选中的酒品，服务员应立即除去外包装待用。

（四）示瓶

客人选定的酒，服务员应先请客人确认此酒的品牌，之后，方可开启斟用，这是服务工作中不可忽视的重要环节。请客人确认酒水品牌的方法是：服务员用右手握住酒瓶的颈部，左手用一块餐巾托住瓶底，将酒瓶上的商标朝向顾客请其确认。这样做是向客人再次确认酒品，既可表示对宾客的尊重，又可表明酒品的可靠性。

（五）饮用温度

中国白酒：常温。

黄酒：用开水温热至40～50℃后用具有保温性能的陶瓷酒具，不可用烘烤和燃烧的方法，以免酒温过高挥发掉酒香而影响质量。

红葡萄酒：常温。

白葡萄酒：冰桶冰镇。

桃红葡萄酒：冰桶冰镇。

香槟酒：冰桶冰镇。

果汁：冰箱冰镇。

啤酒：冰箱冰镇。

可乐等碳酸饮料及多数鸡尾酒：加冰块冰镇。

（六）开瓶

1. 葡萄酒开瓶方法

值台员先用洁净的餐巾把酒瓶包上，然后用酒刀整齐划开瓶口部位的锡铂纸，注意只能划瓶口处第一个凸起部位，用酒刀将锡铂盖取下，装入口袋中，用酒刀的螺旋锥钻入瓶塞中心部位，不宜太深，以4~5圈为宜，否则可能导致软木塞的木屑掉落瓶中，用杠杆的力量提出软木塞，至软木塞快完全出瓶口时，停止用酒钻，改用右手轻轻地旋转软木塞后取出，用左手取下软木塞放于事先备好的骨碟内，用叠成正方形的干净口布把瓶口擦干净。在开瓶过程中，动作要轻，以免摇动酒瓶时将红葡萄酒瓶底的沉淀泛起。

2. **香槟酒的开瓶方法**

香槟酒因瓶内有较大气压，故软木塞的外面套有铁丝圈以预防软木塞被弹出。开瓶时，首先将瓶口的锡纸剥除，然后握住瓶身，以45度的倾斜角度拿着酒瓶并用大拇指紧压软木塞，右手将瓶颈外面的铁丝圈扭开并取掉。瓶内的气压就会缓慢地将软木塞弹挤出来。瓶口要对天花板，不可对人。

二、斟酒方法

（一）斟酒的时机

斟酒时机是指宴会斟酒的两个不同阶段：一个是宴会前的斟酒，另一个是指宴会进行中的斟酒。

1. **中餐**

如果顾客点用白酒、红葡萄酒、啤酒，在宴会开始前10分钟将烈性酒和葡萄酒斟好，斟好以上两种酒后就可请客人入座。待客人入座后，再依次斟啤酒。如用冰镇的酒或加温的酒，则应在宴会开始后上第一道热菜前依次为宾客斟至杯中，有些场合要等宾客入座后才斟倒；宴会进行中的斟酒，应在客人干杯前后及时为宾客添斟，每上一道新菜后要添斟，客人杯中酒液不足一半时也要添斟。客人互相敬酒时要随敬酒宾客及时添斟。

2. **西餐**

西餐在上每一道菜前就应将相搭配的酒斟好，吃什么菜配什么酒，应先斟酒后上菜。

（二）斟酒的顺序

1. **中餐**

宾客入座后，值台员及时问让啤酒、可乐、矿泉水等软饮料。其顺序是：从主宾开始，按男主宾、女主宾、主人的顺序顺时针方向依次进行。如果是两位值台员同时服务，则一位从主宾开始，另一位从副主宾开始，按顺时针方向进行。

2. **西餐**

西餐零点从主人左手边第一位女士开始，按顺时针方向，先女后男；西餐宴会顺序为：女主宾、女宾、女主人、男主宾、男主人。

（三）拿酒瓶的手势

右手握住酒瓶中下部，酒标朝客人（即朝左），食指在上，便于控制瓶口，在倒够一杯酒后，要将瓶口旋转 90 度收肘，使最后一滴酒随着瓶身的转动均匀地分布在瓶口边缘上。这样，便可避免酒滴洒在台布或宾客身上。

（四）斟酒的方式

餐饮企业不提倡捧斟、挂杯斟、花样斟，一般采用桌斟。右侧大臂与身体呈 90 度角，小臂弯曲呈 45 度角，双臂以肩为轴，小臂用力运用腕子的活动将酒斟至杯中。腕力用得活，斟酒时握瓶及倾倒的角度的控制就感到自如；腕力用得巧，斟酒时酒液流出的量就准确。斟酒及起瓶均应利用腕子的旋转来掌握，切忌大臂用力及大臂与身体之间角度过大，因为角度过大会影响顾客的视线并迫使客人躲闪。

（五）桌斟的站位

服务员的右脚在前，插站在两位客人的座椅中间；左腿在后，左脚尖着地呈后蹬姿势，使身体向左呈略斜式。

（六）桌斟的姿势

侧身站立于宾客的右后侧，右脚放于两椅之间，右手伸出，身微前倾，掌握好距离，以方便斟倒为宜，从客人右侧斟酒。左手托盘进行斟酒时，托盘要自然打开，不可悬于客人头顶；左手持一块洁净的餐巾（即酒布），每斟一杯要擦拭一下瓶口。

（七）桌斟的换位

每斟满一杯酒更换位置时，做到进退有序。退时先使左脚掌落地后，右腿撤回与左腿并齐，使身体恢复原状。再次斟酒时，左脚先向前跨一步，右脚跟上跨半步，形成规律性的进退，使斟酒服务的整体过程潇洒大方。

（八）分量

1. 中餐

中国白酒和黄酒一律八分满，以示对宾客的尊重。

2. 西餐

（1）红葡萄酒：1/2。

（2）白葡萄酒：2/3。

（3）香槟：2/3。分两次斟，香槟酒斟入杯中时，应先斟倒 1/3，待酒中泡沫消退后，再往杯中续斟至七分满。

（4）啤酒：8 成酒液，2 成泡沫，顺杯壁两次斟倒。

（5）白兰地：1/5，即将酒杯横放时，杯中酒液与杯口齐平。

（6）冰水：先放冰块，后加至 3/4 处；不加冰块时应斟 3/4。

【同步思考】

请思考：客人打翻、打碎杯子，服务员应怎么处理？

三、斟酒时要注意的问题

第一，不滴不洒，不少不溢，每杯均等，及时添加。

第二，两不接触：身体不要贴靠宾客，但也不要离得太远；酒瓶口和杯口不要接触，以防止将杯口碰破或将酒杯碰倒，但瓶口与杯口距离也不宜过大，过大则酒水容易溅出杯外。

第三，斟酒时要慢，让酒液徐徐进入杯中，瓶内酒量越多，酒液惯性大，容易冲出杯外，瓶内酒液为1/2左右时最容易控制。

第四，中餐软饮料，西餐开胃酒先问。

第五，斟酒时不宜倒得过满。

第六，不可一次为左右两位客人斟酒。

第七，在进行交叉服务时，要随时观察每位宾客酒水的饮用情况，及时添加酒水。

第八，在斟软饮料时，要根据宴会所备品种放入托盘，请宾客选择，待宾客选定后再斟倒。

第七节　其他服务技能

一、撤换餐具

在宾客用餐过程中，服务员必须勤换餐具，及时将不用的餐具、杯具撤走。值台员在撤换餐具时，要按规格和程序进行操作，动作要干净利落，不发出响声，符合饭店对清洁卫生的要求。

（一）中餐撤换餐具

1. 骨碟

（1）换骨碟的时机。宾客在用餐过程中，遇有以下情况需要更换骨碟：吃过冷菜换吃热菜时；吃完带骨、刺的食物之后；吃甜菜、甜点、甜汤之前；食用风味特殊、调味特别的菜肴时；食用芡汁多或味道有别的菜肴时；骨碟内洒落酒水、饮料时；骨碟内残渣较多时；上翅、羹或汤之前，上一套小汤碗，待宾客吃完后，送上毛巾，收回翅碗，换上干净餐碟；上甜菜、甜品之前应更换所有餐碟和小碗；装过鱼腥味食物的骨碟，再吃其他类型菜肴时；上水果之前，要换干净骨碟和上水果刀叉；宾客失误，将餐具跌落在地的要立即更换。

撤换餐碟时，要待宾客将碟中食物吃完方可进行，如宾客放下筷子而菜未吃完的，应征得宾客同意后才能撤换。

（2）换骨碟的方法。值台员应四指并拢，拇指分开，递右手向客人示意，询问宾客是否可以更换骨碟。左手托盘，站于客人右后侧，伸出右手，先向客人胸前递手（四指并拢，拇指张开，掌心朝上），撤走用过的骨碟，再将干净的骨碟从客人的右侧摆放。宴会换骨碟不少于三次，高档宴会每菜都要换。

2. 换烟灰缸

餐厅应存放足够数量的烟灰缸供宾客使用，烟灰缸内烟蒂不超过两个，用干净的烟灰缸压放在用过的烟灰缸上，并将两个烟灰缸同时撤下，然后再将干净的烟灰缸放回原处。这样可防止在取拿用过的烟灰缸时，飘落烟灰。如烟缸内有未熄灭的香烟，须向客人询问可否更换。

3. 撤小毛巾、口布

客人用水果前，应将擦手毛巾（冬天用热的，夏天用温的）递与宾客，客人用过后应及时用毛巾夹取下餐台。如有毛巾碟应一同取走撤下。

客人用餐完毕离席后，应在撤餐具前先将口布撤离餐台。

4. 撤换菜盘

（1）当菜盘内的菜较少时，可大盘换小盘。

（2）最后撤菜盘通常是在上水果前进行。上水果前，可将餐台上的残菜盘撤净，动作要轻、稳，防止餐具碰出响声，必要时，可做简单的餐台清理，将吃菜点用的骨碟、小汤碗撤掉，换摆水果碟及果刀、果叉，而后将水果摆放于餐台当中。

（3）徒手撤盘时站在宾客右侧，用右手撤下，将其放入左手心后，左手要移到宾客身后。

（4）撤盘时手指不能伸入盘内，撤酒水杯应手持杯颈或杯子下半部。

（5）移送脏碟要小心，避免将残菜或汤汁洒在地上或宾客身上。

（6）如果餐桌台面上有剩余食物，一定要用叉匙或其他工具拿取，不可用手直接去取。

（二）西餐撤换餐具

1. 顺序

（1）每吃一道菜撤　副刀叉，同时收走用完的餐盘。

（2）撤汤时，一块撤走展示盘，并连同面包、面包盘、黄油刀等一起撤下，若客人需要，可继续保留。

（3）撤主菜时，要连同辅汁一同撤下。

（4）上甜食前，清理台面，扫面包屑，将胡椒盅、盐盅、调味架一并收拾撤下，只留下水杯。

(5) 最后收去甜品刀、叉、勺，准备上咖啡。

2. 时机

(1) 西餐零点。宾客将刀叉平行或重叠摆放，则暗示不吃了，可上前询问后撤下；若刀叉交叉摆放，或搭放在餐盘两侧，则说明宾客还将继续食用。宾客若将汤匙搁在汤盘或垫盘边上，通常表示还未吃完。

(2) 西餐宴会。每道菜均一起上、一起撤。

3. 方式

(1) 撤餐具。一般不用托盘，而是徒手撤盘，应首先向客人礼貌地递手示意，然后从主人左手边第一位女士开始，呈顺时针方向，先女后男，先将客人进餐中不使用的餐具撤掉，再将客人所需的餐具摆放好，换餐具时须用食指和拇指捏握杯具的柄或刀、叉、勺中间最窄的部位，严禁直接用手握餐具接触食品的部位。拇指和小指在上，其余三指在下，先拿住第一个盘子，刀叉放于盘内。撤第二个盘子时，将其放于拇指、小指根部和手腕上，确保盘子的稳固，同时将第二个盘子的刀叉合并放入第一个盘子内。撤第三个盘子时，将第三个盘子放于第二个盘子上，刀叉仍然合并后放于第一个盘内，以此类推。

(2) 撤杯具。应将客人不使用的杯具从客人右侧撤下，撤杯具时需使用托盘，每次只能拿一只酒杯放于托盘上，且只能拿杯柄部分，严禁用手接触杯口部分，放稳后再拿下一只酒杯，不允许酒杯相互碰撞，以免发出声响打扰客人。从主人左手边第一位女士开始，呈顺时针方向，先女后男。

二、结账

结账是对客服务的最后一步，要求准确、迅速、彬彬有礼，相对其他一些餐饮服务技能而言，结账不是一项复杂的技能，但仍然需要掌握一些原则和技巧，以给客人留下良好的最后印象。

(一) 结账的时机

应等客人示意，不可询问、催促、暗示，即使已经过了开餐时间，但客人仍在用餐，服务员也不能礼貌地向客人说明我们已经下班了，或做出一些行为表示暗示，如看表、吸尘、抹尘，或不再为客人添加茶水，等等。以上做法都是违背餐饮企业服务精神的。若只有少数几桌客人在用餐，可以留一位服务员站在桌旁为其服务，其余的服务员则可以去收拾备餐间。

(二) 结账时要明确的问题

1. 付款方式

(1) 住店客人签单。餐饮企业为促进销售，也为方便住店客人，收银系统一般是联网的。对于住店客人，在餐饮企业内的一切消费，如在游泳池喝的饮料、在餐厅的用餐等，均可先记账，待最后离店时，连同房费一并付清。住店客人通常是以在账单下签名的形式确认自身的消费行为和消费金额的。当然，住店客人同样可以选择现金付款。

住店客人欲签章结餐费时，服务员应急步到账台，将账单放在账夹里交给客人。客人签单时，要出示房卡或钥匙，服务员也应对照钥匙上的房号是否与客人所签一致。签单时，发票一般不在餐厅里给客人，而在客人离店时，在总台收银处付清全部消费款项时，才给客人。客人签完单后，服务员应向客人致谢，欢迎再次光临，然后将签过的账单送交账台。

（2）现金。现金付款简称为现付，当客人要求结账时，服务员迅速到账台，将客人的账单放在账夹里，用小托盘送交客人。客人对账单有疑问时要耐心解释，客人付了现金后，服务员将其送到账台，由收款员收账找零，并加盖付讫章。服务员再将找零和给客人的发票回呈客人，并向客人致谢，欢迎再次光临。

（3）信用卡。服务员要清楚本餐厅所接受的信用卡种类，如 Visa、Dinner Club、American express、牡丹、长城、太平洋等。在客人示意付账时，服务员迅速取来账单放在账夹内，交给客人，然后将账单和信用卡一道送交账台，由收款员印压或上 POS 机，并请客人在校样单上签字，同时向客人致谢。

（4）支票。客人用支票付账时，应请其到账台前，由收银员辨别支票的印鉴、背书等内容。

（5）转账。餐饮企业的协议客户用餐，可以按事先的协议，由指定的客户代表签单，他人无权签单，收银处留有事先存档的签章笔迹或签单人照片，以便于核对。餐饮企业通常会两到三个月或半年向其协议客户结一次账。

2. 分单还是合单

中餐厅的服务员通常不用问这样的问题，而在西餐厅，服务员应询问清楚。

所谓分单，是指将餐费分开计算，即“AA 制”，若客人要求分单，值台员要告知收银员，按客人各自的消费打印不同的账单。例如，4 号桌有 4 位客人，则账单打印出来后，有 4 份，分别标注 4A、4B、4C、4D，若服务费除不尽时，则会算在最后一位宾客的账单里，因此，最后一位宾客会多了一些零钱。当两位以上的客人光临餐厅时，应用礼貌用语询问客人是否需要分单（夫妻和家庭除外），客人需要分单时，应询问其分单形式，并在订单上记录分单情况，写清分单顺序，记录客人所就座的位置。服务员回到服务边台后，对照订单重新开具一张订单，并在订单上画上横线以标明分单的顺序，最后在订单的落款处注明分单字样。将开好的订单交给收款员，并在每张账单上注明 A、B……以示区分。

所谓合单，是指该桌的所有餐费、酒水、服务费等一切费用均由一个人来付，此时，收银员只用一桌打印一份账单即可。

3. 结账地点

客人可以到账台付款，也可以由服务员到桌前为客人结账。若是在桌前，服务员要用托盘、账夹收取现金，并礼貌用语。

【同步案例】

某饭店因规模不大，客人不多，考虑到工资成本，大堂吧没有设专职收银员，而由唯一的一名调酒员兼收营业款。有服务员举报，调酒员经常私吞营业款，诸如，明明给了5份龙井茶，也收了5份营业款，可在发票上却没有这5份龙井茶的收款记录（许多客人不要发票），或只有1份龙井茶的收款记录。

问题：应该如何避免这方面的漏洞？

三、收台

（一）中餐

1. 顺序

一桌宾客用餐结束，全部走出餐厅后，值台员才能开始收拾台面。收餐具应按下列顺序进行：酱油、醋→口布→小毛巾→杯具等玻璃器皿→瓷器（大小要分开）→银、不锈钢餐具。因为酱油、醋如不小心打翻后，将污染台布，难以清洗干净，口布、小毛巾等作为布件也优先收，避免二次污染，杯具易碎，瓷器大小不一，不锈钢餐具价格高，因此都要分类收取，否则会出现无谓的餐具漏损。

2. 要求

（1）客人离开后的撤台也必须使用服务托盘，托盘必须洁净无异物。

（2）撤餐具、用具时，应左手托托盘，右手将台面上的脏餐具，分类整齐地放入托盘，然后撤用具，如花瓶、糖盅、椒盐瓶等。

（3）由于饮具为玻璃器皿，因此，撤饮具时，应使用另一托盘，不能将饮具大小混放或插放，并注意高和重的饮具放在托盘靠近身体的一侧，且杯与杯不能相撞，避免造成破损。

（4）撤烟缸时，不能动作过猛，以免烟灰落在台布上，可以在烟缸内加少许水或饮料，再将烟缸放在托盘内撤走。

（5）不能将托盘放在餐台上收餐具，禁止当着宾客刮盘。

（6）擦净调料盛器和花瓶等，将转盘用清洁剂擦洗抹净。

（7）将落台收拾整齐，补充必备品，归还借用的服务用品。

（二）西餐

1. 西餐换台布

（1）开餐过程中更换。当餐厅中就餐宾客较多，需要进行翻台，或当宾客离开餐桌，收完餐具后，都需更换台布。饭店咖啡厅中多用小餐桌，每天接待的宾客较多，需要不断地更换台布。快捷利落地更换台布是餐饮服务人员必须掌握的基本功之一。西餐厅开餐中更换台布时，不能让旁台的客人看到没有台布、露出台面的餐台，因此，换台布时，必须以新压旧，同时撤换。

首先，撤餐巾。将台面上所有的餐具和用具撤下后，要首先撤餐巾，撤餐巾时应将餐巾全部打开，并角对角拉直，然后将所有餐巾捋放在一起，放在最近的边柜上。

其次，换台布。取出一块干净的新台布来到餐台前，站在餐台的长侧边。用手轻轻拉动靠近身体一侧的台布的边角，使台布另一侧被提至台面边缘，但不得露出台面；将身体一侧的台面边角向上折盖到台面上，不允许露出本侧台面；将新台布放在台面上，横向打开，用双手捏住新台布的一侧边，将新台布提至远离身体一侧的台面，轻轻放开拇指和食指捏住的一边；放开后，顺势用食指和拇指捏起旧台布远离身体的一边，向身体方面同时拉动新、旧台布，将新台布中股拉至餐台中间即可；将拉下的脏台布折好放在座椅上。撤换动作要连贯，以防止旧台布上的食物渣屑落于台面和地上。换完台布后，检查整理新台布，确保其平整，四周下垂部分均等。

最后，摆放座椅，并将脏台布和服务边柜上的脏餐巾一同送出餐厅，放在布件车内。

（2）开餐结束后更换。当餐桌上有调味品、烛台和烟缸等而又必须更换台布时，将台面上所有用品移到半面台布上，然后把另半面脏台布掀起，露出半张餐桌。

把台面上的用品从台布上移到露出的半面餐桌上，将台布朝上卷起。卷脏台布时注意将面包碎屑等包卷起来，避免其撒在座位或地面上。

在空出的半张餐桌上铺上干净台布，台布中间折缝与餐桌中线重合。将对折台布的上半面折起，然后把原先留在餐桌上的用品逐件移到已铺开的半面台布上。

把折起的上半面台布完全打开铺平，按规定位置摆好胡椒盅、盐盅、调味架、花插、烟灰缸等用具。

2. 西餐收台布

收拾台布是撤台工作的最后一道程序。

（1）检查台面。餐台的各种餐饮用具撤清后，检查台布上是否有烟蒂、残菜等，如有，先清理再撤台布。台布上洒有大量的液体时，应立即拿到开水间用烫水冲洗，可避免台布报废，待台布干后再卷叠，以免造成台布发霉。

（2）站在铺台布的位置，双手提起台布的第一中线。

（3）将台布的两边对齐，对折，再对折一次。

（4）再将台布相向对折即可。

（5）撤下桌上调味品盛器并补充到规定量，不上桌时应用餐巾覆盖以防污染。

（6）将台布叠好放入布草车。

【复习思考题】

1. 若客人点了片皮烤鸭、凉皮、虎皮青椒、天麻气锅鸡、清蒸膏蟹、松鼠鱼、夏果西芹、淮扬汤包，在餐饮企业服务中，为什么不要将菜一起上桌，而应有先后顺序？应按什么顺序上菜？

2. 实际工作中，为什么常用帽子花和扇子花作为口布折花，而少用动物造型？

3. 联系实际操作，谈一谈中、西餐在服务过程中有哪些差异。

【案例分析】

昆明某高星级餐饮企业的中餐厅，外地客人点了一道气锅鸡。菜上桌后，香气迎面而来，客人不禁垂涎三尺，动勺一尝，果然名不虚传，一位客人兴致勃勃地把值台服务员小张叫来，问道："请问，这个菜为什么叫气锅鸡？和传统的清炖鸡有什么不同之处？""是啊，是啊，麻烦给我们解释下！"其余几位宾客附和道，"这气锅有什么特别之处吗？"大家满怀期待地看着服务员小张，可小张却面带难色地回答说："对不起，我也不太清楚。"宾客们大失所望，只好继续低头喝鸡汤。

分析题：综合上述案例，分析下列问题：

1. 餐饮服务员除了掌握技能外，还应掌握哪些菜肴知识？

2. 本案例中，小张这样的回答好吗？应该怎样灵活应对呢？

第三章

餐饮服务方式与服务程序

导言

在掌握了基本的餐饮服务技能的基础上，还需要将这些技能运用于实际工作中。虽然中餐、西餐在就餐方式、礼仪、习惯上有很大的差异，但在专业化的服务过程中都应当遵循一些基本规范。本章从中餐零点、中餐宴会、团队餐、西餐零点、西餐宴会、冷餐会的服务知识和服务程序入手，详细介绍了餐饮企业餐饮服务方式和服务规范。

【学习目标】

1. 了解餐饮企业中常见的用餐服务方式，掌握西餐、中餐及自助餐的常用服务程序，即对中餐零点、西餐零点、中餐宴会、西餐宴会、团队餐、冷餐会的服务标准和服务要求要有系统、全面、深入的了解。

2. 从餐前、开餐、就餐、餐后服务4个环节，掌握服务过程中的主要程序和操作方法，并理解为什么要这样操作，为今后的学习和实际工作打下坚实的基础。

【导入案例】

某高级餐饮企业的西餐厅向一位客人提供西餐，浓汤上来后客人一尝，皱起眉头，把服务员叫过来，自我介绍是吃西餐的行家，抱怨汤不热、味不正，要求重做。服务员向客人道了歉，把汤端回厨房。过了一会儿，服务员把汤又端了上来，厨师长悄悄跟在后边，当客人向服务员表示满意时，厨师长跳了出来：“老实告诉你，这就是你刚才尝的那盆汤，只不过稍稍热了一下，根本没有重做，现在你怎么说？可见你根本不懂西餐，你是十足的外行……”厨师长如此“揭露”，客人恼羞成怒，投诉到总经理处。

第一节 中餐零点服务

中高档餐饮企业一般会分别设置零点中餐厅、宴会中餐厅，中餐零点是一种服务方式，指的是中餐厅为接待散客而提供的中式点菜以及附加的酒水服务。这种服务方式通常在零点餐厅进行，不提供单独的酒水服务，宾客随点随吃、自行付款。

一、中餐零点早餐服务程序

（一）餐前准备

——餐位：按要求摆好餐位，要求整齐美观。

——卫生：餐厅环境卫生清洁干净，包括桌椅、地面、灯具、大门、植物等。

——设备：空调、音响等设备运转正常。

——备餐：备好各种茶叶、开水及各种佐料、开餐用具，将备用餐具摆放在规定的位置。

——个人仪容仪表：员工佩戴好号牌，容貌端庄大方，仪表整洁。

【知识链接】

班前会

班前会是开餐前的一个重要环节，在班前会上可以传达管理层的通知，检查仪容仪表，如头发、制服、名牌、指甲、鞋袜等，讲清时令菜、推销菜、短缺菜，讲清接待任务，布置接待工作，告知预订宾客的特殊要求等。其中，最重要的是餐前分工。

餐前分工有两种模式：固定型和流动型。所谓固定型指的是在开餐前，由领班分配不同的服务员在不同的区域内值台或传菜。通常，在餐厅里，餐桌和桌号是固定的，要求每一个服务员必须熟知，领班在每一次班前会上，都要分配任务。一个经验丰富的服务员能够照料多桌客人；而实习服务员一般会被分配到客人不太偏爱的桌号上，这样接待量较轻，可以多观察、多学习，以便积累服务经验。服务员和桌号形成对应关系后，职责更加明确，服务更加周到，不容易出现上错菜、客人招呼无人应答、跑单等情况。所谓流动型是指服务员和桌号没有对应关系，要求服务员不停地走动，观察客人是否需要服务。这种模式的优点是节约人力，降低餐厅的劳动成本。

值得注意的是，不论哪一种模式，值台服务员都不得离开餐厅而进入厨房，这样会造成对客人的照顾不周，降低餐饮企业服务质量，所有需要同厨房联系的事务，均由值台员交给传菜员负责。

（二）问位开茶

——迎宾员将宾客带到合适的餐台就座。

——值台员为宾客拉椅、让座，送上香巾。

——问茶，即介绍餐饮企业提供的茶叶品种，在征询宾客意见后，按需开茶。

——为宾客开茶时，应注意卫生，不能直接用手抓茶叶往茶壶里放，应用茶勺按茶位放茶，茶量要准确。

——开茶到台，应在宾客的右侧斟倒第一杯礼貌茶。斟倒茶时，右手执壶，壶下垫口布和底碟，左手托住底碟，动作快速利落。注意：壶中的茶水不宜倒得太满，一般以七成满为宜，便于控制，茶盅内倒好的茶水则以八成满为宜。

——7 人以下用一个茶壶，8 人以上用两个茶壶。

——如宾客临时加位，应加上适量茶叶，冲水送上，并为其斟上第一杯礼貌茶。

——根据宾客的人数填写点心卡，记上台号、茶位，签上值台员名字或工号，把点心卡送上台，为宾客撤下、收取筷子套。加位或撤走多余餐位时，应左手托盘，右手操作，不可将托盘放于餐桌上收餐具。

（三）开餐服务

——值台员向宾客介绍当天早晨供应的点心品种。

——值台员要勤巡视、勤续茶、勤换烟缸、勤清理台面。

（四）结账收款

——宾客提出结账，应迅速将点心卡交收款员计算汇总，出账单。

——值台员把账单夹在收银夹内，到宾客左侧打开。

——若宾客不问，不要说出金额，让宾客自己看。

——宾客付款后，要道谢。

——结账时要注意同桌有无搭台的宾客。

——宾客欲打包，值台员要为宾客提供食品袋或食品盒，并为其包装好。

（五）清理台面

宾客离座后，要向宾客道谢，然后迅速清理台面。先收易打翻的调料、茶壶、香巾等。

二、中餐零点正餐（午餐、晚餐）服务程序

（一）餐前准备

——餐前分工完毕后，服务员要了解和熟悉相关情况及当日菜单，如知道和记住时令菜、推销菜、短缺菜（估清，当天不能供应的菜肴品种），服务员接到自己的任务分

配后，要了解本区域的台面是否有客人已经预订（若有预订，要放留座卡），客人是否有特别要求，了解本区域内是否有 VIP，等等。

——备好茶叶、开水、调味品、开胃小菜等。

——检查餐厅席位布置是否整洁合理，开餐用具是否齐全。

——开餐前 3 分钟，值台员应站在自己负责区域内显眼位置。

【知识链接】

落　台

落台（工作台）是服务员从事服务工作过程中使用的柜子，可以放酒水、菜肴、餐具、用具及部分备用品，又是餐厅中服务员站立服务的岗位标志。落台放置在餐桌附近，通常，3 ~4 个餐桌应配备一个落台，这样可以避免服务员频繁地来往于厨房和餐厅之间取餐具、佐料等物品。在备落台时，应着重注意备好下列物品：茶叶、开水、备用餐具、口布、热毛巾（因为中餐强调客到、茶到、毛巾到）。

收台时，值台服务员可将收回的脏餐具，放在托盘里暂时搁在落台上，由传菜员负责送到洗涤区。

（二）接待服务

——宾客进入餐厅时，领位员应礼貌地向宾客问好，问清有无预订及就餐人数后，主动带宾客到合适的餐桌。

——值台员应主动为宾客拉椅让座，如座椅不够，应视具体情况，为宾客拼台或加座，但餐饮企业一般不提倡拼台，如有小孩，应主动送上儿童椅。

——待宾客坐定后，及时倒茶，递派香巾，为宾客撤走筷套，送上菜单。

【同步思考】

领位员的工作

实习服务员小张第一天上班，被分配到领位员岗位，一天工作下来，她觉得相当枯燥乏味，不知道应该做些什么，仿佛一个摆设。

请思考：领位员如何安排客人的座位？

（三）点菜

和上菜一样，点菜是餐饮服务中较复杂的技能之一，在早期的餐饮企业服务中，点菜需由具有丰富工作经验的领班完成，以确保服务水平和销售质量。

现在，点菜已经不再是仅由领班才可以完成的工作，值台员也可完成，但为宾客点菜的服务员必须对菜肴知识有较为深入的了解，故通常由老员工充当菜点员。点菜的规范性步骤如下：

1. 熟悉菜单

熟悉菜单，便于服务员向宾客有针对性地推销菜肴，提出合理的点菜建议，便于回答宾客提出的有关菜肴的各种询问。熟悉菜单，包括菜单的变化、种类、内容等。

2. 了解各种菜肴的烹制时间

烹制时间是指做好菜单上某一道菜，并将其装盘所需要的时间。菜肴的烹制时间取决于厨房的设备、厨师的工作效率、积压订单的多少和菜肴本身烹制方法所需花费的时间。掌握某种菜肴所需的烹制时间，服务员可以在不同的情况下恰当地给客人推荐菜肴。例如，对于赶时间的客人，要为其推荐烹制时间短的菜肴。

3. 知道菜肴的配料

无论是中餐还是西餐，许多菜都伴有一定的调味品、辅汁、佐料、蘸水以及配菜等。根据约定俗成的步骤，服务员要知道哪些调料需在上菜前上台，哪些则应在上菜后服务，并做到调味品的盛器要干净，常用的配料用品放入备餐间内易取到的地方。

4. 掌握其他相关知识

作为餐厅的服务员，在与客人的接触过程中，往往会被问及许多涉及餐厅食品和饮料、有关本饭店以及当地旅游、文化历史方面的问题。储备相关知识，能圆满地回答客人的问询，有助于和客人建立良好的关系，使客人对餐厅留下好的印象，有助于推销菜肴饮料。服务员应当了解的相关知识包括：本餐厅及饭店其他餐厅的营业时间、电话号码、当地名菜名点，有关传统菜肴的历史趣闻，当地的文化历史、风土人情、民风民俗和风景名胜等。当服务员碰到难题不能马上回答时，应主动代客查询，不能胡乱作答。

5. 接受点菜

接受点菜，大体可分为以下几个步骤：递菜单或酒单→推销→询问→提醒→赞扬→开出点单→重复一遍→再次询问→送单→进行点菜后的个性化服务

（1）递菜单或酒单。分两种情况分别叙述如下：

递菜单时，服务员从客人左侧打开菜单第一页，手拿两侧中部，双手递上，因菜单第一页通常是招牌菜。中餐注重团圆，每个品种的菜通常一桌只有一份，每道菜均由大家分享，因此，中餐一桌配备一份菜单就够了。西餐注重个人饮食需求，宾客享用自己所选择的菜肴，因此，西餐点菜时，有几位宾客就应提供几份菜单。

递酒单时，不打开，而是用左手食指夹在第一页和第二页之间的中缝处，左手在

上，右手在下端，双手从客人左侧递上。若客人需要仔细看一下菜单，或反复翻阅，服务员应离开一会儿，站于客人左后方，或右后方 4 ~ 5 步的距离等候，当客人抬头或招手时，再主动上前询问。

（2）推销。恰到好处地推荐菜肴是一项专业技巧。成功的推销既可以使客人满意，又能为餐厅增加收入。

在点菜过程中，服务员应视情况，推销创新菜、时令菜、招牌菜、高毛利的菜肴、积压菜等，领班往往会在班前会上提前指出。

推销的最佳时机是在回答宾客询问时，如当客人问服务员今天有什么好菜时，要用更具体的建议回答客人，推荐餐厅的招牌菜，并作介绍和描述。如果服务员说“今天的菜都不错”类似的话，将无助于推销的展开，给客人心不在焉、漫不经心的感觉，严重降低餐饮企业的整体服务质量，有损于餐饮企业的服务形象。

（3）询问。在点菜过程中，服务员需要就客人所点的不同菜品，询问客人，以方便厨师制作菜肴，如问客人是想选用大盘、中盘还是小盘等，否则，点单送进厨房后，仍要被厨师送回。

（4）提醒。在客人点菜过程中，服务员要认真记录，同时还要积极思考，对某些不恰当的地方，应站在客人的立场上予以提醒，提醒的内容一般是菜肴主料的重复、浪费等。例如，客人冷菜点了白云凤爪或凉鸡，汤菜点了三七气锅鸡，后又点了腰果炒鸡丁，这时，服务员就应加以提醒。

（5）赞扬。客人在点菜过程中，或点菜完毕时，服务员可以针对其所点菜肴，投其所好进行表扬，如“吃鱼聪明”“此菜有利于美容”“您点的菜营养搭配很合理”等类似的话，以提升宾客的满意度。这点在许多餐饮企业，尤其是高星级餐饮企业，是标准化服务程序的一项检查内容。

另外应注意，在为客人点菜时，服务员不可用笔指菜单，或将点单放于餐桌上书写。

（6）开出点单。服务员按客人的要求，逐项填写点单，尽量用缩写，可以缩短时间。

点单上必须写清楚的是桌号、人数、日期、品名、数量、分量（大、中、例盘）、时间、配料、特殊要求、服务员工号或英文名。写完后要封单，即将空白处用斜波浪线画掉，若客人需要加菜，则另外开单，不允许在原点单后补菜。点单通常是无碳复写，一式三联：第一联送收银，入账；第二联送厨房，由厨师准备菜肴；最后一联交传菜员，及时出菜。通常，进入厨房的一联在营业结束后将汇集于饮食成本控制部门用于统计和成本控制，并与餐厅收款发票存根相核对，检查是否漏账。

（7）重复一遍。在点完菜后，服务员应就宾客所点的菜从头至尾重复一遍，目的是避免后面所上的菜不是客人真实意思的表示，产生不必要的麻烦和误会。

（8）再次询问。点完菜后，服务员还要问两个问题："还有别的要求吗？是叫起还是即起？"之后才能离开。

（9）送单。值台服务员收取客人手中的菜单和酒单，后退一步转身离开，交由传菜员，送出开好的点菜单。传菜员须先交账台，盖小票章，入账后再送厨房。

（10）进行点菜后的个性化服务。针对不同宾客的特点，进行定制化服务，例如：有小孩必须抬上婴儿椅，带汤汁的菜肴、酒杯要远离小孩摆放；遇残疾人士来用餐，应搀扶，多照顾，多问，站在身后，但不要表示出同情。

（四）上菜服务

由传菜员将菜送至餐厅落台处，再由值台员把菜送上餐桌。

（五）分菜

除客人要求外，零点一般不需要提供分菜服务，但上汤时，应为宾客分第一碗汤，中盘以上的菜式或豆腐之类多汁的菜式要加公用匙。菜放不下桌时，可采取询问后撤下，或大盘换小盘等方法。

（六）席间服务

值台员要做到三勤，勤换烟缸、勤斟酒、勤换骨碟，随时注意收去餐台上的空瓶、空罐等杂物。

（七）结账

当宾客要求结账时，应先派送香巾，然后再递送账单。

（八）送客

送客与迎客一样重要，宾客用餐完毕，服务员要坚持做到礼貌送别，拉椅离座后，应注意检查餐位附近有无宾客遗留下来的物品，并说"欢迎再次光临"之类的礼貌用语。

（九）清台

等客人已离开餐厅再动手清理台面，以表示尊重客人。撤就餐用具，撤台布，摆放桌椅，动作都要轻、稳，尽量不发出大的声响，以免影响邻座客人就餐。

（十）结束工作

营业时间已到，如仍有宾客就餐，禁止关灯、搞清洁等，可以关闭餐厅大门，待就餐宾客全部离去后，打扫卫生，收拾各种餐具及用品。清扫完毕，经领班检查合格后方可下班。领班或主管应监督或亲自关水、关灯、关门后才能离去。

【同步思考】

避免客人催菜

请思考：客人嫌上菜速度太慢是餐厅中投诉最多的情况之一，如何有效地预防和避免呢？

第二节 中餐宴会服务

中餐宴会是一种具有中国传统形式的宴会，是主人为了向其宾客表示欢迎、感谢、庆祝等而举办的一种较为隆重的餐饮活动。其须遵循中国的饮食习惯，用圆桌和中式餐具，采用中国的服务方式，行中国的传统礼节。

一、中餐宴会的类型

中餐宴会的种类很多。从规格上分，有国宴、正式宴会、便宴。从进餐形式上分，有立式宴会和坐式宴会。从举行宴会的时间上分，有早宴、午宴和晚宴。从礼仪上分，有欢迎宴会、答谢宴会等。以下介绍其中的几种。

（一）国宴

国宴是国家领导人或政府首脑为国家庆典活动或为欢迎来访的外国元首、政府首脑而举行的正式宴会。这种宴会规格最高，庄严而又隆重。宴会厅内悬挂国旗，设乐队演奏国歌及席间乐，席前或席间有致辞或祝酒，菜单和席位卡上均印有国徽，宾主均按身份排位就座，礼仪严格。

（二）正式宴会

正式宴会通常是政府和团体等有关部门为欢迎应邀来访的宾客，或来访的宾客为答谢主人而举行的宴会。这种形式除不挂国旗、不演奏国歌以及出席者身份规格低于国宴外，其余的安排大致与国宴相同。宾主同样按身份排位就座，礼仪要求也比较严格，席间一般都有致辞或祝酒，有时也安排乐队演奏席间乐。

（三）便宴

便宴多用于招待熟识的亲朋好友，是一种非正式宴会。这种宴会形式简便，规模较小，不拘严格的礼仪，不用排席位，不做正式致辞或祝酒，宾主间较随便、亲切，用餐标准可高可低，适用于日常友好交往。

（四）茶话会

茶话会是一种简便的招待形式，多为社会团体单位举行纪念和庆祝活动时所采用。会上备茶、点心和数种风味小吃。茶话会对茶叶、茶具的选择比较讲究并具地方特色。茶话会不排座次，但在入座时有意识地将主宾和主人安排在一起，其他人则随意入座，宾主共聚一堂，饮用茶点、亲切交谈，席间常安排一些短小的文艺节目助兴。

二、中餐宴会服务规范

由宴会部主管或营销部工作人员受理宴会预订，一旦确定下来，则签订宴请合同，填写宴会预订单、收宴会预订金或抵押支票，最后由双方签字生效。然后通知宴会部做好服务工作。

宴会服务可分解为四个基本工作链：

宴会前的组织准备工作→宴会的迎宾工作→宴会中的就餐服务工作→宴会结束工作。

（一）宴会前的组织准备工作

1. 掌握情况

接到宴会通知单后，餐厅管理人员和服务员应做到八知、三了解（见表3－2）。

表3－2 中餐宴会的八知、三了解

八知	知台数、知人数、知宴会标准、知开餐时间、知菜式品种及出菜顺序、知主办单位或房号、知收费办法、知邀请对象
三了解	了解宾客风俗习惯、了解宾客生活忌讳、了解宾客特殊需要（如果是外宾，还应了解国籍、宗教、信仰、禁忌和口味特点）

对于规格较高的宴会，还应掌握下列事项：宴会的目的和性质，宴会的正式名称，宾客的年龄和性别，有无席位座次表、席（座）位卡，有无音乐或文艺表演，有无主办者的特殊要求，司机接待方式，等等。

2. 明确分工

规模较大的宴会，要确定总负责人员。总负责人员在准备阶段要向服务员交任务、讲意义、提要求，宣布人员分工和服务注意事项，要根据宴会要求，对迎宾、值台、传菜、供酒及衣帽间、贵宾室等岗位明确分工，将责任落实到人。

3. 宴会场地布置

中餐宴会讲究进餐环境的气氛，既要体现出隆重、热烈的氛围，又要具有我国传统的民族特色。

（1）绿化美化。举行隆重大型的正式宴会时，一般在宴会厅周围摆放盆景花草，或在主台后面用花坛、画屏、大型青枝翠树盆景装饰，用以增加宴会的隆重盛大、热烈欢迎的气氛。一般的婚宴，在靠近主台的墙壁上挂上喜字，两旁贴对联；如是寿宴则挂寿字等。

（2）灯光。中餐宴会通常要求灯光明亮以示辉煌。但国宴和正式宴会则不能张灯结彩做过多的装饰，而要突出严肃、庄重、大方的气氛。宴会厅的照明、音响要有专人负责。

（3）致辞台。正式宴会设有致辞台，致辞台一般放在主台附近的后面或右侧，装有两个麦克风，台前用鲜花围住。扩音器应有专人负责，事前要检查并试用，防止发生故障或产生噪声。临时拉设的线路必须用地毯盖好，以防发生意外。

（4）国旗。国宴活动要在宴会厅的正面并列悬挂两国国旗，正式宴会应根据外交部规定决定是否悬挂国旗。国旗的悬挂按国际惯例，以右为上、左为下为原则。例如，由我国政府宴请来宾时，我国的国旗挂左方，外国的国旗挂在右方，而来访国举行答谢宴会时则相互调换位置。

（5）温度。宴会厅的室温要注意保持稳定，并与室外气温相协调。一般来说，冬季：18～20℃，夏季：22～24℃。

4. 餐桌台型布置

（1）台型布置的原则。包括以下原则：

第一，因地制宜的原则。宴会厅餐桌、席位安排，要根据餐厅的形状、实用面积、餐厅内陈设的特点、主办人对宴会的要求及就餐人数进行，酒吧台、礼品台、贵宾休息台等要根据宴会的需要和宴会厅的具体情况灵活安排，宴会如安排文艺演出或乐队演奏，在安排餐桌时应为之留出一定的场地。

第二，中心第一、先左后右、高近低远的原则。台型布置不仅是事务性的工作，而且涉及社交礼仪等问题。所以，在席位的布置中，要突出主桌（主宾席）、美观大方、合理整齐、间隔适当。

第三，兼顾服务的原则。在布置台型时，餐桌的排列做到整齐有序，间隔适当，合理利用宴会厅的场地，既体现宴会的规格、标准，又要考虑到便于服务员的餐中服务、席间走动。通常宴会每桌占地面积标准为10～12平方米，桌与桌之间距离不得少于1.2米，通常为1.5米，餐桌距四周墙壁不少于1.2米，重大宴会主通道要适当宽敞一些，通常为2米以上，并将客人通道和服务通道尽量分开，在客人行走的主通道上，可以铺上红地毯，起到突出和指引道路的作用。

第四，主随客便的原则。在台型布置中，应尊重宾客的风俗习惯。例如，一些西方国家提倡不分主、次台，欧美地区的大部分人忌讳数字13，因此，编排桌号时应避开13号桌。

（2）不同数量台型布置的方法。台型布置如表3－3所示。

表3－3 宴会餐桌摆放方法

数 量	方 法
1桌	餐桌应置于餐厅的中央位置，餐厅的顶灯对准桌心
2桌	应根据厅房的形状及门的方位而定，可分布成横一字形或竖一字形
3桌	如果厅房是正方形的，可将餐桌摆放成品字形；如果是长方形的，可将餐桌安排成一字形
4桌	如厅房是正方形的，可将餐桌摆放成正方形；如是长方形的，可将餐桌摆放成菱形
5桌	如是正方形厅房，可将餐桌安排成：厅中心摆1桌，四角方向各摆1桌；也可以摆成梅花瓣形；如是长方形厅房，可将第一桌放于厅房的正上方，其余4桌摆成正方形
6桌	正方形厅房可将餐桌摆放成梅花瓣形；长方形厅房可将餐桌摆放成长菱形、长方形或三角形
7桌	正方形厅房可将餐桌摆放成六瓣花形，即中心1桌，周围摆6桌，可以有两种形状；长方形厅房可将餐桌摆放成1桌在厅房的正上方，6桌在下，呈竖长方形
8桌	正方形厅房可摆放成一、二、三、二形或二、三、三形；长方形厅房可摆成长方形或长菱形
9桌	正方形厅房可将餐桌摆成横竖为三的形状；长方形厅房可将餐桌摆成一、二、三、三形状或二、三、二、二的形状
10桌	可做一、二、三、四，一、二、三、二、二和一、三、三、三式摆放
11～20桌	应注意突出主桌，通常主桌由1主2副组成，应在第一主宾桌的后侧设讲话台和麦克风
21桌以上	应将宴会厅分成若干服务区。如：主宾席区，一般设5桌，即1主4副，要突出主桌，台面要略大于其他餐桌；来宾席区，可分为来宾席一区、二区、三区等。主宾席区与来宾席区之间应留有一条较宽的通道，通道宽度应在2米左右，以便宾主出入席间通行方便。大型宴会要设立与宴会规模相协调的致辞台，致辞台设在宴会厅正上方的右侧为宜，如有乐队伴宴，可将乐队安排在主宾席位的两侧或主席台对面的宴席区外围

5. 落台（工作台）的设置

宴会的落台应根据餐桌位而设置：1桌宴会应设置1个，2桌宴会一般也设1个，如果宴会的规格、档次高，则应设2个落台，多桌宴会主宾席要设专用落台，其余各餐桌可视具体情况酌情每两桌设立1个落台。落台的大小可视餐厅的规模而定，位置应设在距餐桌较近的地方，以便于服务时使用。

6. 宾主位次设置

位次是指参加宴会的主人与宾客就座的位置，宾主位次的安排主要目的是体现礼仪规格、尊重风俗习惯、便于宴会服务。

（1）单桌宴会的宾主位次。单桌宴会的主人座位应设于圆桌正面的中心位置，副主人位应设于主人位的对面，正副主人位与桌中心呈一条直线相对。第一主宾位应设于第一主人位的右侧，第二主宾位设于第二主人位的右侧，使第一客位与第二客位呈直线相对。第三客人位与第四客人位分别在第一主人位与第二主人位的左侧，也呈直线相对。如第一客人、第二客人均有夫人陪同出席时，此席位则分别为夫人席位。其余四个位置为翻译、陪同席位。

（2）多桌宴会的宾主位次。多桌宴会的宾主座位与单桌宴会的宾主座位有所不同。多桌宴会的主桌要求居中摆放，主人席位又居于主桌的正中，而其他桌的主人席位应与第一桌主人席位呈对面式或侧对式。总之，为使宴会能形成整体统一性，其他桌的第一主人席位应与第一桌的第一主人席位形成一个遥相呼应的整体，以保证宴会每一阶段的进行都做到步调一致。

正式宴会一般均会安排位次，但往往只安排主桌席位位次，其他宾客则按桌次就位即可。多桌宴会宾客的位次和桌次往往都印在请柬上，同时在宾客到来的整个过程中，要安排一定数量的领位员或迎宾员，以便引客入座就位。

7. 熟悉菜单

服务员熟悉宴会菜单的目的是：能够准确报出每道菜的名称；能够描述每道菜的风味特色、制作方法；能够正确地提供每道菜的配菜和佐料，回答宾客对菜点提出的询问。

8. 物品准备

（1）菜单。席上菜单每桌 1～2 份置于台面，重要宴会则人手一份。要求封面精美，字体规范，可留作纪念。

（2）餐具和服务用品。根据菜单的服务要求，准备好各种银器、瓷器、玻璃器皿、酒具等。在餐具准备方面，除备用足够的餐具和服务器具，要适当多预留 10%～20% 的备用或机动物品。

（3）佐料。佐料和作料不同，作料指放入菜中的调料，而佐料放置于菜品旁边，供客人选用，要根据菜肴的特色，准备好佐料。

（4）其他物品。根据宴会通知单要求，备好鲜花、酒水、香烟、水果等物品。

9. 铺台

宴会开始前 1 小时，铺台必须完毕。

10. 装饰桌裙

桌裙又称台裙，它是在餐桌铺好台布后，在桌边的边缘周围增设的一种装饰，是当前中、西餐厅颇为流行的一种铺台装饰方法，主要用于自助餐台、宴会临时搭建的吧台、展示台、中西餐宴会台、4 人以上坐式讲台、礼品台、签到台等的装饰。桌裙有遮蔽桌脚、增加美观度、烘托气氛、提高宴会规格的作用，使宴会厅更加美观大方，同时给宾客增加高雅、舒适的感觉。桌裙的质地、颜色多样，方便根据不同的场合进行色彩和格调的搭配，桌裙用料及颜色的选用要根据餐厅的色调、环境来定。桌裙的铺设方法有两种：常规型和花样型。

（1）常规型桌裙。装置常规桌裙时，要选择干净、平整的桌裙，用专用的桌裙塑料卡（大约每20厘米1个），卡于桌裙内侧，安装要整齐牢固，上边与台面平行，桌裙下垂部分舒展自然，不可过长拖地，也不可过短而暴露出桌腿，桌裙的长度以底边离地面10厘米为宜。桌裙围挂时做到绷直、挂紧、围严，并处理好接缝处的搭挂。在有客人等候用餐的情况下撤换桌裙时，应先将桌裙取下，再撤桌布，不可同时撤下，以免桌布上的油污弄脏桌裙。

（2）花样型桌裙。选用花样型桌裙时，应根据宴会主题装饰，选用颜色、质地相适应的桌裙，由服务员用各种别针装置桌裙。常见的造型有同色上绲边桌裙、大波浪桌裙、绣球花边桌裙等，也可以将两种颜色配合使用，桌裙中央部位还可以装置蝴蝶结、花类造型等。节日、庆典宴会，桌裙的装置可以在颜色和造型上有所创新。例如圣诞节，很多高星级餐饮企业的宴会厅都会特意向厂家订购新图案的材料，用于桌裙和整个餐厅的装饰。

11. 摆设冷盘

大型宴会开始前15分钟摆上冷盘，中小型宴会则视宾客情况而定。摆设冷盘时，根据菜点的品种和数量，注意菜点色调的分布，荤素的搭配，色彩的搭配，味型的搭配，菜型的正反、刀口的逆顺、菜盘间的距离，等等。摆台不仅仅是为宾客提供一个舒适的就餐地点和一套必需的进餐用具，更应给宾客以赏心悦目的艺术享受，为宴会增添隆重而又欢快的气氛。

12. 检查

准备工作基本完成后，宴会管理人员必须做一次全面的检查。包括值台员（席间对客服务员）、传菜员、迎宾员等分派是否合理，餐具、酒水、各种用具及调料是否备齐，摆台是否符合规范，宴会厅的清洁卫生，餐具、酒具的消毒是否符合卫生标准，服务员的个人卫生、仪表装束是否整洁，照明、空调、音响等是否正常，等等，要做到有备无患，万无一失。

（二）宴会的迎宾工作

1. 热情迎宾

根据宴会的入场时间，宴会主管人员和引座员应提前在宴会厅门口迎候宾客，值台员站在各自负责的餐桌旁准备为宾客服务。宾客到达时，要热情迎接，微笑问好。待宾客脱去衣帽后，将宾客引入休息间就座，回答宾客问题和引领宾客时注意用恰当的敬语，做到态度和蔼，语言亲切。

2. 接挂衣帽

如宴会规模较小，可不设专门的衣帽间，只在宴会厅房门前放衣帽架，安排服务员接挂衣帽；如宴会规模较大，则需设衣帽间存放衣帽。接挂衣服时，应握衣领，切勿倒提，以防衣袋内的物品倒出；要用衣架，以防衣服走样。重要宾客的衣物，要凭记忆进行准确的服务，贵重物品请宾客自己保管。

3. 端茶递巾

宾客进入休息厅后，服务员应招呼入座并根据接待要求，递上香巾、热茶或酒水饮料。递巾送茶服务均应按先宾后主、先女后男的次序进行。

（三）宴会中的就餐服务工作

1. 入席服务

值台员在开席前 5 分钟斟好预备酒（预备酒一般是红葡萄酒），然后站在各自服务的席台旁等候宾客入席。宾客来到席前，值台员要面带笑容，引请入座。在照顾宾客入座时，用双手和右脚尖将椅子稍撤后，然后徐徐向前轻推，让宾客坐稳、坐好。引请入座时，按先宾后主、先女后男的次序进行。待宾客坐定后，即把台号、席位卡、花瓶或插花撤下。菜单放在主人面前，然后为宾客抖口布，脱去筷套，斟倒酒水。

2. 斟酒服务

为宾客斟倒酒水时，值台员要先征求宾客意见，根据宾客的要求斟倒各自喜欢的酒水饮料。中餐酒水一律斟八成满。斟白酒时，如宾客提出不要，应将宾客位前的空杯撤走。酒水要勤斟倒，宾客杯中酒水剩 1/3 时应及时添酒，斟时注意不要弄错酒水。宾客干杯和互相敬酒时，应迅速拿酒瓶到台前准备添酒。主人和主宾讲话前，要注意观察每位宾客杯中的酒水是否已满上。在宾主离席讲话时，主宾席的值台员要立即斟上甜、白酒各一杯放在托盘中，托好站在讲台一侧侍候。致辞完毕，迅速端递上，以方便举杯祝酒。当主人或主宾到各台敬酒时，值台员要准备酒瓶跟随其后，随时准备添酒，宾客要求斟满酒杯时，应予满足。

中餐宴会的上酒顺序为：先上红葡萄酒，再上白酒，客人落座后再上啤酒、饮料，最后上黄酒等（视客人的需要）。

（1）单桌宴会上酒程序。单桌宴会上酒程序可参考上述上酒顺序进行，也可视宴会的规模与档次另定。如一桌人数较多或档次较高的宴会，可设两名服务员同时进行斟酒服务。斟第一杯酒时，一位服务员从第一客人位开始，另一位服务员则从第二客人位开始，按顺时针方向进行。斟第二轮酒及以后数次斟酒时，应从第一主人开始，以保证其随时敬酒的需要。但是，接待服务中遇有东、西欧国家的宾客时，为尊重他们的风俗习惯，一般先为女宾斟酒，再给男宾斟酒。单桌宴会斟酒应做到客人随喝随斟，酒杯内的酒水一直保持在六至八成满。单桌宴会斟酒的时间可在客人到齐落座后进行。

（2）多桌宴会上酒程序。多桌宴会客人入座前，可将红、白两道酒斟好，待客人落座时，随落座随斟其他酒水饮料，不必等到全部坐齐后再斟酒。这样斟酒的优点是不集中，速度快，一旦主桌敬酒，全体来宾均能同时举杯，从而形成统一性。多桌宴会的斟酒位置与单桌宴会的斟酒位置相同。多桌宴会的主桌斟酒应与单桌宴会相同，做到随喝随斟。来宾桌在宴会进行中的斟酒，可采用个别添斟与定期斟酒相结合的方法，除个别客人酒杯饮空时应及时为之添斟外，对大部分客人的酒水添斟可在下道菜肴上桌前进行。但如遇干杯的场合，则要及时添斟。

3. 宴会的上菜和派菜服务

菜要按顺序依次趁热上，多台宴会的上菜要看主台或听指挥，做到行动统一，以免造成早上或迟上、多上或少上现象。要正确选择上菜位置，操作时站在与主人呈90度角的翻译和陪同座位之间进行。每上一道新菜要介绍菜名和风味特点，并将菜盘放在转盘中央位置，凡是鸡鸭鱼等整体菜或椭圆形的大菜盘，在摆放时头的一边朝向正主位。上新菜前，先把旧菜拿走。如盘中还有分剩的菜，应征询宾客是否需要添加或改为小盘盛装，在宾客表示不再要时方可撤走。凡宴会都要主动、均匀地为宾客分汤、派菜。分派时要胆大心细，掌握好菜的分量、件数，做到分派准确均匀。凡配有佐料的菜，在分派时要先蘸或夹上佐料再分到餐碟里，分菜的次序也是先宾后主、先女后男。现在提倡宴会旁桌分菜，即在席上示菜后，到席旁落台上分菜，待分好后再给客人送上餐位。当所有的菜点上齐后，应通知顾客饭菜上齐了，使宴会主办人心中有数。为了保证上菜程序的顺利进行，应注意以下几点：

（1）上菜时机。上菜关键的一环是掌握时机。上菜的最佳时机是，在前一道菜接近吃完时，将新的一道菜肴送至餐桌上；如遇宾、主讲话或离席敬酒时不宜上菜，应等讲完话或敬完酒回位后再行上菜。

（2）上菜方法。应左手托菜右手取放，每上一道新菜应放在第一主人位一方，公用勺、叉的把柄朝向第一主人位的右侧，呈叉下勺上扣放式。菜肴（大件菜）落桌时，右手取放，左手也可呈捧托式协助右手，将菜肴平稳无声地放到餐桌上。上菜时不应采用推、拖等方式。

（3）上菜的位置。上菜应选在翻译及陪同座位的中间位置。

（4）菜肴的位置、方向。无论是冷荤、热菜还是造型菜，均有正面与背面之分，上菜时应将冷荤主盘正面及热菜头菜正面朝向第一主人位，其他菜肴上桌时也应将菜面朝向四周，使所有上桌的菜均形成正面向客。

（5）上菜程序。凉菜可在请客人入席时上。单桌宴会应遵循一菜一碟的服务方式，即一道菜撤换一次餐碟，以保证一菜一味的特点。单桌宴会上菜时，餐桌上的菜肴摆放数量不宜过多，应随时将用完或基本用完的菜盘撤掉，使餐桌保持菜少而不单、丰满而不挤，摆放均匀。多桌宴会凉菜摆放的时间，可在客人到达前10分钟进行，各种冷盘的摆放位置以主桌为准，做到各桌一致。上菜时应先上两头再上中间，这样能使进餐的速度一致。

4. 撤换餐具服务

为突出菜肴的风味特点，保持桌面卫生、美观，在宴会进行的过程中，需要多次撤换餐具或口汤碗。重要宴会要求每道菜换一次餐碟，一般宴会的换碟次数不得少于三次。

5. 席间服务

宴会进行中，要勤巡视、勤斟酒、勤换烟灰缸。细心观察宾客的表情及示意动作，主动服务。服务时，态度要和蔼，语言要亲切，动作要敏捷。在撤换菜盘时，如转盘脏了，要及时抹干净。抹时用抹布和一只餐碟进行操作，以免脏物掉到台布上。转盘清理干净后才能重新上菜。若宾客在席上弄翻了酒水杯具，要迅速用口布或香巾帮助宾客清洁，并用干净口布盖上弄脏部位，为宾客换上新的杯具，然后重新斟上酒水。宾客用餐后，送上热茶和香巾，随即收去台上除酒杯、茶杯以外的全部餐具，抹净转盘，换上点心碟、水果刀叉、小汤碗和汤匙，然后上甜品、水果，并按分菜顺序分送给宾客。宾客吃完水果后，撤走水果盘，递给宾客香巾，然后撤走点心碟和刀叉，摆上鲜花，以示宴会结束。

（四）宴会结束工作

1. 结账准备

上菜完毕后即可做结账准备。清点所有酒水、香烟、佐料、加菜等宴会菜单以外的费用，并累计总数，送收款处准备账单。若是签单、记账或转账结算，应将账单交宾客或宴会经办人签字后，送收款处核实、入账、结算。

2. 拉椅送客

主人宣布宴会结束，值台员要提醒宾客带齐物品。当宾客起身离座时，要主动为其拉开座椅，以方便离席行走，并视具体情况送宾客至餐厅门口。如宴会后安排休息，要根据接待要求进行餐后服务。

3. 取递衣帽

宾客出餐厅时，衣帽间的服务员根据取衣牌号码，及时、准确地将衣帽取递给宾客。

4. 收台检查

在宾客离席的同时，值台员要检查台面上是否有未熄灭的烟头，是否有宾客遗留的物品。在宾客全部离去后立即清理台面，按先口布、香巾和银器，后酒水杯、瓷器、刀叉筷子的顺序分类收拾，凡贵重餐具要当场清点。

5. 铺台

各类开餐用具要按规定位置复位，重新摆放整齐。

6. 检查

收尾工作做完后，领班要做检查，待全部项目合格后方可离开或下班。

【同步思考】

服务中礼貌用语的使用

在一家四星级饭店，一次很随意就餐的场合，一个半小时的就餐过程，服务员从头到尾只说了“对不起”三个字，在提供递毛巾、换骨碟、换烟缸、上菜派菜、倒茶水的一系列服务中，平均对每位客人重复说了22声“对不起”，如此贫乏的礼貌用语，使这顿佳肴美馔也变得味同嚼蜡。服务员虽然经过培训，但其服务效果却极不理想。

请思考：出现此类情况的原因是什么？请提出一些解决办法。

第三节　西餐零点服务

一、早餐服务

（一）西式早餐服务概述

西式早餐可分为欧陆式、英国式和美国式三种。欧陆式早餐量较小，一般无蛋无肉；英国式早餐则有蛋无肉；美国式早餐有蛋有肉，而且食品量较大。早餐通常由咖啡厅提供，开餐时间一般为6：00～10：00，咖啡厅早期只供应咖啡，由于人们生活节奏加快，咖啡厅也就成了方便用早餐的地方。后来，咖啡厅又进一步提供简单的午餐、晚餐，全天24小时服务。特别在商务饭店，咖啡厅成了不可缺少的一个重要组成部分。咖啡厅虽属西餐厅，但它的内部装饰、采光、家具、菜单、服务人员的服装及其服务与正规的西餐厅有很大区别，它色彩明快，多采用自然光线，装修常常选用大面积玻璃墙面，气氛柔和，具有现代特色，小餐台多为方形，可以随意拼合，较少使用台布。咖啡厅宾客流动量大，要求服务快捷简便，因此，菜肴以快速西餐为主，辅之以当地各种风味小吃。菜单的形式也是多种多样，有固定零点菜单，合页式菜单、纸垫式菜单、帐篷式菜单和招贴式菜单等。菜肴的价格相对其他西餐厅偏低，经济实惠。服务员服装色彩较鲜艳，并与总体布置的基本色调协调，式样也显得精干、活泼。有些咖啡厅还提供中式早餐，供应包子、馄饨、稀饭、油条、豆浆等食品。

（二）西式早餐服务规范

1. 早餐台

大部分餐厅在头一天晚上就提前布置好早餐台。很多餐厅把早餐菜单制作成纸垫，用以代替台布。早餐餐具较少，铺台简单，一般是一刀、一叉、一水杯，左叉右刀，刀口上方放水杯。也有的咖啡厅还在主刀右侧摆甜食勺，主叉左侧摆吐司盘，盘内放黄油刀，口布通常叠成皇冠或三明治形状，放于中部纸垫上，餐巾右侧摆咖啡杯具，餐台上依次摆放花瓶、糖盅、椒盐瓶、烟缸、火柴、果酱架、淡奶等。

2. 备餐

在开餐前要准备好充足的果酱、黄油、果汁、热咖啡、茶、鲜奶、面包车、水果车等。

3. 迎客引座

领位员保持正确站姿和仪态在餐厅门口欢迎客人，先明确宾客有无预订，若客人已经预订好餐桌，则需将客人引领到相应的餐桌边，并按程序请客人入座。若客人没有预订，则按一般的引座技巧来为客人引座。例如，一对夫妇通常被安排在靠边的两人餐桌上，这样可以为客人营造一种私密的空间。若客人为单身一人，一般将其安排在靠近餐厅一角的餐桌上。若客人带有小孩，一般将他们安排在远离通道的餐桌上，这样既可以避免打扰其他客人，又可以减少小孩对服务工作的影响。早餐食品有自助餐和零点两种。如客人选择零点，就要遵照零点服务程序为客人提供服务，不吸烟的客人引到无烟区，并协助客人入座；如客人选择自助餐，应引领客人到自助餐台，并向客人介绍自助餐台提供的食品和饮料。协助客人入座时，先从女士开始，方法是：用双手扶住椅背，将椅子稍稍拉出，用手示意客人入座，然后用膝盖将座椅慢慢往前顶，直至客人能舒适地落座为止。

4. 服务咖啡或茶

西式早餐客人一般会饮用咖啡或茶。服务员应在客人就座后，马上服务咖啡或茶，并把餐巾打开为客人铺放好。

5. 点菜

从客人的左侧用双手递上打开的菜单，并介绍当日新鲜水果。点菜时，要注意询问。例如，宾客点用蛋类，要询问清楚宾客喜欢什么样的烹调方式。

6. 送单

将订单的第一联交收款处准备账单，第二联迅速送入厨房，与厨师配合，把握出菜时间，并按菜式准备用具、配料。

7. 上菜

先上谷类食物，再上蛋类吐司，最后送窝芙饼、班戟类食物。

8. 餐中服务

客人用餐中，服务员应适时地为客人添加咖啡或茶（按杯出售的咖啡则不用添加），撤空盘，换烟缸，并提供其他服务。

9. 结账

宾客未叫结账时，不可催促，服务员为客人结账时，要向客人表示感谢。由于早餐服务要求快捷，因此，账单可提前准备好，当客人要求结账时，立即将账单递送到客人手中。宾客付账后，值台员要拉椅送客，谢谢宾客光临，欢迎其下次再来。

10. **清台、铺台**

咖啡厅早餐翻台率很高。客人离去后，服务员应立即清理台面并重新摆台，准备迎接新来的用餐客人。

二、正餐服务

（一）扒房服务概述

扒房是饭店为体现自己餐饮菜肴与服务的水准，满足高消费宾客需求，以增加餐饮企业经济收入而开设的高级西餐厅。扒房的布置要求高雅、富丽、神秘并具有独特风格，一般的设计主题以欧洲文化艺术为背景，色彩多以暖色为基调。地毯、餐椅、墙壁要求色调协调，灯光较暗淡，吸顶灯、吊灯、壁灯亮度均能调节，开餐时所有灯光调得很暗，以餐桌上的蜡烛光照明为主，背景音乐主要播放世界古典名曲，有时安排钢琴现场演奏或小提琴桌边表演，从而形成一种浪漫、典雅的气氛。在扒房入口处或中央设置的展示台是用水果、蔬菜、酒品、服务器具等精心设计装饰而成的，其目的是突出餐厅的特色和主题。扒房所使用的餐具、服务器具既高档又专业，如银质或镀银的餐叉、餐刀，水晶杯，贵重的烹制车、酒车、甜品车、手推车，精致的瓷器等。扒房的家具也较豪华，如羊皮扶手沙发、精制方形或长方形餐桌、法兰绒桌垫、全棉桌布等，服务员以男性为主，穿紧身西装，佩戴领结，或穿燕尾服佩戴领结，女引座员一般穿着西式拖地长裙，长裙以黑、红等深色为多。所有服务员能熟练地用英语会话，有些扒房还要求服务员懂法语。扒房的菜单、酒单印制得十分讲究，常常使用革皮封面。菜单中包括该扒房所经营餐式（如法式、意式、俄式西餐）中的主要大菜和风味食品，菜肴以提供午餐、晚餐为主，有的只提供晚餐。在欧美，晚餐比午餐更正式、更受重视。一般来说午餐时间有限而晚餐时间较长，因此，扒房的服务节奏较慢，酒水品种齐全，特别注重配齐世界各地所产的著名红、白葡萄酒和其他名牌酒品，扒房服务应体现饭店餐饮与服务的最高水准。扒房服务专业性强，应经系统培训合格后才能上岗，员工搭配往往是一名领班带一名或两名服务员和一名助手负责服务一个区域。

（二）扒房服务规范

1. **接受预订**

预订方式有电话预订、传真预订和客人来餐厅预订等几种方式。预订员应能熟练地回答顾客的问题，积极向客人提出就餐建议，与客人商讨特殊要求，并准确记录客人姓名、用餐时间、用餐人数及特殊要求。最后，要重复宾客的预订，让宾客确认正确后道谢，将预订情况立即填写在预订表上，预订登记表应一天一页，以免混淆。

2. **确认客人预订并引领客人到位**

客人来到餐厅后，领位员首先热情地问候客人。如是常客应道出客人的姓名，然后确认客人预订，引领客人到位。引领客人时应走在客人右前方，保持1~1.5米的距离。来到餐桌前，协助客人入座，并将服务员介绍给客人。

3. 向客人呈递菜单或酒单

当客人入座后，服务员按客人人数，呈送相应数量的菜单，酒单每桌一份，呈递给主人。服务员打开菜单的第一页，左手拿菜单的左上部，右手拿菜单的右下部，站在客人的左侧递送，从主人左手边第一位女士开始，按先宾后主、女士优先的原则，依次将菜单送至客人手中。

4. 点开胃酒

客人看菜单时，应先征询是否需要提供餐前酒、鸡尾酒服务。服务员询问并准确记录客人所需的酒，3~5分钟之后，用托盘从客人右侧提供餐前酒服务，如果客人不饮酒则向其提供冰水。

5. 服务面包

服务餐前酒以后，上新鲜面包和冷藏黄油，将面包放在面包篮内，并用垫纸垫好，从客人左侧递上面包篮，供客人挑选。在一些西餐厅，客人入座后就将面包篮送上餐桌，让客人自由选用，面包篮内通常放有3~4种面包，且面包都已烤热。

6. 点菜

如果客人需要多看会儿菜单，服务员可过几分钟后再次来到客人桌边，准备接受客人点菜，服务员向客人介绍菜单内容，回答菜单上的问题，帮助客人选择食品，对客人的特殊要求给予积极的回答，准确记录客人所订食品，并重述订单以确认，如果客人在点菜时犹豫不决或拿不定主意，服务员可以适当向客人推荐餐厅的当日特选或推荐一些特色菜肴。接受客人点菜时，不可身体前倾，贴近客人，或用笔指着菜单，不能将订单放在餐桌上或趴在餐桌上填写订单。

7. 推荐并服务佐餐葡萄酒

客人点完菜后，服务员应主动为客人推荐与客人所订菜肴相协调的葡萄酒，并提供葡萄酒展示、开启、品评酒质、斟酒等服务。一些高级西餐厅，有专门的酒保为客人提供酒水服务。

8. 调整餐具、杯具

服务员根据订单给每位客人调整餐具、杯具，按每位宾客上菜顺序，摆换刀、叉、勺。最先食用的菜肴餐具放在最外侧，其他餐具按用菜顺序依次向里摆放，调整餐具时分别从客人的左边或右边轻轻地进行，切不可在客人面前交叉摆放餐具，或者在操作时，将身体过分倾向客人。

9. 服务开胃品

开胃品包括开胃菜和开胃小吃两类，开胃品的服务一般从客人的右侧进行。

10. 撤走头盘

头菜吃完后，撤盘前需征求宾客意见，撤时按先女后男次序进行，将刀叉放在空盘里一同撤下。西餐服务要求徒手撤盘，只有玻璃杯具、烟灰缸、面包盘、黄油盅等小件物品用托盘撤送。收盘时，用右手从宾客的右边撤下，按顺时针方向依次撤下每位宾客的空盘。撤下的脏盘子直接送入洗碗间，分类摆放。

11. 服务汤

值台员用手推车或旁桌服务方式送上第二道菜，直接放在展示盘内。

服务清汤时，通常用双耳杯，浓汤则盛放在无耳汤盅内给客人，上汤时一般从右侧进行，汤盅在使用之前要根据所盛放的汤的温度进行加热或冷却处理。如果使用汤罐为客人服务，应先给每位客人提供一只汤盅，然后左手托住汤罐，从客人左侧用汤勺将汤分派到每位客人的汤盅内，分汤时以八成满为佳，汤盅需垫上餐巾折成的小荷花，这样既美观又可保温。

12. 撤盘

用完汤后，汤盅应连同装饰盘一起撤下。餐位上只留下吃主菜的刀叉用具、面包碟及黄油刀等。

13. 服务鱼

若客人点用鱼类菜肴，首先需将鱼刀和鱼叉摆放在餐桌上，使用俄式服务方式为客人提供鱼类菜肴，操作方法是：左手托住装鱼的菜盘，右手抓住服务匙和服务叉，将鱼肉分派到客人餐盘内。注意尽量避免夹断或夹碎鱼肉，最后在鱼肉上浇上汤汁。

14. 服务冰糕

通常在鱼类菜和肉类菜之间，会为客人提供一道口味清淡的冰糕，以消除口中遗留的味道。冰糕通常盛放在玻璃杯内，配上垫盘从客人的右侧提供给客人。

15. 服务主菜

要保证在合适的时机，把食品准确地提供给每位客人，客人食用主菜时，服务员应随时为客人添加酒水、面包和黄油，注意撤盘和换烟缸。若主菜是肉类菜肴，其服务方式有两种。简单的一种是：一切都由厨房完成，然后送到餐厅，由服务员提供给客人享用。最常见的一种是：主菜在宾客面前烹制表演、切割装盘，这种服务方式要求值台员提前做好准备工作，然后由领班进行操作表演。将菜肴装盘时要注意布局，一般蔬菜等配菜放在大块肉上方，汁酱不要挂在盘边，值台员在宾客右侧上菜，上完后要报菜名，要告知牛排、羊排几成熟。放盘时，让主菜、肉类靠近宾客，蔬菜则靠桌心方向，餐盘要事先温热。红葡萄酒要在上深色的肉类主菜之前，放在酒篮内为客人斟倒。

16. 撤主菜盘

客人用完每道菜时，服务员应尽快从客人右侧，按先女后男的次序，将空盘和餐具一并撤下，吐司盘等放在客人左侧的餐盘，则应用左手从左侧撤下，用服务巾和面包碟将桌上面包碎屑扫干净并征求宾客对主菜的意见。同时为数位客人撤空盘时，则应按照撤盘操作的基本方法进行操作，即将第一只餐盘传递至左手，用餐刀将盘中剩余物拨至一边，将刀叉交叉放入盘中，然后用右手继续为第二位客人撤餐盘，并将第二只餐盘放在左手腕上，将盘中剩余物轻轻拨至第一只餐盘中，刀叉也一并放入第一只餐盘内，依照此法再撤第三只、第四只。

17. 色拉的服务

色拉木碗与汤盅一样需垫小荷花，以使冷食品保持低温。色拉汁、奶酪粉等调配料一律从宾客左手边分派。色拉的服务有三种形式：一种是作为开胃菜，一种是作为主菜的配菜，一种是直接作为主菜。

作为开胃菜的色拉一般是作为头道菜提供给客人的，服务时从客人右侧送上，放入展示盘内，若用玻璃碗装色拉，则需在碗下加一垫盘。

作为配菜的色拉，通常与主菜一道上桌，主菜居中，色拉摆在客人左侧吐司盘的位置，吐司盘上移。

作为主菜服务时，色拉用大盘装，直接从客人右侧上桌。

18. 奶酪和甜品服务

在服务奶酪和甜品之前必须先清洁台面，即将不再使用的服务用具、餐具如胡椒、盐瓶等全部撤掉，只留下水杯，有时也可将葡萄酒杯留下，用面包刷将桌面清扫干净，在餐桌上为客人摆上甜品匙、刀、叉。服务甜品时，按客人要求，可以为其提供香槟或甜白葡萄酒，若提供酒品，则应先为客人斟上，接下来有两种服务方式：

（1）展示车服务。将甜品车推近客人让其能够看清楚，一边向客人介绍，一边请客人挑选，根据客人的选择为客人切出相应数量或分量的奶酪和甜品，然后放入甜品盘中提供给客人，注意切出的奶酪和甜品的形状、分量要相等，并尽量保持奶酪和甜品的原样。若宾客点了奶酪，应在其他甜食之前先上，当场将奶酪切割、装盘、摆位，并配上胡椒、盐盅、黄油、面包、凉蔬菜。待宾客吃完奶酪后，将餐具用托盘撤下，只留下甜品叉、勺及有酒水的杯子、餐巾、烟灰缸、花瓶、烛台。撤完后，再展示甜品车，服务蛋糕、甜点、水果，苏珊饼要在宾客面前烹制表演。

（2）甜品单服务。有些扒房呈递甜品单给客人，甜品在厨房里准备。

19. 撤走奶酪或甜品用具

值台员用托盘撤走盛甜点的用具，将咖啡杯移到宾客面前。

20. 服务咖啡或茶

先问清宾客喝咖啡还是茶，随后送上糖缸、奶壶或柠檬片，准备咖啡杯具或茶具，包括咖啡杯、茶碗、垫盘和咖啡匙。咖啡配糖和淡奶，普通红茶配糖和淡奶，柠檬茶配糖、柠檬片。

21. 服务餐后酒

客人用完咖啡或红茶后，最后一道是餐后助消化的甜酒，又称为香甜酒、力娇酒或利口酒。餐后甜酒一般根据客人需要，用专门的利口酒杯为客人提供服务。这时，展示餐后酒车，问宾客是否在餐后需要利口酒。

22. 结账、送客服务

只有等宾客叫结账，领班才可去账台通知收款员汇总账单。领班要检查账单是否正确，然后用账夹或小银托盘递送账单，不要读出金额总数。常见的结账方式有收取现金、信用卡、支票、住店宾客记账等。信用卡要检查真伪，查对其号码是否在黑名单上，核实宾客签名，只收饭店规定接纳的各种信用卡；支票一般指公司支票，不收个人外汇支票，由宾客自己填写金额、签名，在支票背面写上公司电话号码；住店宾客需出示住店卡，在账单上签名，并填上房号及日期。

领班将现金、信用卡、支票或签过名字的账单交回收款台，由收款员办理结账手续，在账单第一、二联盖上收讫章。领班再用账夹将找回的钱和发票交还宾客，真诚地感谢客人的惠顾。客人准备离开餐厅时，应站在客人后面，双手扶椅背，客人起身时，轻轻将座椅往后拉，直至客人能站起为止，并将客人送至餐厅门口。在宾客离桌前，所有酒杯均应保持原位不动，待客离去后再撤。

23. **清台**

放好椅子，收理餐巾，用托盘、干抹布清理台面，换上干净台布，准备迎接下一批宾客或为下一餐铺台。

第四节　西餐宴会服务

一、西餐宴会的特点

和中餐相比，西餐宴会有许多不同之处，如服务环节较多，餐桌一般用长台或腰圆台，在某些场合也有用圆台的。铺台是按预订的菜单，根据不同的菜式摆不同的餐具，采用分餐制，吃一道菜，更换一套餐具，一般是同上同撤。派菜时，要用服务勺、服务刀、服务叉进行。在酒水的选用上，强调酒与菜、酒与杯具的和谐搭配。整个服务过程都要按照西餐操作程序和礼节进行，并在席间播放或现场演奏音乐，灯光要柔和、偏暗，可以点蜡烛，使气氛温馨、轻松、舒适。

【同步案例】

东西方进餐习惯的差异

在一次西式国宴上，一位中国使节用餐巾去揩拭刀叉，他不知道这种做法是极不礼貌的，仿佛是表示刀叉不干净。总统一见之下，立即命令侍者将全体客人的餐具一律重新换过，那位中国使节极为难堪。

问题： 西餐服务过程，服务员注意到宾客一些不懂西餐礼仪和用餐习惯的举动，该如何处理？

二、西餐宴会服务规范

（一）宴会前的准备

1. 明确任务

接受宴会预订后，餐厅主管要了解清楚以下内容：宴会举办单位和规格、标准、参加人数、进餐时间，以及来宾国籍、身份、宗教信仰、生活特点等情况，来宾餐前在会客室是用茶还是用鸡尾酒，以及主办单位或客人有什么特殊要求等，了解清楚后，要召集服务人员开会，布置任务，研究完成任务的具体方法，明确各服务员的职责，提出完成任务的具体要求和注意事项。

2. 备餐

（1）备菜单。根据宴会主办者的要求和用餐标准，确定菜单，并由主办者签字认可。菜单拟定后，一式四份：一份由宴会预订处留底；一份送厨房；一份交主办者；一份附在宴会通知单后，交餐厅负责人签收，以便让值台服务员在宴会前熟悉菜单。餐桌上每个餐位摆一份菜单，菜单放在餐具的右侧。

（2）备酒水。根据菜单配备开胃酒、佐餐酒以及甜食酒，酒水配备可分为两种：一种是定额定量；另一种是先由宾客自由享用，最后结算。宴会厅内通常设有小酒吧间，按要求准备好餐前鸡尾酒，白葡萄酒需备冰桶，其余酒水要逐瓶检查外观，并将瓶身擦净。

（3）备物品。要根据菜单所列菜点、酒水等，备齐小件餐具及各类物品，应按110% ~120%多配备一些，作为备用。

（4）备落台。落台根据人数、菜肴来准备。通常在落台上备有咖啡具、茶具、冰水壶、托盘、干净的烟灰缸、服务用刀、叉、勺等。准备间则准备面包篮、新鲜面包、黄油、酒水等。

小型宴会落台，可设置在小宴会厅后门处。宴会厅要根据宴会人数、宴会规模和菜单所需餐具用具数量，确定落台的大小和位置。落台上要摆适量干净的餐具和用具，包括汤碟、面包篮、甜食盘、冰水壶、咖啡壶、糖盅、奶罐、托盘、烟缸、火柴、餐巾、花纸、面包、黄油、茶等，汤碟需垫花纸，面包篮上需垫餐巾花，糖盅、奶罐需放置在垫有花纸的甜食盘上。落台上各种餐具和用具种类、数量要齐全、洁净，无异物，无破损。

大型宴会厅内的落台应分设大、小两种。通常，大宴会厅有2 ~4 个后门，大落台可以设置在每个后门附近，另外还需要设置2 ~4 个，可安排在柱子周围或宽敞的地方。小落台也不可少，其面积不应大于1 米×0.6 米，通常设置在宴会厅四周靠墙壁附近，小落台上不宜放置过多的东西，通常只摆放2 ~3 个干净的托盘、冰水壶和烟缸。服务员在宴会服务过程中，要始终保持落台的清洁，撤下的餐具要直接送至厨房洗碗间，不能放在落台上。

3. **餐桌布置**

（1）餐桌形状。宴会厅要根据宴会主办方的要求、参加宴会人数的多少和宴会厅的面积，设计台形。

西餐宴会的台形，一般采用长台形式，也可以根据人数和宾客要求以及餐厅的面积，排成T字形、U字形、回字形和跑道形等。在布置台形时，要将主台定在明显突出的位置上，如客人有特殊要求，应按照客人的要求定主台位。除主台外，其余各台的摆放应尽量左右对称，台与台之间等距，台间距不得小于2米，在把多种形状的餐桌组成上述的台形时，餐桌高度应绝对保持一致，餐桌之间不可留有空隙，应左右对称，出入方便，具有整体感，总的要求是既美观又适用。

（2）台布。西餐宴会铺台一般先用毡、绒等软垫物，按台的尺寸铺台面，然后用布绳扎紧，再铺宴会台布，宴会台布一般用白色，应干净、平整、无破损和突起。西餐长台铺台要根据餐台的面积，选用适当的台布，两人合作。

铺一字形台的方法：服务员应站立于餐台侧边，将台布横向打开，双手捏住台布一侧边，将台布送至餐桌另一侧，将台布从餐台另一侧向身体的一侧慢慢拉开，台布要中股缝向上，四周下垂部分均等，以30～40厘米为宜。

铺较大的一字形台或U字形、T字形台的方法：需要几块台布拼铺在一起。拼铺时，应从里往外铺设，使客人一进门时看不到接缝。台布的接缝要错开主宾就餐的台面，两块或多块台布的股缝方向一致，连接的台布边缘要重叠，台布下垂部分要平行相等。

（4）装饰。餐台的中央应摆上鲜花。长台、方台应摆放半橄榄形的插花，圆台摆半球形的插花。蜡烛或玻璃罩灯摆多少要根据台的大小、人数多少而定。

（5）餐具。根据宴会通知单上的菜肴和酒水摆放相应的餐具和杯具，台面中央放置插花、烛台、胡椒盅、盐盅、牙签盅、烟灰缸等，一般3～4人一套。

4. **位次布置**

宴会一般均安排席位，也可只排部分客人的席位，其他人只排桌次或自由入座。无论采取哪种方法，都要在入席前通知到每一个出席者，一般采取在请柬上标明台号的方法，使来宾心中有数，宴会厅还要安排领位员现场引导。

在西餐宴会中，服务员必须按照座位的次序为客人提供服务。座次的安排有一定的技巧，一般是先确定男女主人的座位，然后再确定来宾的座次。在确定来宾座次时既要考虑他们的身份，也要考虑到年龄的长幼。如果参加宴会的客人全部为男士，来宾中身份最高、年龄最长的将被安排在原女主人的位置上；若全为女士，安排座次的方法相同。

按照传统的习惯，西餐习惯男女穿插安排，座次的安排方法是，女主人一般坐上手，男主人正对女主人坐在下手，即女主人位为主人位，男主人位为副主人位。主人位一般要求远离餐厅大门，能看到整个餐厅并且背对墙壁，如果餐厅邻近花园且在餐厅里能看到花园，那么主人位应该正对着花园，背对花园的为副主人位。

（1）欧洲传统式。男女主人位在长条形餐桌的中间，男女主人的右侧分别为女主宾和男主宾，离男女主人的座位越远，座位等级就越低。

（2）英式和美式。男女主人位分别位于长条形餐桌的两侧，男女主人右手第一个座位分别是女主宾和男主宾位。同样，离男女主人的座位越远，座位的等级越低。

（二）宴会前的服务

1. 迎宾服务

宴会开席前30分钟，领位员应在餐厅门口迎候来宾，当来宾到达时，应热情欢迎，主动打招呼问好，并将客人引进宴会厅。

2. 衣帽服务

服务员要主动接住宾客脱下的衣帽，挂在衣帽架上或存入衣帽间。如衣物件数较多，可用衣帽牌区别。衣帽牌一号两枚，一枚挂在衣物上，另一枚交给来宾以备领取衣物时使用。对重要的来宾则不可用衣帽牌，要凭记忆力进行准确的服务，以免失礼。接挂衣服时应拿衣领，不能倒提，以防衣袋内的物品倒出。

3. 餐前酒服务

在宴会厅的一侧或门前设休息厅或酒廊，宾客陆续到来时，会先在此聚会交谈，宴会开始前半小时，为先到的客人提供以鸡尾酒为主的酒水服务。主宾到达时，由主人陪同进入休息厅与其他宾客见面，随后进入宴会厅，宴会即正式开始。

（三）宴会中的服务

西餐服务一般遵循女士优先的原则，即先从女主宾开始提供服务，然后是男主人左侧第二身份高的女宾，接着围绕餐桌逐个进行服务，最后服务女主人。待全部女士服务完后，再向男士提供服务，同样也是按先客人后主人的顺序进行，最后服务男主人。

1. 上黄油、面包

在宴会开始前5分钟上黄油，分派面包，并注意在用餐过程中，及时添加。

2. 引宾入席

离开宴5分钟左右，应主动询问主人是否可以开席，经主人同意后即通知厨房，同时请宾客入座。这时，值台服务员应站在餐桌旁，当来宾走近座位时，服务员应面带笑容拉开座椅，引请来宾入座。引宾入座要按宾主次序进行。

3. 斟酒

客人就座后，服务员主动走到宴会台前，按宾主顺序询问客人是否需要开胃酒。取开胃酒时，在托盘中摆放酒水要按照客人座次顺序，第一客人的酒水放在托盘的外侧，主人的酒水放在托盘的内侧，按先女后男、先宾后主的顺序依次从客人右侧上，给客人斟佐餐酒，随后按菜肴情况服务相应的葡萄酒、香槟酒、餐后利口酒或白兰地。

4. **抖口布**

宾客一般会自己将口布抖开，若宾客未取用口布，应主动帮其压到盘下或放于双膝上。

5. **上菜**

（1）上菜顺序。分两种情况：

——正式宴会：从主人左手边第一位女士开始，遵循先女士后男士、顺时针方向的服务原则，即主宾夫人→主宾夫人左侧的第一位女士→顺时针方向依次服务其余女士→女主人→第一男主宾→顺时针方向依次服务其余男士→男主人。

——普通宴会：遵循先宾后主的原则，给第一主宾和第二主宾上完菜后，按顺时针方向依次服务，最后给主人上菜。

（2）上菜时机。西餐宴会要求同上同撤，即等所有宾客都表示吃完一道菜后才一起撤盘，一起上菜，并严格按菜单顺序撤盘和上菜，每上一道菜，应先将前一道菜的餐具或辅汁撤下。

（3）上菜方式。西餐宴会通常根据需要提供法式服务、俄式服务或美式服务，或三种服务综合使用。

——法式宴会服务。法式服务属贵族服务，它需要豪华的环境及设施，对服务员的要求也很严格，高于其他宴会形式。法式服务对服务员的着装要求很严格，它要求服务员着标准的礼服套装，并要佩戴白手套。法式宴会的上菜方式是台前托让式，即服务员左手托盛有精美食品的大银盘，按先宾后主、女士优先的原则，从客人右侧为客人托让食品。客人接过服务员用右手递送的服务叉勺，由自己取适量的食品，并将食品放在已摆放在客人餐台上的主盘内。法式服务要配备专门的酒水服务员，并按开胃酒、佐餐酒、餐后酒的顺序依次为客人提供酒水服务。

——俄式宴会服务。俄式服务要求环境富丽堂皇，但服务速度迅捷，服务成本远远小于法式服务，所以，目前仍有许多国家在贵宾服务中采用俄式服务。俄式宴会中，食品在厨房里烹制好，美观地放入大银盘内，由服务员递送到餐厅。一般来说，服务员采用小组作业方式，即：一个服务员专拿主菜，另一个拿蔬菜，他们在厨房里排列成行，然后在适当时机进入餐厅。服务员将食品向客人展示后，放在服务台上，同时把热餐盘放在各位客人面前。服务员左手托大银盘，右手操叉、勺，为客人分让食品。服务员要用自己的判断为顾客提供认为足够的菜量，并要保证最后一位客人也得到足够分量的菜肴。俄式服务需要技术熟练、经验丰富的餐饮服务员。在欧洲，服务员必须完成3年学业，学习服务知识和进行正规训练，并要经过多年的工作后，才能得心应手地掌握各项程序。

——美式宴会服务。美式服务是最简单的服务方式，也是在我国常见的服务方式，目前我国各大高星级饭店均提供美式服务。它不需服务员在客人面前分让菜肴，而是由厨师在厨房将菜肴按每份装盘，服务员只需要将菜肴端上桌。

（4）注意事项。包括以下内容：

——上肉菜时，要把肉的最佳部位对着客人放，开盖后，让客人有惊喜感。

——配菜要自左向右按白、绿、红的顺序摆好。

——主菜后的色拉要立即跟汁，色拉盘放在客人的左侧。

——若宴会菜肴中有带壳的蟹、虾，要递洗手盅与香巾，盅内盛温菊花茶水，用花瓣或柠檬片装饰，用托盘送至客位右上方，即酒杯上方。

——上甜食之前，要撤下桌上除酒杯以外的餐具，包括主菜餐具、面包碟、黄油盅、胡椒盅、盐盅，摆好甜品叉匙。

——上水果时，水果要摆在水果盘里，跟上洗手盅、水果刀或水果叉。

——上咖啡或茶之前，应放好糖缸、淡奶壶，每位宾客右手边放咖啡或茶具，然后拿咖啡壶或茶壶依次斟上。

——最后，推酒水车，问餐后酒和雪茄。

（四）宴会后的服务

1. 结账

宴会接近尾声时，清点所用的酒水饮料，开出所耗用的酒水单，交收款员。宴会结束时，提醒宴请主办方的主人或助手结账。

2. 送宾离席

宾客起身离座时，应用单膝顶住椅背为其将椅子缓慢地移出，方便宾客从桌、椅间走出，检查是否有遗留物品，将宾客送到宴会厅门口即可。如果主人宴会后安排有其他活动，需要等候所有客人一同前往，可先将先用餐完毕的宾客送至休息厅休息，根据主人的安排，送茶、毛巾或餐后利口酒。

3. 取送衣帽

宾客起身离开餐厅或休息厅时，服务员要及时按照原先进入餐厅前交与宾客的牌号准确地将衣帽递送给宾客，对重要来宾的衣帽，因无牌号，要特别注意，并热情主动地帮助宾客穿戴好。

4. 收拾台面

在清理桌面时，首先看客人有无遗留物品，若发现，要及时告知客人或上交。其次检查台面是否有未熄灭的烟头。收台时，先收餐巾，后用托盘或手推车收餐具。餐具和物品应分类收取，因西餐宴会是边吃边收，最后清台时，往往餐具数量不多，故要点清数量，特别是镀银或纯银器等贵重餐具，要注意收发、清点、保管，每个环节应有交接记录。最后撤掉台布，领班按要求详细记录宴会完成情况。

第五节　冷餐会服务

一、冷餐会概述

冷餐会又称自助餐会，是世界各国较为流行的一种宴会形式，适用于招待会、欢迎会、会议餐、团队早餐以及诸多的大型聚会，是中、西餐宴会都可以采用的服务方式。自助餐服务提供全部或部分菜肴，并在长桌上展示各种开胃品、热冷主菜、副菜、配菜等，桌子通常放在宾客在不同方位都能挑选菜肴的地方，宾客进行自我服务。目前，餐饮企业较为流行的是中西合璧式的冷餐会，既有中菜、也有西菜，品种丰富，客人选择面大。

（一）冷餐会的种类

冷餐会一般分为坐式和立式两种形式。立式就餐一般不设座位，宾客可多可少，气氛热烈、随意、自由。坐式冷餐会的用餐标准通常比立式的高，每位宾客得到的服务更加周到。目前，设座的冷餐会较多。

（二）冷餐会的特点

相对于桌餐而言，冷餐会有以下一些特点：

第一，必须确保一个最低客流量，若宾客达不到门槛客流，会给餐厅带来较大的损失。

第二，宾客取食自己偏爱的菜肴，体现了个性化服务的特点。

第三，就餐速度快，宾客进餐厅后无须等候。这样，一方面节省了宾客的宝贵时间；另一方面，餐座的周转率较桌餐高，可以增加了餐厅的营业收入。

第四，厨房只需要少量人手，缓和了高峰时期厨房的忙碌和厨师人手紧张的矛盾。因为各种冷盘菜肴均可事先准备好，而各种热菜又是固定的菜谱。

第五，铺台简单，不用太多的服务人员，节省了劳动力成本。服务员的职责主要有：保证菜肴及餐具的添加，服务中始终负责督导宴会厅与厨房的配合情况，身着整洁的制服站在供应台的后面，随时为宾客服务（如切分烤肉），检查器具保温性能，以保持菜肴应有的温度，当宾客不慎把地毯或台布弄脏时，应及时擦拭或清扫。

第六，菜肴按类别陈列，方便宾客取拿，同时能够较快地唤起宾客的食欲。

第七，宾客可以较低的用餐费用，享受到品种繁多的中、西菜肴。

第八，不容易保持菜肴的新鲜和多样化，某些冷菜制作完毕，热菜出锅时间稍长，就会丧失掉原有的色、香、味、形。

第九，宾客享受到的正统的餐饮企业式服务较少。

二、冷餐会服务规范

（一）餐前准备

1. 冷餐会环境与气氛的布置

（1）注意环境卫生。服务员要根据管理者要求布置餐厅，设座的自助餐要摆好台，要求和正餐相似，保持餐厅内清洁、整齐，并将菜台、柜台、杯架、金属表层、柜台表面擦亮。

（2）强调餐厅的个性。冷餐会餐厅的布置应具有独特的个性，这样不仅可以凭借其鲜明的形象给顾客留下深刻的印象，也能与精美的菜肴相映生辉，如水晶宫似的海鲜自助餐厅、富有浪漫色彩的野味自助餐厅、反映风土人情的民俗自助餐厅以及具有乡土气息的田园自助餐厅等。

（3）突出不同的主题。环境布置应围绕宴会主题进行。

第一，活动主题。根据特别活动，如周年庆典、婚礼等而设的自助餐，应按其主题进行布置，并将该主题作为指导思想贯穿于餐厅布置、背景布置、餐台装饰和菜肴的推销中去。

第二，节日主题。有可能成为自助餐主题的节日，如圣诞节、情人节、母亲节、复活节、感恩节、元旦、春节、端午节、元宵节、中秋节等，是饮食促销的大好时机。

第三，事件主题。公众事件，如体育比赛、音乐活动、文化艺术活动、展览会、订货会等，都可成为冷餐会的主题，并借此进行促销、推广活动。

第四，公司主题。若是公司举办的冷餐会，可以用产品或标识、符号作为主题装饰。例如，汽车商人设的自助餐，就可以使用汽车图案或模型、生产公司的商标等，还可以安排演出、时装表演等。

（4）背景装饰。利用墙壁的背景、挂画、屏幕、盆栽、布景等装饰，可以起到烘托气氛的作用。例如：装在墙上的电扇能够使旗帜和悬挂物随风飘动；现代声、光系统更可以使冷餐会餐厅里有声有色、生机盎然；设置有线条的天棚或棕榈叶枝覆盖的小屋顶，作为甜品、水果或冷菜肴的摊位；圣诞节和复活节时用深蓝色或深红色台布，能衬托宗教气氛；粗织的麻布可增加田园的气氛、乡土气息；红白格子的台布则给人以不拘礼节的融洽、自由的气氛；在大菜台的后面留出一定的空间放置其特色菜、火鸡等。

（5）餐具装饰。餐具和陈列菜肴的容器也可以用作装饰，除瓷器、玻璃器皿和银器外，木器、竹器、瓜壳盅、大贝壳等都是能起点缀作用的容器。

（6）功能分区。分成各个点和区域的菜肴陈列可以有各个不同国家和地区的特色菜，所选用的菜肴可以是中外兼备的，还可让服务员穿上某国的民族服务、头饰进行服务。

（7）灯光装饰。在灯光使用上，大菜台是餐厅内众所瞩目的地方之一，应明亮、显眼，利用各种光线的强度衬托菜肴，一般以聚光灯和强烈的灯光使菜肴能够清楚地显示出来，而宾客餐桌的亮度应该略暗，以相当于5～10支蜡烛的蜡光为宜。

2. 备餐

（1）餐具。在服务开始前，托盘、餐巾、餐具要备足，餐桌和杯架必须整洁，安排有序，服务用具和盘碟供应要做适当的组合。

（2）调料。调味品要放在菜台或服务台的调味架上。

（3）服务器具。服务器具也要准备充足，否则会给开餐过程中带来不便。例如，托盘架必须有，因为在添菜时，传菜员要把装好菜肴的托盘端到餐厅先放到托盘架上，再将菜肴从托盘中取出放在服务台上，所以餐厅内应摆设托盘架。

3. 自助餐台（或称为菜台）的摆设

从宴会通知单上了解参加人数、宴会形式、台形设计、菜肴品种、布置主题等事项，以便于对餐厅的菜台和餐桌进行布置。

（1）菜台的摆设形式。包括以下几种：

第一，主菜台（大菜台）。大菜台的摆设应方便宾客迅速顺利选取菜肴，考虑宾客流动方向安排取菜顺序。大菜台的优点是突出菜台，渲染餐厅热闹的气氛，方便宾客对比选择；缺点是易形成排长队等候取菜的局面，浪费宾客时间。

第二，小菜台。为了避免拥挤，大型自助餐为保证宾客迅速、顺利地取菜，分区域疏散宾客，除了设完整的主菜台外，还可设置几个分散的菜肴陈列桌，即小菜台，将一些特色菜分立出来，如色拉台、甜品台、临时酒吧、烧烤台、切割烧烤肉类的肉车等，这些分立的菜台，其布置也应匠心独具，可设置为法国或维也纳糕饼店，老式的冰激凌柜台、法国葡萄园酒吧、德国酒窖等。设置小菜台的优点是：宾客可以避开暂时人多之处去选择其他菜肴，不用排队等候，节省了时间；对于不受欢迎的菜肴，可以随时关闭乃至撤走柜台。缺点是：菜台布局分散，显得有些零乱；宾客走动频繁，不便于宾客对比和挑选菜肴。

第三，柜台式。人们根据流水线作业程序从头至尾地选择自己所需的菜肴，每种菜肴都有专人服务。柜台式的服务方式要求柜台内的服务员按标准分量快速取菜、快速递送给宾客。柜台又分成快速服务台和一般服务台。在快速服务台上，只有一两套菜肴，宾客会快速选择菜肴；在一般服务台上，可供选择的菜肴较多，宾客选择菜肴的速度也就较慢，需要排队依次取菜。

（2）菜台摆设的美化。布置菜台时，先在菜台上铺台布，菜台四周要围上桌裙，这样会显得更加华丽、整洁，桌裙的长度离地约2厘米，要能遮住桌脚。站立式自助餐的圆台子也应用桌裙，若使用彩色布或加褶，可以使单调的长桌赏心悦目。台中央可布置大花篮、冰雕、烛台、雕刻、插花、水果等装饰物点缀，各菜碟之间的空隙可以摆一些牛尾菜、冬青等装饰性植物或柠檬树枝叶及果实花木等，以填补空白，烘托气氛，增加美感。

（3）菜台摆设的预留空间。大菜台应保证有足够的空间以便布置菜肴，按照人们正常的步幅，每走一步就能挑选一种菜肴。通常，平均一个人选一种菜肴所需的地方约30厘米。所以，在摆放菜肴时，应该考虑在一个特定的时间里，供应品种的多少和预期宾客数。否则周转过慢，宾客将排队在大菜台旁等候或造成拥挤的现象。

4. 菜肴及餐具的摆放

菜肴不可随意摆放，要按菜单上的顺序、类别、用餐习惯的原则顺序摆放。

（1）设座式自助餐，常在宾客到达前，就把开胃品和汤送到宾客的桌上。饮料、面包、黄油也由服务员送到餐桌上，服务的规格与桌餐一样。

（2）立式自助餐，要将餐具、面包、黄油、甜点和饮料放在自助餐台上，标准是：宾客盛菜用的盘子整齐地放在自助餐台的前端，餐具、餐巾、面包、黄油在后端。所有盘、碟、勺、叉、碗、筷等应摆在离桌边6～9厘米的地方，应附有杯托架、餐刀、餐叉、餐巾等用具，以便宾客将酒杯安放在盘上。

（3）中餐的冷盘、卤菜，西餐中的色拉、调味品、冷盘、熏鱼、奶酪一般是厨师精心美化的主要对象，要精心加以装饰后展示，应放在宾客能首先取到的一端，摆放时注意图案朝向宾客。

（4）热主菜，通常要用保温炉盛装，经常检查添加燃料（通常为固体酒精）；如要使食物保冷必须备有冰块，盛冰块的碗、盅、壶等要及时更换。

（5）为了不使供应桌过分拥挤，开胃品、甜品、饮料、水果一般单独设台摆放，也可放在主菜的后面，即宾客最后取到的一端，用分格子大盘盛装，当然，也可由服务员直接服务到宾客桌上。

（6）菜肴的配汁、汤汁、调味品应遵循就近原则摆放，让宾客一目了然，方便取用，如色拉旁边放蛋黄酱、火腿旁边放酸果酱等。

（7）中心菜台（大菜台）菜肴较多，一般有十几种或几十种，一般的摆法是：宾客所喜爱的菜肴、造型菜放正中，各种菜肴放两边，对称、对角摆，做到荤、素、色彩搭配均匀。

（8）座式自助餐，要摆好宾客用餐桌，桌上的餐具一般应放置以下物品：骨碟、纸巾、餐巾、餐刀、餐叉、汤勺、甜品叉勺、面包碟、面包刀。

（9）注意展示沙拉，要把同一类不同颜色的菜品放在一起，以便顾客挑选。如把番茄片或其他颜色鲜艳的菜肴放在颜色比较浅淡的色拉之间。同型号的碟要摆放在同一条线上，同时应使水果和蔬菜等沙拉安排成具有一定高度和不同形状的造型。

（10）注意展示主菜，使菜肴的装饰更有吸引力，例如：将切好的肉片堆高一些；肉丸直线排放，肉块应放在盘的中间；将大菜台的中央部分垫高，摆一些引人注目的拿手菜，如火腿、火鸡及烤肉等。

（11）甜品台和服务线的其他部分一样也很重要，要干净，安排有序，使之更有吸引力。甜品应根据菜肴和容器的不同，按类组排，保持摆放匀称和成直线，并且便于挑选。

（12）为合理降低成本而进行技巧性摆放。例如：把主菜布置在冷菜之后，因为宾客在盛满沙拉、凉菜、开胃品之后，只得减少选择热菜的数量；将成本较低的热主菜放在引人注目的地方，吸引宾客多取用这些菜，而少取用价格昂贵的菜肴；注意各种冷菜和热蔬的销售，热主菜的消费量就会下降；将自助餐分两个阶段进行，宾客先吃冷餐，然后是热菜，这样对热主菜的消费数量也会大幅下降。

（二）餐中服务

1. 冷餐会开始前的鸡尾酒服务

通常在酒会开始前半小时，会在走廊或门厅处为先到的宾客提供鸡尾酒、饮料和简单的小吃服务，等约定开餐的时间到了，再让宾客进入餐厅。

2. 入座就餐

除了主桌设置座席卡外，其他客桌通常由宾客自由选择入座，服务员为每位宾客斟冰水，询问是否需要饮料。待全部宾客入座后，主办单位代表人物致辞、祝酒并宣布冷餐会正式开始。中、高档的设座西式冷餐会中的开胃品和汤常由服务员送到餐桌上，而面包、黄油要派好上桌。

3. 餐中服务的两种模式

（1）简单模式。在这种服务模式下，几乎完全由宾客自我服务。宾客进入餐厅后，首先走到菜台桌的一端，拿托盘、餐盘、刀、叉、勺等餐具，然后沿着大菜台挑选自己所喜欢的菜肴，挑选完毕后，自行端到餐桌上用餐。采用这种简单的服务模式非常省事、经济，不用做铺台工作，只需要几个服务员帮助宾客切分大块的烤肉和添加分量不足的菜肴、餐具。

（2）中、高档模式。这种服务模式一般用于中、高档的设座西式冷餐会。服务员要在宾客到达之前，铺好台面，台布与美式服务方式一样。宾客入座后，由服务员上开胃品或汤，同时供应饮料、面包、黄油、甜点等。宾客自己挑选所喜欢的主菜。这种服务模式效率更高、更受宾客青睐。

4. 开餐时的各岗位职责

（1）领班或餐厅经理。现场督导、指挥餐厅服务员工作，检查服务运转情况，协调厨房生产与餐厅服务工作的配合情况，处理各种突发事件，等等。

（2）厅面厨师。大菜台应有身着洁白厨师服的厨师值台：像主人一样向宾客介绍、推荐、分送菜肴；分切肉车上的大块烤肉；及时整理菜台，保持美观；检查菜肴冷、热温度；更换和添加餐盘、菜肴；回答宾客提问；如果宾客把食物溅出，应及时提供帮助；若宾客点用现场制作的菜肴，如鸡蛋、牛排和煎饼等，应认真记录菜点数量、要求、宾客的桌号等，保证准确性，如果是要额外付费的，还应追加账单。

（3）厅面服务员。厅面服务员应身着整洁的制服站在大菜台的后面，以友好和礼貌为原则，随时为宾客服务。

（4）柜台服务员。为保证菜肴的卫生，有些冷餐会采用柜台式派菜。这种方式下，要设置柜台服务员。服务员应按宾客要求的分量来提供菜肴。这就要求柜台服务员必须了解和熟悉每种菜肴配用的盘子、餐碟的大小。菜肴装盘时不能让菜肴超出盘子的边缘，或将汁水滴在盘子的外缘上，沙拉应事先按分量分到每个餐盘中，注意不能破坏盘子内沙拉的装饰物，而且要让每一位宾客都能看到这种装饰。

5. 菜肴的服务

（1）主菜。某些主菜要在蒸汽工作台上服务，服务前要得到所有必要的信息。例如，是否要求用肉汁作为调料，要嫩的还是熟透的，宾客喜欢用哪种蔬菜为配菜，等等。

（2）烤肉。西式冷餐会供应大块烤肉，烤肉通常有大块牛肉、牛大腿及臀部的整块烤肉。负责切肉的厨师或服务员应擅于使用切肉刀，刀口保持锋利，烤肉由服务员在菜台上事先切分好，当宾客通过大菜台时，递给宾客。冷餐会的烤肉，需切得很薄，便于宾客留有胃口去选择其他肉类菜肴，或再次来选取烤肉，切火腿及火鸡也是如此。切烤肉的菜板要保持干净、卫生，有多块切肉板的，要摆放整齐，成一直线，周围还要摆放一些装饰用的植物或青菜，以增加美感。肉汁要用银锅加热，并由服务人员帮助宾客取出。宾客选择全熟的牛排时，可用汤匙舀热汁倒入生薄肉片锅，迅速扒熟。

（3）甜品。甜品要在服务前分盘，每人一份由宾客自己取。如果宾客需要特殊的酱汁或其他甜点，服务员应给予帮助，满足其需要。

6. 酒水的服务

酒水可由宾客自己服务或由服务员服务。宾客自己服务时，冰块和酒水都必须放置在便于看到和取用的位置；餐厅服务员服务时，要在进餐过程中，根据宾客需要不断添满。

7. 菜肴的添加

一个陈列菜盘里，只剩下1/3的菜肴时，就应补充或换上一盘满的，否则宾客会认为这是被别人挑剩的菜肴。添加菜肴时，不能把新鲜菜肴放在盛有剩余菜肴的盘子里，应换干净的盘子盛装。菜肴的添加有以下两种模式：

（1）责任到人模式。在这种模式下，每一个服务员固定地负责某些菜肴，某一菜肴少于标准量的1/3时，服务员就应去厨房端出备用菜肴，进行添加。

（2）分工协作模式。在这种模式下，厅面服务员不离开餐厅，他们把菜台上所需要添加的菜肴名称通过报话机或电脑网络，通知厨房内的走菜员或厨师，然后将需要补充的菜肴通过传递机或传菜员送出。这种模式对客人的照顾更为周到，添加菜肴的时间也更快捷，通常用于柜台式派菜服务和高档冷餐会。

（三）餐后服务

——结账。结账分两种情况：一种是散客，服务员将账单和额外点单送交收银台，宾客可以转账、现付或签单；另一种是包场，由领班、主管或餐厅经理负责结账，检查所有账目。

——营业时间结束或宾客全部离开餐厅后，关闭餐厅大门，以免还有散客误入。

——将余下的菜肴全部撤回厨房处理或分类贮存。

——清理餐桌、菜台，将用过的餐具、物品交洗涤间，清理菜台或柜台、杯架、托盘、餐具、容器，清洗贮藏室地面和贮存架，把咖啡炉、饮料容器倒空、洗净。

——清扫桌子周围的地面并把椅子放回原处。

——重新铺台。

——管理者写出冷餐会服务报告，备案。

【复习思考题】

1. 就服务程序上来说，中餐零点服务和中餐团体包餐服务有何不同？
2. 中餐团体包餐服务具有哪些特点？
3. 桌裙的铺设方法有哪几种？
4. 简述扒房的服务规范。
5. 西餐宴会和中餐宴会服务的不同之处主要体现在哪些地方？

【案例分析】

几位广州的餐饮企业同行在华东某大餐饮企业就餐，他们点了酸菜肚片汤。菜单上的计价单位是盅，他们想请服务员改为大碗汤，各人自己分勺。服务员回答："不行，按规定只能一盅一盅卖。"正巧，餐饮总监走过，一看是老熟人，马上答应可以改，通知厨房上大碗，这几位广州客人毫不客气，进一步问道："如果是不认识的客人来，是否也能上大碗汤？"

分析题：综合上述案例，请对以上事件作出评论。

第四章

菜单策划

导言

菜单策划是餐饮企业经营管理的重要环节，也是餐饮企业经营成功的核心要素。本章从菜单基本知识入手，系统介绍菜单的种类与内容，重点阐述菜单设计的依据、程序、要求，介绍了餐饮企业菜单策划创新的一些理念和方法。

【学习目标】

1. 了解菜单的种类，熟悉菜单的内容和表现形式。

2. 掌握菜单设计与制作的要求、程序，熟练地运用菜单策划、设计制作依据，为餐饮企业科学、合理运行奠定基础。

【导入案例】

2015 年中国—南亚博览会在昆明成功召开，来自 32 个国家和 2 个地区及南亚区域合作联盟的贵宾齐聚昆明洲际酒店。作为热情好客的东道主，组织一场别开生面的欢迎晚宴，无疑会给中外来宾留下深刻而难忘的印象，因此，欢迎宴会菜单的设计是否合理直接影响宴会活动的成功。由于饮食禁忌较多，许多食材在晚宴上都不能使用，这大大增加了菜单设计的难度。为使每一道菜品都能彰显中国人的热情、展示云南民俗特色、符合宾客饮食习惯，几位滇菜大师会集昆明洲际酒店，从选食材、试菜肴、定菜点、写介绍、做设计，每一个环节都浓缩着大师们的心血，最终欢迎宴会圆满成功，菜单得到了贵宾们的高度评价。几位大师是如何把看似简单的几道晚宴菜品进行组合设计，使每一道菜品都富有独特的韵味，体现华夏美食的精粹，值得餐饮企业经营管理人员深入思考。

第一节　菜单概述

一、菜单的含义

菜单一般指餐饮企业经营过程中开列各种菜点名称的单子。菜单的含义可从广义、狭义两个方面理解。广义的菜单是指餐饮企业向市场提供的有关餐饮产品的主题风格、种类项目、烹调技术、品质特点、服务方式、价格水平等经营行为和状况的总的纲领。狭义的菜单是指餐饮企业向顾客介绍其经营商品的目录清单，是餐厅菜肴、食品名称和价格的一览表。

二、菜单在餐饮管理中的作用

（一）菜单是餐饮企业经营管理活动的总纲

1. 菜单是餐饮企业装修设计、购置餐饮设施设备的指南

餐饮企业的销售环境是通过装修设计形成的，装修设计的主题立意、风格及家具陈设、色彩运用、规划布局等，都应根据菜单内容的特点来精心设计，以达到环境体现餐厅风格、氛围烘托餐饮特色的效果。例如，经营民族菜的餐厅与经营西餐扒房的餐厅，在室内装修和设计上是截然不同的。

餐饮企业选择和购置餐饮设备、用具的种类、规格、质量、数量，取决于菜单的菜式品种、水平和特色。餐饮企业在运行过程中，每种菜式都应有相应的加工烹制设备和服务餐具。菜式品种越丰富，所需设备的种类就越多；菜式水平越高越珍奇，所需的设备、餐具也就越特殊。

2. 菜单决定餐饮企业员工的技术要求和人员配置

菜单内容标志着餐饮企业的规格、水准和特色，餐饮企业员工的技术要求和人员配置必须与企业的规格、水准和特色相适应。一家高规格、特色鲜明的餐饮企业，对管理人员、厨师、服务人员的整体素质要求也较高，同时由于分工较细，人员配置数量也相对较多。

3. 菜单决定食品原料采购和储存的要求

菜单类型在一定程度上决定着采购和储存活动的规模、方法和要求。例如，使用固定菜单的餐饮企业，由于菜式品种在一定时期内保持不变，因此所需食品原料的品种、规格等也相应固定不变，这就使得餐饮企业在原料采购方法、采购规格标准、货源、原料储存方法与要求、仓库条件等方面能保持相对稳定；如果餐饮企业使用循环菜单，那么食品原料的采购和储藏也会变得烦琐复杂。

4. 菜单影响餐饮成本的高低

菜单中昂贵的菜式过多，食品原料成本必然较高，而工艺型的菜式过多，又会增加厨房的劳动力成本。因此，菜单设计是否科学合理，各种不同成本的菜式的数量之间的比例是否恰当，直接影响企业的整体赢利能力。

（二）菜单反映了餐饮企业的经营方针

餐饮企业的经营项目、品种、价格、特色等都会在菜单中得到集中的反映，合理的菜单，是经营管理人员经过认真分析企业目标市场客源需求之后设计出来的。

（三）菜单是餐饮企业和顾客之间的沟通桥梁

餐饮企业通过菜单向消费者展示企业的经营项目、品种和特色，消费者根据菜单选购他们所需要的食品和饮料。餐饮企业可以根据客人点菜的情况，了解客人的口味、偏好以及对餐厅菜点的欢迎程度等，从而不断地改进菜肴品种和服务质量。

（四）菜单既是艺术品又是宣传品

一份设计完美的菜单对营造良好的用餐气氛是至关重要的，它既能反映餐饮企业的格调，使客人对所列出的美味佳肴留下深刻印象，又可作为一种艺术欣赏品。例如，一些设计风格突出的宴会菜单，客人用餐结束后甚至可留作纪念，带给客人美好的回忆，具有重要的宣传作用。

三、菜单的种类

（一）按菜单内容变换程度划分

1. 固定菜单

固定菜单是指菜点品种不常变换的菜单，常用于顾客流动性大的餐饮企业。菜单上的品种相对较少，容易使餐饮生产和管理标准化，有利于成本控制、采购标准化、加工烹调标准化、产品质量标准化；固定菜单的缺点也比较明显，客人易对菜单产生视觉疲劳，导致客源流失。

2. 循环菜单

循环菜单是指按一定周期循环使用的菜单。由于菜单内容变换较快，顾客不会感到菜式单调。循环菜单的菜肴品种限制于几套组合之内，易于进行采购、生产和销售的标准化管理。循环菜单供应的菜式品种较丰富，厨房必须拥有较大的厨师队伍，增加了企业的用工成本。

3. 即时性菜单

即时性菜单是指根据某一时期内原料的供应、上市情况而即时设计的菜单。依据是菜品原料可得性、合适原料的质量和价格以及厨师的烹调能力。即时性菜单灵活性强，能迅速适应顾客的需求、口味和饮食习惯的变化，可充分发挥厨师的烹调能力和创造力，创造出较多的新式菜。

（二）按企业销售方式划分

1. 零点菜单

零点菜单是指餐饮企业针对流动性较大的散客而设计的菜单，菜单上每一道菜都标明价格且档次比较明显，能适应不同层次宾客的需求。零点菜单是餐饮企业最基本、使用最广泛的菜单形式。这种菜单列出的菜肴品种多，顾客可根据自己的需要自由选择，能够满足顾客的差异化需求。

就表现形式而言，零点菜单既可以是中式菜单，也可以是西式菜单；既可以是早餐菜单，也可以是午餐或晚餐菜单，还可以是客房送餐菜单。总之，无论是什么类型的菜单，不论其档次或价格高低，只要是每一道菜品或饮料单独标价，那么这种菜单就属于零点菜单。

2. 套菜菜单

套菜菜单是指餐饮企业组合整套餐饮产品以一个固定的价格销售给客人的菜单。餐饮企业可根据不同类型的顾客和经营上的不同需要进行餐饮产品组合，编制多种类型的套菜菜单。

（1）普通套餐菜单。普通套餐菜单是指将一个人或几个人一次就餐需要的主食、菜点或饮料组合在一起，以一个包价销售。这种菜单通常比零点菜单价格便宜。推出普通套菜的目的是吸引更多的客人，特别是回头客。有些普通套餐菜单已推销得十分成功，成为国际性的标准菜单。

（2）团队包餐菜单。团队包餐菜单是指针对旅行团队、各类会议团队、社会团体等客源而设计的菜单。团体包餐菜单通常要求服务迅捷，因而不宜选用做工精细的菜品，其价格也比较经济。由于旅游团队和会议客人常会在饭店中住宿几天，所以团体包餐菜单必须及时变换，确保客人在餐厅就餐期间，每日每餐都有不同的菜品。同时，由于各种团队、会议的规格档次不同，消费能力存在差异，企业可以根据不同的费用标准准备几套菜单。

【同步案例】

团费上涨了，旅游团队餐的标准涨了吗？

《旅游法》实施后，团费涨了很多，但很多旅行社的用餐标准还是原来的一套，一点都没有提高。有不少旅行社负责人称，合作餐厅其实早就提议提高用餐标准，但他们一直表示反对，因为涨价对旅行社招徕客源十分不利。一位旅行社负责人算了一笔账：以餐标15元为例，一个6日游，至少有10个正餐，算下来是150元；如果按照国家的每人每餐30元标准来计算，就高达300元，价格就高出了一倍。羊毛肯定出在羊身上，高出的部分肯定要加在团队费里，旅行社的报价也会上涨。但游客报团时最关心的就是价格，其次才是景点，哪家旅行社价格便宜就选哪家。如果一家旅行社涨价，其他旅行社不涨价，就势必失去了竞争力，造成客源流失。不过，一个明显的变化是，《旅游法》实施后，游客的消费观念得到了一定的纠正，不再一味追求低价，一些品质游产品的餐标确实提高了一些。

问题：餐饮企业如何设计旅游团队包餐菜单？

(3) 宴会菜单。宴会菜单是指为某种社交聚会设计，具有一定规格质量，由一整套菜品组成的菜单。常见的宴会有公务宴请、招待会、便宴、婚宴、寿宴等形式。宴会菜单要求是：根据宴会不同的用餐标准设几套菜单，每个档次准备几种菜单供选择，要根据具体情况进行调整，注意宴会参加者的宗教信仰、习俗和禁忌；宴会菜单要选用外形美观、做工精细的菜品，色、香、味、形要搭配协调，原料选择、烹调方法和口味要避免雷同、杂乱，要分主辅、突出重点、有层次、成系列；注意选用当地和本店的特色菜和拿手菜；宴会菜品要多配用装饰菜、食雕工艺，要注意配用合适的盛器和餐具；宴会的菜名要尽量雅致，增加气氛。

【同步思考】

《关于厉行节约反对食品浪费的意见》第三条：推行科学文明的餐饮消费模式。鼓励餐饮企业积极发展大众餐饮，提供标准化菜品，方便消费者自主调味，推行商务餐分餐制，发展可选择套餐，多提供小份菜。倡导一料多菜、一菜多味，物尽其用，避免浪费食材。餐饮企业要积极引导消费者节约用餐，在显著位置张贴或摆放节约食物、杜绝浪费的宣传画或提示牌，菜单上应准确标注菜量，按营养均衡的要求配置不同规格盛具，餐前引导适量点餐，餐后主动帮助打包，不得设置最低消费额，对节约用餐的消费者给予表扬和奖励。鼓励家庭按实际需要采购食品，倡导婚丧嫁娶等红白喜事从简用餐。商务部门要制定餐饮业服务规范，加快建立健全餐饮业标准体系，会同财政等部门研究建立餐饮企业反对食品浪费工作奖惩制度。卫生计生部门要指导餐饮企业提供符合膳食平衡要求的食品。工商部门要指导各级消费者协会加强消费教育，引导消费者形成文明节俭消费理念。食品药品监管部门要结合餐饮服务食品安全量化分级管理工作，推动餐饮企业加大反对食品浪费工作力度。旅游部门要强化旅游星级饭店质量等级评定标准中反对食品浪费的要求，并加强对标准实施的监督检查。各有关行业协会要制定行规行约，引导餐饮企业转变经营理念，厉行节约，反对浪费。

请思考：《关于厉行节约反对食品浪费的意见》出台后，餐饮企业如何进行宴会菜单改革？

（三）根据就餐的形式和内容划分

根据就餐形式和内容不同，菜单可以分为下列种类：早餐菜单，要求简单明了；正餐菜单（午餐、晚餐菜单），要求品种齐全、丰富多彩、富有特色；冷餐会菜单和自助餐菜单，讲究食物丰盛、食物造型和渲染气氛；客房送餐菜单，品种可丰富可简单；风味菜单，应具有异国异地餐饮的风格特色；特种菜单，讲究把握受众人群的特点。

第二节　菜单策划与设计

一、菜单策划与设计的原则

（一）顾客需求导向原则

菜单的策划与设计，首先要分析餐饮企业目标客源市场，了解清楚目标市场客人的需求特点，针对客人的口味、偏好、消费能力、服务要求等因素设计菜单。不同的就餐环境，客人的需求往往会发生变化，餐饮企业经营管理人员要随时关注顾客的需求变化，及时调整或创新菜单内容，满足顾客需求。

（二）彰显餐饮特色原则

21 世纪是一个追求个性的时代，单一的消费模式已经远不能满足人们的口味，追求个性消费已经成为一种时尚潮流。因此，迎合人们的消费需求，策划设计一份特色化和差异化的菜单，已成为餐饮企业在市场中脱颖而出的制胜法宝。

特色化经营具有独特和不易模仿的特点。特色的形成、培育与提升不是一蹴而就的，它是一个逐渐累积的进程，因此，餐饮企业要对自己的菜单进行分析调整，保留特色产品，提炼特色要素，增强竞争力。

（三）传承与创新原则

餐饮企业在策划与设计菜单时，要处理好其经营领域饮食文化的传承与创新关系。深入发掘传统菜点作为菜单的内容，往往是振兴企业的重要途径，而创新是餐饮企业品牌不断发展的生命线。经营者应在继承传统菜点优点的基础上，加大创新的力度，多层次、多渠道研制新派美食，增强菜单的生命力，提高企业的吸引力和市场空间。

（四）艺术美观原则

菜单是餐饮企业无言的推销员，是企业最直接的宣传品。因此，设计菜单时，其艺术美观效果显得极为重要。菜单的形式、色彩、字体、格调、版面安排及封面设计都要从艺术的角度去考虑，而且还要方便客人翻阅，对客人形成吸引力，使菜单成为美化餐厅环境和渲染就餐气氛的有力道具。

二、菜单策划与设计的依据

（一）目标市场顾客的需求

餐饮企业想要在激烈的市场竞争中获得发展，需要深入研究目标市场顾客心理，与顾客建立并保持良好的关系。以下是餐饮顾客的四大消费需求：

1. 顾客的功能需求

顾客的功能需求是最起码的要求，需要充分利用企业资源设计科学合理的菜单以满足顾客的要求。餐厅有多少间景致典雅的包间，分别以何种主题布置，房内设施依据什么设计，能否做到充分融合美观与舒适，让宾客得到最大的功能享受，这些都是餐厅在设计过程需要重点考虑的问题。

2. 顾客的价格需求

每一个顾客都在努力寻求物有所值，我们要让顾客感觉到物超所值。餐厅需要研究顾客愿意付出的成本，并以此为依据，推出符合消费需求的产品，利用顾客愿意付出的最大成本来尽量增加餐厅的收入。另外，发展一个新顾客比保留一个老顾客难度更大。从顾客的角度讲，他们更愿意选择自己熟悉的，认为各方面都比较满意的餐厅去消费，因为这样能够避免他们重新选择时所面临的风险及精神压力。因此，餐饮企业要特别注重培养更多的忠诚顾客。

3. 顾客的方式需求

餐厅管理以质量需求为核心。服务也是产品，全体员工应树立全面质量管理的思想，要了解顾客的需求，提供有针对性的服务，以便赢得顾客的好感，使之成为餐厅的忠实顾客。例如，点菜的时候服务人员可以主动提醒顾客不要点不利于健康的菜肴，并积极推荐对他们身体有益的菜肴。这样，顾客就会觉得餐厅十分关心他们，就会成为餐饮企业的常客。

4. 顾客的外延需求

顾客外延需求的核心是心理需求、附加利益和服务，如心理上的满足、文化上的满足、售后服务的满足等。随着感性消费时代的到来，顾客的心理需求越来越强烈，在享受服务的进程中更希望获得心理上的尊重。这就需要餐饮企业推出个性化服务、针对性服务、感性化服务、超前服务等。研究顾客的需求应贯穿于餐饮经营活动的始终，只有了解消费者的需要，餐饮企业才能提供让顾客满意的服务。

（二）餐饮企业的生产条件

1. 餐饮产品制作人员的能力

厨师的烹饪技术水平是设计菜单时首先要考虑的问题。否则，设计了某道菜却无人会做，那么菜单也就失去了意义。餐饮产品制作人员主要是指厨房的各类厨师、厨房的点心制作师，以及餐厅、酒吧的调酒师。分析的项目可分为：餐饮产品制作人的年龄状况结构（个体的和整体的）、餐系（中餐、西餐）和菜系结构、从事本专业的工作经历状况（个体的和整体的）、受教育及文化层次结构（个体的和整体的）、各自的技术等级状况及整体的技术等级状况、整体性别比例结构等。以对性别比例结构的分析为例，厨房工作人员虽然以男性居多，但并非所有的工作都适合男性，像饼房中的点心制作等，女性就略强于男性。

2. 餐饮企业设施设备状况

餐饮企业所需设备和设施成本较高，所以应在经营中充分使用。在设计菜单时，一定要考虑设施设备能否保质保量地生产出菜单所规定的菜点，换句话说，要根据生产的能力筹划菜单。

第一，设计菜单时，一定要考虑设备的能量。例如，若米饭的需要量超过了蒸饭箱的供应量，则需要考虑用其他食品代替。

第二，设计的菜单应注意避免过多地使用某一种设备。例如，某一餐厅的晚餐菜单上有几款菜点都要用烤箱制作，而其他的设备用不上，这样厨房工作人员会感到设备短缺，菜单设计人员应及时对菜点进行调整，尽量使所有的设备都得到均衡的使用。

第三，生产设备和服务设施缺少或者不足会使菜点品种的生产受到限制。例如，初加工部门场地小，人多了无法工作，少了又完不成任务；菜单上的某种菜点需要某种服务设备，而又买不到这种设备，因而无法按规定品质提供等。所有这些都是菜单设计时应注意的问题，不能忽视。

第四，对餐饮设备的技术先进水平及适用性的分析。随着社会经济水平的提高，工业化的操作过程和手段逐渐进入厨房，引发了一场厨房革命，当今餐饮企业厨房对先进设备的依赖程度越来越大。这在西餐厨房中显得尤为明显，厨房中原来由手工完成的工作，越来越多地被机器设备所替代。

（三）餐饮企业的主题

菜单的设计应能体现出餐饮企业特定的主题和风格。餐饮企业的总体风格情调所表现出来的饮食文化实质上就是餐饮企业的主题。

显然，餐饮企业的主题为餐饮产品的开发设定、菜单设计、服务方式运用和就餐气氛营造提供了客观依据。餐饮企业的运作应围绕其主题这个中心开展，具体而言有以下注意事项：

第一，菜单的核心内容，即菜式品种的特色、品质必须反映餐饮企业主题的饮食内涵和特征。

第二，餐饮企业主题的确定，必须针对所期望的目标客源市场；菜单的价格定位，必须与目标客源市场的消费层次相适应。

第三，菜单设计的技术性和艺术性，如色调运用、形象设计、装帧制作和印刷质量应与餐饮企业的文化性相吻合，使菜单成为企业主题形象的一个鲜明的标志。

第四，美食节等餐饮促销推广活动的菜单设计，必须体现美食节主题的独特性。

（四）市场竞争

菜单设计时要对直接竞争对手进行调查，避免向目标市场顾客提供类似产品。对直接竞争对手的调查主要包括以下内容：营业时间和状况，菜单的菜系和经营范围及价格水平范围，餐厅面积、餐座数、座位周转率，餐厅环境，服务状况，等等。

此外，还要注意这些竞争者的经营状况和赢利动态。注意它们的客源和变化情况、菜单变化以及价格变化状况，分析这些竞争者经营成功和不成功的原因，以及生意最忙和最清淡的日期、季节和时段。这些情况对企业目标的选定和调整、菜单经营范围、主要菜点和价格范围的决策有重要的作用。

（五）原材料的供应

凡列入菜单的菜式品种，厨房必须无条件地保证供应，这是一条相当重要但极易被忽视的餐饮原则。某些餐饮企业菜单上的菜点虽丰富多彩，但客人点菜时却常常得到这也没有那也没有的回答，结果导致客人的失望和不满。究其原因，通常是原料断档所致。因此，在设计菜单时必须充分掌握各种原料的供应情况。菜单设计者必须了解当地市场有什么食品原料以及这些食品原料的大致价格范围，并掌握采购这些原料的最佳时机，即价格合理、质量符合采购规格的时机。

在掌握食品原料市场供应情况的同时，菜单设计者还应重视饭店现有的库存原料，特别是那些易损、易坏的原料。如对鲜果、蔬菜、乳制品以及各种可使用的备用食品，做到心中有数，确定哪些原料应立即予以使用，以及根据具体情况考虑是否增设当日特选菜点进行推销，或做其他适当的处理。

三、菜品的选择与组合

（一）菜品选择与组合的原则

在菜单设计策划与设计过程中，如何选择、组合、调整菜品，关系到餐饮企业经营成功与否。这就需要菜单设计者对餐饮产品进行分析，并对市场与社会环境进行分析，以确定科学合理的菜品组合，并不断改进，突出特色。

经营品种的选择、组合通过菜单反映出来，没有统一的模式，但有一些共同的原则必须遵循：

1. 菜品项目要适合目标顾客的需求

菜品组合要能体现餐馆的经营宗旨，而经营宗旨则要迎合某一目标顾客群的需求，所以组合后的菜品项目要满足目标顾客群的需求。

2. 菜品项目与总体就餐过程相协调

选择组合菜品时，应消除菜品越精细越好的错误观念，所组合的品种要与餐厅的风格档次相适应。一家装修豪华的高档餐馆，不能全部用普通菜品进行组合；反之，一家简朴的大排档，也不能尽出一些高价精美菜品。

3. **品种不宜过多**

一家优质的餐饮企业，在菜品组合时所选用的品种数量应能保证供应，不应缺货，否则会引起顾客不满。但同时品种数量也不宜过多，过多的品种意味着企业需要增加成本，如库存、生产设备、人力技术、顾客决策困难等。

4. **选择毛利较大的品种**

菜品设置的最终目的是扩大销售，获得预期的利润，所以必须考虑每一菜点的成本、销售情况、获利能力。一般情况下，选择的菜品其销售及获利能力不外乎有 4 种情况：

（1）既畅销利润又高。此类菜品一般是招牌菜、拿手菜、特色菜。

（2）虽畅销但利润低。此类菜品一般是大众菜点，是许多中小餐饮企业菜品组合的基础。但要注意成本与利润之间的对比情况，确保有利润可图，否则就失去选择的意义。

（3）不畅销但利润高。此类菜品一般是一些名菜、传统菜，代表餐馆的档次，虽然销量较小，但利润可观。

（4）既不畅销利润又低。此类菜品一般不列入经营品种行列，除非有特殊的理由。

5. **品种搭配要力求平衡**

为满足顾客的多样化需求，品种组合的面不应太窄，因此要注意下列几种平衡因素：

（1）每类菜品价格平衡。组合后的品种要有高、中、低档之搭配。

（2）原料搭配平衡。处理荤素、面食点心、水果、饮料等的搭配。

（3）烹调方法平衡。组合后的品种中应有不同烹调方法制作的菜品。

（4）营养平衡。选择菜品时要注意合理搭配各种营养成分的菜。

6. **品种要有独特性**

所谓独特是指本企业特有而其他餐馆没有或者其他同类菜品比不上的某一类、某一个品种、某一种烹调方法、某一种服务方式等。独特的菜品能突出企业形象，使企业具有与众不同之处而创出名气，这需要经营者具有创造性和想象力。

（二）菜品选择与组合的途径

随着餐饮行业的不断繁荣，丰富多彩的餐饮产品为企业经营者选择品种组合及项目提供了多种选择。

餐饮企业经营什么品种，决定了其经营风格和路线。到底是经营某一菜系或地方风味，还是面面俱到，这需要经营者深思熟虑后决定。就目前餐饮行业来看，餐饮企业常规经营品种的选择主要有下列几个途径：

1. 只选择某一地方风味流派的菜品，突出企业鲜明的地区文化特色

由于餐饮市场竞争越来越激烈，在当今餐饮市场中选择某一地方风味集中经营的餐馆越来越多，这已成为当今餐饮业的一种发展趋势。中餐有八大菜系及各省各地区各民族风味，种类繁多；西餐有意、英、法、俄等风味流派，还有日本料理、韩国烧烤、阿拉伯风味等，确定哪一类别，则应视市场需求而定。

2. 以一种风味流派菜品为主，兼顾另一种受欢迎的风味菜品

如川鲁餐馆，以经营四川菜为主，兼营鲁菜中某些受当地顾客欢迎的菜点。

3. 选择多种风味流派

这种餐厅可以适合顾客不同口味的需求，客人喜欢什么菜就做什么菜，许多大排档就属于这种类别。

4. 选择时尚品种

随着人民生活水平的提高，消费结构、消费观念也发生了巨大变化，饮食时尚已成为城市居民日常生活的一部分。可供餐馆选择的时尚品种主要有以下几类：

（1）绿色有机菜品。厌倦了都市喧嚣和空气污浊的生活环境，面对食品安全的重重威胁，现代都市人都在追求大自然的纯真和宁静。返璞归真、回归自然的心理反映在餐饮方面，即表现为对绿色有机菜品极大的兴趣。

（2）保健菜品。中华民族向来相信药食同源的道理，众多带有药膳、美容保健性质的餐厅颇受人们青睐，选择经营保健菜品不失为一种明智之举。

（3）意境菜品。意境菜是指以菜品为媒介，运用中国绘画的写意技法和中国盆景的拼装技法反映中国古典文学的意境之美，呈现情景交融、虚实相生、韵味无穷的诗意空间。它是美食艺术与欣赏者精神世界高度融合、完美统一的产物。

【同步案例】

大董中国意境菜

大董餐饮投资有限公司以菜品为媒介，精于把中国绘画的写意、中国盆景的拼装技法融入中国菜式中，用以提升传统、创新中国菜式的意境。一菜一诗句是大董意境菜的独特体现。如董氏烧海参，将厚重浓香的葱香酱汁渗入海参中，醇香软糯，其味深入，而它体现的则是“横眉群山千秋雪，笑吟长空万里风”的画面，意境悠远；“千山鸟飞绝，万径人踪灭，孤舟蓑笠翁，独钓寒江雪”中描绘的江南景象，在江南糖醋小排中得到恰如其分的展现，石盘为底，糖醋小排为景，上空雪花弥漫，一幅美丽画卷跃然盘上。每道菜旨在描绘的是诗中所呈现的景象，表达字里行间流露出的意境与情怀。

问题：大董中国意境菜经营成功的秘诀是什么？

（三）打造招牌菜品

1. 招牌菜是餐馆引导顾客消费的风向标

推出一个品牌的过程，也就是让消费者对品牌的识别和认同的过程。当品牌成为消费者心中的产品标志后，消费者便建立了对品牌的忠诚，就会常常根据品牌进行消费选择。餐厅通过建立相对稳定的顾客群，并通过口碑效应扩大品牌的影响，从而达到促销的目的。

推出某一品牌后，这一品牌就是菜品和企业的象征。企业为了维护品牌和企业信誉，就要尽力保证菜品的风味特色和质量，不能偷工减料，降低质量，砸了自己的牌子。品牌具有排他性，经注册登记后，就受到法律的保护，从而保护了企业的利益。

由于消费者常常根据品牌选择菜品，这就会使企业更加关心品牌的声誉，加强质量管理，强化创新意识。这些都有助于餐饮企业树立良好形象，丰富菜品的文化内涵，并形成品牌经营的良性循环。

2. 招牌菜是餐馆增强自身竞争力的法宝

品牌的竞争力体现在它的价值上，品牌的知名度越高，品牌的追求者就越多，其价值就越大。品牌的价值增强了企业的竞争力，也为竞争对手设置了进入同一市场的障碍。

随着市场经济的发展，餐饮企业应注重通过自己的产品品牌，争取较高的市场占有率，增强市场竞争能力，有效地占领市场。同时，餐饮企业应推出适应市场需求的高质量的品牌产品，在高质量产品的基础上，形成合理的经营规模。

第三节　菜单设计与制作

一、菜单设计者的素质要求

菜单设计工作一般由餐饮经理和行政主厨承担，也可设置一名专职菜单设计者，但都要求菜单设计者应具有权威性和责任感。对设计者的素质要求有：

第一，广泛的食品知识，了解食物的制作方法、营养价值等。

第二，有一定的艺术修养，对食物色彩的调配，以及外观、风味、稠度、温度的适当配合有感性和理性的知识。

第三，掌握可利用的相关资料，并善于了解顾客、了解厨房。

第四，有创新意识和构思技巧，不断革新，创制新的菜名。

第五，要站在客人的角度设计菜单。设计者不能凭自己的好恶设计菜单，而要通过揣摩和分析客人的心理，依据客人的好恶设计菜单。

二、菜单的内容

通常，人们认为菜单的内容只有两项：一为菜品名称，二为菜品价格。一份设计完美的菜单，除了这两项内容之外，还应该包括菜品的介绍、告示性信息、机构性信息以及特色菜品信息。

（一）菜品的名称和价格

菜品的名称直接影响就餐者对菜品品种的挑选。对于未曾品尝过的菜品，客人往往会凭菜品名称去挑选。客人对餐厅是否满意，在很大程度上取决于阅读了菜单之后对菜品产生的期望值，更重要的是餐厅所提供的菜品能否满足客人的期望。

菜品的收费依据是菜单上准确无误的菜品价格。有些餐饮店加收服务费、开瓶费等，必须在菜单上加以注明，若有价格变动要立即作出相应的处理。

（二）菜品的介绍

菜单应对某些产品进行介绍。这些介绍可以帮助客人挑选菜品，并缩短选菜时间。菜单上应列出的介绍内容主要有以下几个方面：

1. 菜品的主辅料

菜单上的菜品应有主辅料的说明，特别是一些特殊原材料制作的菜品，可简要介绍原料的特色。

2. 菜品的烹调和服务方法

某些具有独特烹调和服务方法的菜品应予以说明，普通加工的菜品则无须特别注明烹调和服务方法，某些加工时间较长的特殊菜品，应在菜单上注明烹调等候时间，以免销售者与消费者之间因菜品等候时间产生矛盾和误会。

3. 菜品的规格或分量

列入菜单的菜品，必须标明菜品销售的规格或分量，如大盘、中盘、小盘、大碗、中碗、小碗、盅、斤等。

4. 菜品的特点和文化介绍

菜单上的菜品应有特点介绍，有典故、历史、传说等饮食文化方面的菜品，可在菜单上加以介绍。

5. 标注重点菜品

菜单上的招牌菜、特色菜、促销菜等，应标注清晰，便于客人点菜时选择菜品。

（三）告示性信息

除菜品名称、价格等这些菜单必不可少的核心内容之外，菜单还应提供一些简洁明了的告示性信息。

1. **餐厅的名字**

餐厅的名字通常被安排在封面。

2. **餐厅的特色风味**

如餐厅具有某些特色风味而餐厅名字本身又反映不出来，最好在菜单封面、餐厅的全名下列出其风味。

3. **餐厅的地址、电话和商标记号**

这些信息一般列在菜单的封底下方，有的菜单还列出餐厅在城市中的地理位置。

4. **餐厅的营业时间**

餐厅的营业时间一般列在菜单的封面或封底。

5. **餐厅加收的费用**

如果餐厅加收服务费，通常在菜单每一张内页的底部标明，如果餐厅只收外汇也必须注明。例如，在菜单上注明这样一句话“所有价目均加10%服务费，请用外汇券结账”。

（四）机构性信息

有些菜单上还介绍餐厅的机构、历史背景和餐厅特点。许多餐厅需要推销自己的特色产品，而菜单是无声推销的最佳途径。例如，肯德基家乡鸡刚刚进入中国市场时，各分店就利用菜单介绍了这个国际集团的规模、历史背景、企业的发展过程及这种炸鸡的烹调方法等。

（五）特色菜推销

一家成功的餐厅很少将菜单上的所有菜品同样处理。无论哪一类凉菜、汤类、热炒、主食，如果每个菜品与其他菜品作同样处理就不能突出重点。一份好的菜单应有一些菜得到特殊处理，以引起顾客的特别注意。

在菜单上对重点推销的菜作特殊处理的方法有多种，其中使用得比较多的有：用粗号、大号字体或特殊字体列出菜名；增加对特殊菜品介绍的内容，对特殊菜进行较为详细的介绍；采用框、线或其他图形使特色菜比其他菜更为引人注目；放在菜单醒目的位置；设置明亮的彩色照片。

三、菜单内容的编排

菜单上菜品的编排依据是客人就餐的规律，中餐有餐前、餐间和餐后顺序之分，西餐更是如此，这是菜单内容编排应该遵循的原则。

（一）中餐菜单内容编排

1. **零点散客菜单**

菜品排列顺序：特别推荐菜→凉菜→热菜→汤→主食→酒水饮料，特别推荐菜一般是招牌菜、名菜、看家菜等，热菜一般按原料分类排列：肉畜类、禽蛋类、水产类、时蔬类、菌类等，酒水饮料可排列在最后，或者单独设计酒水饮料单。

2. 宴会菜单

菜品排列顺序：开胃菜（凉菜）→头汤→主菜→其他大菜→点心→水果。

（二）西餐菜单内容编排

西餐菜单内容编排的顺序一般是：开胃品→汤→沙拉→主菜→三明治→甜点→饮品。

四、菜单设计与制作的程序

（一）准备设计菜单的参考资料

设计菜单的参考资料主要包括：各种旧菜单，包括企业正在使用的菜单或同类型其他企业的菜单信息；标准菜谱档案；当地原材料市场信息，企业库存信息等；每份菜成本或类似信息；各种烹饪技术书籍、菜单词典；企业过去菜品销售资料。

（二）推行标准菜谱

标准菜谱是指关于菜点烹饪制作方法及原理的说明卡，它列明某一菜品在生产过程中所需要的各种主料、辅料及调料的名称、数量、操作方法，每份的量和装盘工具及其他必要的信息。利用标准菜谱不仅有利于计划菜肴成本，同时有利于经营人员充分了解菜品的生产和服务要求，也有利于产品质量标准化的管理。

（三）初步设计构思

刚开始构思时，最好选用一张空白表格，把可能提供给顾客的菜品、饮料、酒水等先填入表格，再综合考虑各项因素后确定菜单的内容。

（四）菜单的装潢设计

在对菜单进行装潢设计时，可召集有关广告宣传、美工、有经验的厨师及相关管理人员，对菜单的封面设计、式样选择、图案文字说明等工作进行讨论。

但是无论在哪个步骤，设计者必须把顾客的需求放在第一位，优先考虑他们的消费动机和心理因素，然后以此为依据，做好各步骤工作。

五、菜单设计与制作的注意事项

（一）菜单的制作材料

优良的菜单制作材料不仅能很好地反映菜单的外观质量，同时能给顾客留下较好的第一印象。因此，在菜单选材时，既要考虑餐厅的类型与规格，也要顾及制作成本，根据菜单的使用方式合理选择制作材料。一般来说，长期重复使用的菜单，要选择经久耐磨又不易沾染油污的重磅涂膜纸张。分页菜单，往往由一个厚实耐磨的封面加上纸质稍逊的活页内芯组成。一次性使用的菜单，一般不考虑其耐磨、耐污性能，但并不意味着可以粗制滥造。许多高规格的宴会菜单，虽然只使用一次，但仍然要求选材精良，设计优美，以此来充分体现宴会服务规格和餐厅档次。

（二）菜单封面与封底

菜单的封面与封底是菜单的门面，其设计如何在整体上影响菜单的效果，在设计封面与封底时要注意以下四项要求：

菜单的封面代表着餐厅的形象。因此，菜单必须反映出餐厅的经营特色、餐厅的风格和餐厅的等级等特点。菜单封面的颜色应当与餐厅内部环境的颜色相协调，使餐厅内部环境的色调更加和谐，当顾客在餐厅点菜时，菜单可以作为餐厅的点缀品。

餐厅的名称一定要设计在菜单的封面上，并且要有特色，笔画要简单，容易记忆，这一方面可以增加餐厅的知名度，另一方面又可以帮助餐厅树立形象。

菜单的封底应当印有餐厅的地址、电话号码、营业时间及其他的营业信息等。这样，可以使顾客对餐厅有一个全面的了解。

（三）菜单的文字

菜单作为餐厅与顾客沟通交流的桥梁，其信息主要是通过文字向顾客传递的，所以文字的设计相当重要。一般情况下，好的菜单文字介绍应该起到促销的作用，而不能只是列出菜肴的名称和价格。如果把菜单与杂志广告相比，其文字撰写的耗时费神程度并不亚于设计一份精彩的广告词。菜单文字部分的设计主要包括食品名称、描述性介绍、餐厅声誉的宣传（包括优质服务、烹调技术等）等三方面的内容。此外，菜单文字字体的选择也很重要，菜单上的菜名一般用楷体书写，以阿拉伯数字排列、编号和标明价格。字体的印刷要端正，使顾客在餐厅的光线下很容易看清楚。

除非特殊要求，菜单要避免用外文来表示菜品。即使用外文也要根据标准词典的拼写法统一规范，符合文法，防止差错。当然，菜单的标题和菜肴的说明可用不同型号的字体，以示区别。

（四）菜单的插图与色彩运用

为了增强菜单的艺术性和吸引力，往往会在封面和内页使用一些插图。使用图案时，其色彩必须与餐厅的整体环境相协调。菜单中常见的插图主要有菜点的图案、中国名胜古迹、餐厅外貌、本店名菜、重要人物在餐厅就餐的图片。除此之外，几何图案、抽象图案等也经常作为插图使用，但这些图案要与经营特色相对应。

此外，色彩的运用也很重要。赏心悦目的色彩能使菜单显得有吸引力，更好地介绍重点菜肴，同时能反映出一家餐厅的风格和情调。色彩能够对人的心理产生不同的反映，能体现出不同的暗示特征，因此选择色彩一定要注意餐厅的性质和顾客的类型。

（五）菜单的形式、规格和篇幅

菜单的规格应与餐饮内容、餐厅的类型与面积、餐桌的大小和座位空间等因素相协调，使顾客拿起来阅读时方便，因此菜单的开本和选择要慎重。经营人员确定了菜单的基本结构和内容，并将菜品清单列出后，可以通过选择几种尺寸较适合的开本，排列不同型号的铅字进行对比从而选择出最适合本餐厅的开本规格。在篇幅上应保持一定的空白，通常文字占总篇幅的面积不能超过50%。

（六）菜单的照片和图形

为了增加菜单的营销功能，许多餐厅都会把特色菜肴的实物照片印在菜单上，这样能为菜单增加色彩以及美观度，从而增强顾客订菜的欲望。但是在使用照片或图片时一定要注意照片或图片的拍摄和印刷质量，否则就达不到其预期效果。此外，许多菜单上的彩色照片还存在没有对号入座的问题，即没有将彩色照片、菜品名、价格及文字介绍列在一起。解决这一问题的最简单的办法就是用黑色线条将其框起来，或用小块彩色面使其凸显出来。

六、菜单设计与制作中常见的问题

虽然大部分餐厅的经营者或管理者都花费了很大心思和精力去设计菜单，但还是有很多餐厅的菜单会出现这样那样的问题，给餐厅经营造成很大的影响。其常见问题主要有：

（一）制作材料选择不当

有的餐厅为了节省成本，就采用各色簿册制品，如文件夹、讲义夹、集邮册和影集本来充当菜单，而不是专门设计菜单。这样的菜单不但不能起到点缀餐厅环境、烘托餐厅气氛的效果，反而与餐厅的风格不符。

（二）规格和装帧不当

很多小餐厅的菜单正文都是以16K普通纸张制作，这个尺寸无疑过小，造成菜单上菜肴名称等内容排列过于紧密，主次难分。绝大部分菜单纸张单薄，印刷质量差，无插图，无色彩，加上保管使用不善，显得极其简陋。

（三）字体选择不当

不少菜单是打字油印本，即使是铅印本，也大都使用1号铅字。试想坐在餐厅不甚明亮的灯光下，阅读3毫米大小的铅字菜单，会使顾客感觉很不轻松，况且油印本的字迹容易被擦得模糊不清。同时，大多数菜单字体单一，忽视了使用不同大小、不同字体等方法来突出、宣传重要菜肴。

（四）随意涂改菜单

随意涂改菜单是菜单使用中最常见的问题之一。涂改的方法主要有：用钢笔、圆珠笔直接涂改菜品、价格及其他信息，或用电脑打印纸、胶布遮贴。菜单上被涂改最多的部分是价格。所有这些，使菜单显得很不雅观，引起顾客的极大反感。

许多中小餐厅的菜单除了有上述常见问题外，有时还会出现文字介绍过于简单、菜单与菜品不符、人为省略或粗心遗漏某些信息等问题。这些对餐厅的经营会带来一定影响，餐厅的管理者或经营者也要注意对其修改完善，避免上述问题的出现，使菜单的设计和制作尽量做到尽善尽美。

【复习思考题】

1. 简述菜单的含义。
2. 简述菜单策划与设计的依据。
3. 简述菜品选择与组合的原则与途径。
4. 简述菜单设计与制作的程序。
5. 结合实际，谈一谈菜单设计者应具备哪些素质。

【案例分析】

预先准备好的菜单

2015 年 10 月的一天上午，A 城某五星级餐饮企业海湾餐厅的值班副经理在查阅当日的预订记录时，注意到当地会展及观光局的一位会展推广经理预订了两个人的午餐台位。她估计这是一次与其业务有关的工作午餐，于是便吩咐迎宾小姐为他们预留了紧靠窗户可以看到海湾的一张两人台。随后，她又及时与这位经理取得联系，问清了他的客人的姓名。等这位经理带着他的女客人按预定的时间来到餐厅，在餐饮企业预留的窗前座位坐下后，餐厅的迎宾小姐热情地呈上了他们预先准备好的菜单。当这位经理和他的客人打开菜单时，“××餐厅祝×××女士 A 城之行圆满成功”的字样几乎把他们惊呆了。这位女士当时十分高兴地对服务员说：“我太激动了，我真没有想到你们会专门为我准备了这份菜单。谢谢你们！”客人离开后的第二天，会展及观光局的这位经理高兴地来电话说，昨天来的那位女士是来 A 城为一个全国性的大型会展活动选址的会展策划人。目前，她已经决定把会址定在这里。这位经理说他首先要感谢餐饮企业餐厅提供的优质服务，尤其是那一份专为他们准备的菜单给他的客人留下了深刻的印象。

分析题：综合上述案例，分析以下问题：

1. 这家餐厅采取此举措是不是偶然的决定？
2. 作为餐厅经理在日常管理中应如何接待 VIP 客人？

第五章

餐饮原料管理

导言

餐饮原料管理是餐饮企业经营与管理中的重要内容，也是餐饮企业每天都要面对的重要工作。餐饮企业能否赢利和赢利能力的高低很大程度上取决于餐饮原料管理的水平，如何搞好餐饮原料管理工作，餐饮企业拥有者和职业经理人需要共同研究和探讨。

【学习目标】

1. 了解原料采购的意义，了解原料采购的方式，明确原料采购程序和原料采购控制。

2. 掌握验收方法与程序，了解验收控制。

3. 了解原料贮存管理，了解原料盘存管理，掌握原料发放与领用管理及原料调拨管理。

【导入案例】

麦当劳的成功，供应商功不可没

麦当劳从原料到粗加工到物流配送都是由供应商完成的。麦当劳和供应商的关系，也是世界上最奇怪的关系。虽然大部分事情都是由供应商完成，但麦当劳对供应商的影响和渗透却胜过企业自身，麦当劳有一套全球统一的产品品质规范和要求，供应商的每个生产环节和运输环节都要一丝不苟地按照麦当劳的要求完成，但这一切都没有一份协议书。

麦当劳和供应商的所有商务往来从来不签协议，只以双方握手作为标志。这在一般企业看来，简直是不可思议的事情，然而，在麦当劳，这却是沿袭多年的惯例。当谈到这些时，上海华联麦当劳公司总经理很自豪地说："我们相互之间依靠的是诚信，我们选择供应商第一位的要求是诚信，所以往往是多年的合作伙伴。"

第一节 原料采购管理

一、原料采购方式

（一）按购买时间划分

1. 即时购买

是指根据当前需要，按现行的质量、价格，即时选择购入餐饮企业所需的各种物资。这种方法适用于采购价格起落频繁、不易储藏的鲜活产品，如新鲜的肉禽蛋奶、水产品、蔬菜等。优点是原料质量有较好的保证。缺点是货源和价格不稳定，而且往往需要现金购买。

2. 预先购买

是指在预先确定经营需要后，提前批量购买，以贮存备用，确保供应。这种方法适用于低值易耗品、易于储存的原料等的批量采购。优点是可以保证销售价格和原料供应相对稳定。缺点是可能造成仓储压力和资金积压。

（二）按采购方法划分

1. 市场直接购买

是指对所需的原料根据实际用量按现行的品种、质量、价格，到市场上直接购买。这种方法类似于即时购买，适用于采购价格起落频繁、不易储藏的鲜活产品。

2. 固定协议供货

是指根据原料的不同，选择若干个不同的供货商，与之签订长期供货合同，来保证原料的供应。适用于消耗量大、消耗量较为稳定的物资采购，如米、面、蛋、酒、水、食用油等。优点是节省工时、效率高，价格可优惠，同时可事后定期付账，减少资金占用。缺点是价格紧随市场变化有难度，需要采购人员及时掌握市场行情。

3. 供应商报价购买

是指根据原料的类别不同，为每类原料事先选择几个不同的供应商。将需要采购的原料用量单交由多家供应商进行竞争报价，并获得相应的详细市场信息，然后货比三家，择优采购。这种方法适用于中长期采购，具有固定协议供货的优点，而且选择空间大，价格紧随市场变化，但供应商管理有难度，忠诚度不易控制。

【同步案例】

2013年商务部推出餐饮企业电子商务采购平台

为贯彻落实商务部《全国餐饮业发展规划纲要（2009～2013）》和《进一步做好餐饮企业有关工作的通知》，以及关于建立食品安全可追溯体系的指示，配合商务部关于在全国有条件的大中城市建立以肉品、蔬菜为重点的食品安全体系建设试点工作，商务部流通产业促进中心联合有关单位共同推出餐饮企业电子商务采购平台。目前该平台已在北京、重庆、成都、南京、宁波等全国各大城市为众多大型餐饮企业和优秀供应商提供电子商务采购服务，成为餐饮企业提升采购管理水平、增加食品安全溯源能力、实现绿色无纸化办公的战略合作伙伴，获得了用户的高度评价。

问题：现代餐饮企业如何利用电商平台提升企业采购业务水平？

4. 招标采购

是指将欲采购的原料名称、数量、质量、规格标准，以招标的方式向社会公布，或以邀请招标的形式寄送有关供货商，让供货单位进行投标。采购单位进行评标、确定中标单位。这种采购方式适用于大型餐饮企业或连锁经营的集团采购，或用以采购批量大、数量多、价格高的原料。优点是利于控制成本，但手续烦琐。

5. 产地采购

是指用货单位直接从产地购买原料的形式。适用于贵重、用量大的物品或质量标准要求高、产地单一的原料的采购。优点是价格合理，质量有保证。缺点是采购费用高。

二、原料采购程序

为了使采购人员明确自身工作内容，也为了对管理人员实行有效的控制，餐饮企业必须建立标准化的采购程序，明确规定各自的责任和各项工作的先后顺序。

（一）填写请购单

餐饮部所需要的食品应向贮藏仓库申领。申领应通过正式的申请手续并填写食品领料单，领料单上要注明货品名称、规格、单位、数量、价格等信息，仓库必须根据申领手续发放。

库存原材料能满足需要时，仓库根据领料单将食品原材料发放给使用部门。当仓库贮藏量不足时，餐饮部和仓库分别通过请购单向采购部门提出订货要求。请购单必须说明需要采购物品的品名、规格、数量及建议供货单位。请购单如表5－1所示。

表 5－1　请购单

日期： 部门： 要求交货日期：		请购人： 部门负责人签名： 采购部经理审批意见：	
注意：每份请购单只填写某一种商品或某一类商品			
项目	数量/件	订购单编号	建议供应单位

（二）订货

当采购部门接到订货申请后，应通过正式的订购单手续向供应单位订货，订货单一式四联：一联留底，一联送供应单位，一联送财务部，一联送验收部门。同时附上质量规格标准书。订购单如表 5－2 所示。

表 5－2　订购单

订购单编号： 致：（供货单位名称）（地址） 请送下列货物		订购日期：		付款条件： 订货单位：（企业名称）（地址） 交货日期：	
订购数量/件	项目	规格	运送单位数/件	单价/元	小计/元

授权签字：　　　　　　　　　　　　　　总计：

（三）采购

订货后，供应单位或个体经营者如提供送货上门，则由验收部门验收合格后转送入库；如供应单位不提供送货上门服务，则由采购部门承运回来，交验收部门验收入库。这一过程需填写进货单（见表 5－3），作为供货单位的结算凭证。在此基础上填写每日食品存、购一览表（见表 5－4），以便全面控制食品的采购和结存。

表 5－3　进货单

供货单位名称：

订货日期	项目	单位	单价/元	单位数/件	小计/元	发货票编号	备注

表5-4 每日食品存、购一览表

日期：

品名	单位	库存数量/件	在途数量/件	需购数量/件	订单号码	供应商名称	单价/元	送货时间	备注

（四）验收

当供货单位将原材料运到后，验收部根据订购单和原料规格质量标准验收入库。

（五）单据处理

验收部门将货物发票验签之后，连同订购单交采购部，采购部再交财务部门审核，然后向供应单位支付货款。

（六）支付货款

财务部审核后，根据货物发票向供货单位支付货款，整个采购活动结束。

三、原料采购控制

采购部在餐饮企业中的作用非常重要，它是餐饮企业获取原料和设备的通道，因此如何控制所采购物资的合理性、适当性，防止采购人员的舞弊行为，是成本控制的重要一环，也是餐饮企业提高经济效益所要重视的一个问题。

（一）采购控制

1. 采购前的控制

餐饮原料采购的目标是：品种对路，数量适中，质量优良，价格合理，供货及时。为达此目标，餐饮原料的采购必须抓好以下六个环节：

（1）选好采购员。采购本身是一项复杂的业务活动，采购员必须具备必要的经验和知识，采购活动也直接影响到企业的成本控制。一个合格的采购人员应该具备以下几项条件：

第一，熟悉物资供应的市场情况。采购员必须熟悉物资原料的销售渠道，熟悉企业所在地的各个批发商和零售商，了解原料的市场行情。

第二，掌握物资的相关知识和供货商的经营与生产情况。采购员要懂得如何选择各种原料的质量、规格和产地，怎样使用、存储以及哪些企业的产品在性价比上最适合自己的餐饮企业。

第三，掌握最佳采购时机。采购员必须清楚如何、何时、何地可以采购到高质低价的物资原料，以及可以享受到的各种优惠条件。

第四，具有职业道德和进取精神。采购人员必须具有高尚的道德标准，诚心对待供应商，同时以企业的利益为重，时刻维护企业的利益。

（2）明确供货单位的标准。餐饮原料供货单位的标准应根据餐饮业务的要求加以规定。一般而言，评价供货单位的标准主要有以下五条：一是供货单位的地理位置、交易条件、服务态度如何。二是对本企业的经营策略是否了解，并且是否愿意全力协助。三是供货单位的信誉如何，是否稳定，是否可长期合作。四是能否提供有关商品和消费的信息。五是能否提供本饭店餐饮经营所必需的商品种类、数量和质量。

（3）制定采购规格书。要保证菜点质量的稳定，食品原料的质量必须始终如一。对此，餐饮企业必须列出常用的需要采购的食品原料的目录，并采用采购规格书的形式，规定各种食品原料的质量要求。

餐饮采购规格书是对需采购的食品原料规定详尽的质量规格等要求的书面标准（见表5－5）。

表5－5　采购规格书

制定规格书时间：

1. 原料名称
2. 原料用途（明确说出原料的用途）
3. 原料的一般概述（提供有关所需物品的一般质量资料，如牛腰肉：带骨切块，25厘米宽，符合商业部牛肉一级标准，每块重5～6千克，油层1～1.5厘米，中度脂肪条纹，肉丝微深红，冷冻运输交货，无不良气味，无变质或溶冻迹象）
4. 详细说明（买方应列明其他有助于识别合格产品的因素） 产地　规格　比重　品种　份额大小　容器　类型 商标名称　净料率　式样　稠密度　等级　包装物
5. 原料检验程序（验收与生产时需进行检验，如收货时对冷藏保管的原料可用温度计测出、已加工成形的肉块可通过称重量抽查）
6. 特别要求（列出明确表明质量要求所需的其他信息，如标记和包装要求、交货和服务要求等）

（4）建立标准的采购程序。为了使采购人员清楚地知道怎样工作，也为了管理人员实行有效控制，餐饮企业必须建立标准化的采购程序，明确规定各自的职责和各项工作的先后顺序。

（5）实行定额采购。餐饮原料的采购，不仅要保证质量，而且还要做到数量适中。数量不足，会影响餐饮的业务活动；反之，则会造成积压和变质浪费。所以，必须对餐饮的原料采用限额控制。

餐饮原料采购数量的依据来源于仓库的订货和厨房的订货数量。厨房的订货，大都为鲜活原料，因其具有易变腐烂的特性，通常不宜作为库存原料。对此类原料，由厨房根据业务需要每天提出订货，其订货数量则来自第二天的接待任务和销售预测。仓库的订货一般为不易变质可以储存的原料，如大米、面粉、罐头、干货、调料等。其订货的数量可根据不同的存货定额即最高和最低的库存量来决定。

随着我国经济的发展和市场的繁荣，商品供应日趋丰富充足。餐饮企业的采购周期日趋缩短，而且库存量也呈下降之势。

(6) 建立监控系统。餐饮企业应完善采购规范，建立严格的奖惩制度，实施部门之间的相互制约和必要的员工监督机制。为了有效控制食品原料的进货价格，领导层及餐饮、财务部门的管理者应通过多种途径收集各种市场信息，掌握第一手材料，以便分析比较。

【知识链接】

谭鱼头——好品牌源于品质和细节

独特的口味，加上一系列保证食品安全的举措让谭鱼头名声大噪，生意异常火爆，很多客人为了品尝谭鱼头不得不等候一两个小时。创办之初谭鱼头就将健康、安全的饮食放在第一位，实现了原产地采购、标准化底料炒制。

谭鱼头是如何规模化、产业化加工火锅底料的？在一个原料车间里，1000 多个装着各类泡菜、酸菜的坛子整齐地排列着。每个坛子容量达 200 千克，坛身贴着写有品种、放入时间、使用期限等详细信息的卡片，犹如一张张身份证，从细节上确保制作加工过程的科学性。如果说众多的盐渍池和泡菜坛让人看到了谭鱼头工厂的规模的话，底料炒制、包装的生产线则让人看到了工厂的先进性。两条可 24 小时运作的生产线，拥有自动炒锅、巴氏杀菌线、定量包装机、高温杀菌柜等，从原料的混合到成袋的产品，都无须工人加入，从而杜绝了人为的不安全因素。而流水线上的自动监测环节，对袋中有异物、漏袋、分量不足等问题都将发出警报，并自动剔除。如此精密的生产设备是食品安全的一道重要关卡。在车间里还有一间放着各种先进检测仪器的化验室，工作人员不仅要对成品的火锅底料、味精、榨菜等产品进行质量检测，并且会定时从盐渍池、泡菜坛等原料车间抽取样品，以监测原料在半成品过程中的情况，杜绝出现变质、有害细菌等情况。

谭鱼头的原料采购实行源头监控、成立产品研发中心、统一进行物料配送以保证品质安全，这些做法跟国际化的管理体系如出一辙。谭鱼头一直以来的经营理念也与国际餐饮连锁企业的模式不谋而合。

2. 采购过程控制

（1）必须制订采购计划，报餐饮企业分管领导签批。

（2）采购部根据餐饮企业领导批准的采购计划，安排购置。

（3）采购部在采购物资时要遵照以下原则：实用原则、节能原则、方便原则、节约原则、高质量原则等。

（二）采购质量控制

餐饮企业想要提供质量始终如一的餐饮产品，就必须使用质量始终如一的食品原材料。制定食品原材料采购规格的标准，是保证餐饮成品质量的有效措施。采购规格标准是根据餐饮企业的特殊需要，对所要采购的各种原料作出详细具体的规定。餐饮企业使用食品原材料采购规格标准有以下好处：

第一，预先确定餐饮企业所需各种原材料的具体质量要求，以防止采购人员盲目或不恰当采购。

第二，将采购规格标准分发给有关货源单位，能使供货单位掌握质量要求，避免可能产生的误解和不必要的损失。

第三，使用采购规格标准，就不必在每次订货时向供货单位重复解释原材料的质量要求，从而可以节省时间，减少工作量。

第四，有利于供货商之间的竞争，餐饮企业有机会享受最优价格。

第五，食品原材料的采购规格标准是原材料验收的重要依据之一，它对控制原材料质量有着极其重要的作用。

（三）采购数量控制

合理的采购数量对于餐饮企业至关重要，过多或过少都会引发一系列的问题。因此，企业需要合理确定采购数量。

采购数量既不能过多也不能过少，其数量确定要考虑很多因素，主要有以下方面：

第一，餐饮企业的存储设备会限制采购数量。如冷冻、冷藏空间过小，就不能采购过多的易腐变质的鱼、肉、禽、蛋类原材料；除湿能力和设备差，就不能采购过多的干货。

第二，保持安全存货量。任何一家餐饮企业都必须有一个安全存货量，企业所确定的原材料库存额，决定着采购数量的多少，库存额大，采购数量就大。

第三，餐饮企业的财务状况的好坏影响采购数量。经营较好时，可适当增大采购量。

第四，餐饮企业订货周期越长，采购数量越大；订货周期越短，采购数量就越小。

第五，供应单位可能会规定送货的最低金额或最小重量，因此食品原材料的供应单位的要求也会影响采购数量。

第六，餐饮产品销售数量的增减会影响采购数量，如果供应的菜肴数量增加，则这些菜肴所需的食品原材料数量也应增加。

第七，成本方面的因素。例如，某些菜肴的成本上升会引起售价提高，造成销售量下降。在这种情况下，管理人员应研究是否需要继续采购这些食品原材料。如果管理人员预期某种食品原材料将调高价格，就可能多购买一些；反之，就可能少购买一些。

第八，当前存货量影响采购数量。如果目前存储的数量多，采购数量可减少。

第九，采购点的距离远近影响采购的数量。如采购点远，可以增加批量，减少批次，以便节约运费，防止断档。

第十，市场供求状况的稳定程度影响采购数量。稳定时，采购数量可按其消耗速度和供货天数来计算，不稳定时可多采购些。

（四）采购价格控制

理想的采购价格是指在某一价格水平上能获得所购原材料理想的使用价值，包括理想的质量及理想的供货服务。理想的价格是和理想的产品、理想的服务、理想的设备等密切相关的，而非片面地追求低价格而降低对产品、服务、设备等的要求。

1. 定价基本方法

（1）从多个供应商处获取报价，进行价格比较。

（2）鲜货原材料采用定期定价程序，干货原材料每月定价一次。

2. 价格比较

价格比较的程序可以按照以下三个步骤进行：

（1）设立最高限价。在通行按质论价的自由竞争条件下，某些原材料的高价常使餐饮企业无能力承受。因此，在进行价格比较时，应当设立一个最高限价，在此界限内按照价格比较原则进行价格比较。采购只有在这个限价之下进行，餐饮销售才有利可图。

（2）估计供方最低限价。在市场上，同类原材料因等级、质量、产地等会有不同的报价。作为餐饮企业采购人员，应多方多次进行市场调研，及时获取相关信息，了解影响供货商报价的因素，估算出供方会接受的最低限价。

（3）在供货商最低限价和企业最高承受能力这个区间，结合质量等因素，确定企业愿意支付的价格。

3. 获取理想采购价格

（1）规定采购价格，与供货商进行谈判。通过富有技巧的讨价还价来压低供货商的报价。

（2）规定购货渠道和供应单位，建立长期的购销合同。

（3）控制大宗和贵重原材料的购货权，组建购买集团或采购中心。

（4）提高购货量和改变购货规格，集中批量订货。采用集中批量订货的方式，可以以较低的批发价获得批发原材料。

（5）根据市场行情适时采购，选择恰当的采购时机。为了控制食品原材料的进货价格，餐饮企业相关领导应通过多种途径收集各种市场信息，根据各类信息作出价格、供需等趋势估算，选择恰当的采购时机。

（6）尽可能减少中间环节，减少中间商，直接进货。在采购过程中，餐饮企业应尽量减少采购环节，减少中间商。可能的话，最好从经销商、制造商处直接购买，通过减少中间环节来降低成本开支。

（7）选择恰当的支付方式。在流动资金允许的情况下，采用现金结算的方式，使供货商及时收到货款，企业可能会因此获得价格优惠。

（8）加强监督，建立责任制，防止采购过程中的腐败。

第二节　原料验收管理

验收，就是对餐饮原料的品种、数量、规格、质量、价格等方面进行核实检查。验收是保证餐饮原料质量和控制餐饮食品成本的主要环节。要使验收工作卓有成效，首先必须选好验收人员。餐饮验收必须由专人负责，并经过专门训练。为了保证验收工作的正常有效运行，并达到验收的预期目标，餐饮企业必须赋予验收人员相应的权力，如有权拒收质量低劣规格不符的货品，有权抵制任何未经批准的物品采购等。

一、验收方法与程序

（一）票单核对

供货单位送来餐饮原料时，验收员必须首先将供货单位的送货发票与事先拿到的相应的订购单核对，核对的主要内容有送货单位名称、地址、品种、数量、价格等。有差异时，验收员应当问明情况并向上级汇报。

（二）检查原料的质量

根据采购规格标准及请购单、订购单的要求，对原料进行认真检查，发现规格质量不符的情况，应予拒收。此外，还应注意各类食品的有效期和保质期。

（三）核实原料的数量

根据订购单对照送货单，通过点数、过秤等方法，对所有到货的数量进行核对。数量检查时，要注意有无注水、掺杂、多余包装物及表里不一等现象。

（四）签名填单

检验合格后，验收人员应在送货发票上签名或加盖验收章，并填写验收单。

（五）送货分发

验收合格后的原料，一部分作为直拨原料进厨房，另一部分则作为入库原料送仓库贮存。需要注意的是，分发和入库均须有领用和入库手续，并贴上必要的标签，同时应禁止送货者或店内无关人员进入库房。

（六）填写有关报表

验收完毕后，验收员应填写验收日报表和其他报表，并将各种验收记录呈交有关部门。

（七）表单处理

表单管理是餐饮企业管理的科学方法之一。餐饮验收的表单主要有以下几种：

1. **货物验收单**

这是饭店验收的原始凭证之一，验收员每天应详细准确地记录验收的商品（见表5-6）。

表5-6 货物验收单

企业名称： 日期：		编号：		供货单位地址： 订购单编号：	
存货编号	项目及规格	单位	数量/件	单价/元	合计/元
验收员：		送货员：		贮藏室管理员：	

2. **鱼肉类食品存货标签**

这是严格验收程序，便于发货和存货控制的表单（见表5-7）。

表5-7 鱼肉类食品存货标签

标签号： 收货日期： 项目： 重量｜单价｜成本： 发料日期： 供货单位：	标签号： 收货日期： 项目： 重量｜单价｜成本： 发料日期： 供货单位：

3. **食品验收日报表**

其作用是便于分别计算食品成本和饮料成本，为编制有关财务报表提供资料，同时，便于计算每日食品成本（见表5-8）。

表 5－8 食品验收日报表

货品名	供应商名称	发货号	数量	单价/元	金额/元	直接采购食品		库房采购食品	
						数量/个	金额/元	数量/件	金额/元
合计									

4. 退货通知单

如果到货质量不符合要求，或存在其他问题，验收员应填写退货通知单（见表 5－9）。

表 5－9 退货通知单

编号： 发自： 交至：
发货号码： 开具发票日期：

货品	单位	数量/件	单价/元	总价/元

理由： 总计：
送货员： 负责人签字：

5. 无购货发票收货单

所有到货一般应有发货票，但有时因某种特殊原因，到货时无发货发票，验收员应填写无购货发票验收单，以防差错和争议（见表 5－10）。

表 5－10 无购货发票收货单

单位名称：
无购货发票收货单 NO.
发货单位： 日期：

数量/件	项目	单价/元	小计/元

验收员：

二、验收控制

建立一套合理、完整的验收体系，保证整个验收工作在机制、体系上的完善。

（一）称职的验收人员

验收人员必须诚实，具有丰富的食品原料知识。餐饮企业人事部门应负责遴选应聘人员，审查应聘人员的资历，会同财务部和营业部门相关人员决定人员的录用。

（二）理想的验收区域

理想的验收区域应包括验收办公室、检验测试装置和临时储藏场地的专门验收场地。若无专门的验收场地，餐饮企业则应事先指定一个验收区域，规定验收的时间，并提前准备好计量工具和其他必要的工具。指定的验收区域应临近储藏室或仓库，并光线明亮。

（三）科学的验收程序和良好的验收习惯

验收程序规定了验收工作的工作职责和工作方法，使验收工作规范化。同时，按照程序进行验收，养成良好的验收习惯，是验收高效率的保证。

（四）经常监督检查

餐饮企业管理人员应不定期检查验收工作，复查货物的重量、数量和质量，及时发现问题并进行处理。

第三节　原料贮存与发放管理

一、原料贮存管理

（一）食品贮存管理要求

1. 入库要求

所有购置回来的食品原料（直拨原料除外）均应及时入库，以防变质散失。入库的食品原料均应系上标签，注明入库时间、数量等，便于领用、盘存清点，并利于掌握贮存时间，做到先进先出。

2. 存放要求

食品原料的存放要求，主要有以下四点：

（1）分类存放。食品应根据不同的性质和贮存的时间要求，存入不同的库房，干货、罐头、米面、调味品等无须冷藏的食品应放入干藏库，果蔬、禽蛋、奶品等存入冷藏库，需冷冻的海产品等则应放入冷冻库，活的海鲜水产则应放入海鲜池。

（2）科学摆放。食品摆放可采用的方法主要有：一是定位摆放，即根据仓库布局，合理规划各类不同食品原料的摆放区域，实行分区定位摆放。二是编号对应，即根据食品原料主要种类、性质、体积、重量等不同情况，分别对应地摆放在不同的固定仓位上，然后对其进行统一编号，标出不同原料的库号、货架号、层号、位置号，并和账页上的编号统一对应。三是立牌立卡，即对定位、编号的各类物品建立料牌与卡片。料牌上写明物品的名称、编号、到货日期，并涂上不同的颜色加以区分。卡片上填写记录物品的进出数量和结存数量。

（3）保持清洁。食品仓库必须做好清洁工作，保证清洁卫生。

（4）保证安全。仓库安全事关饭店的财产安全，必须加强防范控制。其基本要求是：配备专用锁系统，并及时上锁；限制仓库进出人员；经常检查定期盘点；加强监控，有条件的应安装监控系统。

3. 账目要求

食品原料贮存应有严格的登记制度，要能准确反映原料在入库、发放、存货等方面的时间、数量、价格和价值等情况，有效控制存货量、订货量和发货量，确保食品原料的利用达到最理想的程度。

（二）食品仓库的要求

食品贮存管理是餐饮采购管理重要的环节，对餐饮质量和成本高低有着重要影响。为了使食品贮存达到理想的效果，首先必须注意食品仓库的科学设计。

1. 位置、面积及分类

（1）位置。为便于将食品原料从验收处运入仓库及从仓库送至厨房，仓库的位置应尽可能位于验收处与厨房之间。若饭店有几个厨房，且位于不同的楼层，则应将仓库安排在验收处附近。

（2）面积。除了位置合理外，还必须注意保证食品仓库的面积：不应过小，否则就难以保证一定的库存以满足餐饮业务经营的需要；也不能过大，以免增加资金占用，增加能源费用和维修保养费用。据有关资料，餐饮仓库的面积一般为餐饮总面积的10%～12%。从目前来看，一方面顾客对菜肴的新鲜度要求越来越高，另一方面市场的商品越来越丰富，所以食品仓库的面积有缩小的趋势。

（3）分类。由于各类食品原料对贮存的条件要求不尽相同。所以，饭店应设计不同功能、不同类别的仓库。一般分干藏库、冷藏库和冷冻库三类。

2. 温度、湿度和光线

不同的食品原料对温度、湿度的要求不同，饭店应根据不同的贮存要求，设计不同的温度、湿度和光线条件。

（1）温度。不同的食品原料应存放于不同的库房，不同库房温度的要求是：干藏库的温度一般控制在10～20℃，冷藏库应控制在0～4℃，冷冻库则须保持在－24～18℃。

（2）湿度。食品原料仓库的湿度是否恰当，则会影响食品贮存的时间及质量。不同库房对湿度的要求是：干藏库的相对湿度应控制在50%～60%；水果蔬菜冷藏库的湿度为85%～95%；肉类、乳制品及混合冷藏库的湿度应保持在75%～85%；冷冻库则应保持高度湿度，以防干冷空气从食品中吸取水分。

（3）光线。所有食品仓库均应避免阳光的直射。在选用人工照明时，应尽可能挑选冷光灯，以免由于电灯光热，仓库的室温升高。

为了确保安全和卫生，餐饮食品仓库的设计均须符合消防、公安部和卫生防疫部门的要求，同时应有良好的通风设备及设有下水道，以便保持空气流通和便于清洗，并应配置适量的货架、填板、容器，避免食品直接置于地面、靠墙摆放及裸露散放。

二、干货原材料的贮存

干货原材料可以有两种理解：狭义的干货原材料，指不含水分或含水分很少的食品原料；广义的干货原料，指不易腐败变质、不需低温贮藏的食品原料。干货贮藏室管理应注意以下事项：

第一，干货贮藏室应该安装性能良好的温度计和湿度计，并定时检查贮藏室温度、湿度是否适宜，防止温度和温差超过许可范围。

第二，每一种原材料必须有固定的存放位置。任何原材料的贮存应至少离地面25厘米，离墙壁5厘米。

第三，入库原材料须在其包装上注明进货日期以利于按照先进先出的原则进行发放、保证食品质量。

第四，贮藏室应定期清扫、消毒，预防和杜绝虫害、鼠害。塑料桶或罐装原材料应带盖密封，箱装、袋装原材料应存放在带轮垫板上，以利于挪动和搬运。玻璃器皿包装的原材料应避免阳光直接照射。

第五，尽量控制有权进入贮藏室的人员数量，职工的私人物品一律不得存放在贮藏室内。

三、鲜货原材料的贮存

鲜货原材料包括两大类：新鲜食品原材料和加工过的食品原材料。新鲜食品原材料包括：肉类、鱼类、蔬菜、水果、鸡蛋、奶制品。加工过的食品原材料包括：切配好的肉、鱼等禽类原材料，冷荤菜品，蔬菜与水果沙拉，各种易发酵的调味品，剩余食品。

鲜货的贮存一般用冷藏。不同的食品饮料需要不同的贮存温度，理想冷藏室的温度应控制在4℃以下。

贮藏成品和半成品的冷藏库更应保持清洁卫生。生食和熟食要分开贮藏。在冷藏前要检查食物是否已变质，变质的食物以及脏的食物会污染空气和贮藏设备，切忌放入冷藏室或冰箱中贮藏。鱼、肉、禽类原包装盒往往粘有污泥及细菌，要拆除包装盒后贮藏。有强烈和特殊气味的食物应在密封的容器中冷藏以免影响其他食物。已加工的半成品和熟食应密封冷藏以免干缩和沾染其他气味。冰箱中如有污水沉积应立即擦掉，以免影响食物气味。

冷藏室要保持通风。如果在冷藏期间食物表面变得黏滑，说明冷藏温度过高、通风不良，这可能因为制冷导管凝冰太厚或挥发器堵塞。在一般情况下，制冷管外凝冰达0.5厘米时，应考虑解冻处理，使制冷系统工作正常。

四、原料盘存管理

(一) 盘点的主要功能

盘点是仓管人员及使用单位在物料管理上重要的一项工作，盘点后的数据在库存管理上有很大的参考价值。盘点具有下列三项主要的功能：

1. 财务部门记账的依据

盘点本为会计作业中的一项工作，它有记账与稽核的双重功能。

2. 投入产出控制的依据

营业单位要了解营运后各项产品或物料的应产率是多少，精确的盘点工作是必要的。

3. 订货与采购的依据

当采购人员要采购货品或订货时，该项物品过去的耗用情形及现有的库存资料是必要的参考资料，而这些资料也必须由盘点之后的数据计算而来。

盘点数据的正确性是盘点工作最重要的一环。不正确的数字会让管理人员作出错误的决策，因此盘点人员在进行盘点工作时要仔细、耐心，确保盘点数据的真实性和准确性。

(二) 盘点作业规定

盘点工作的要求，一要彻底、迅速、确实，二要追求与分析发生错误的原因。执行上要求注意的事项有：物料的编号名称要求与账册相符；物料的单位与数量要做到及时清点；物料的品质要求按性质妥善保护；物料的规格与存放地位置与账面所注确实相符；物料存量勿超过最高存量或最低存量的基准，其优点在于能直观地看出当月消耗金额。

进出物料账目要确实，报表要迅速，要有簿记登录货卡及收发日报表，其内容包括收发物料编号、名称、规范、单位、收发数量等。月结盘存明细表的内容包括上期结存量、本期收入量、本期发出量，以及本期结存的数量、单价、金额等。

盘点作业必须在会计部门的监督下进行。每个月底，会计部门应清点实际存货并核对存货清单，同时制作一份超额与缺额存货单送交经理部门。在储藏室内存放超过90天的货品即视为逾期存货，储藏室主管应每月制作一份逾期存货清单送交厨房及餐饮经理，以便他们设法处理这类滞销的货品，以免长期存放造成损失。

（三）食品的盘点

第一，确定库存食品的总值，可显示出库存食品是否太多或太少，以及库存食品的总价值是否符合本店的财务政策要求，以适时调整库存。

第二，可将某种食品的利用率和它的销售额做分析比较，从而评估其获利的情况。

第三，可将某一特定时期的实际存货价值和账面存货价值互做比较，这样可以看出差异之处，以及仓库管理人员的工作效率，防止损失及失窃。

第四，查出利用率不高的食品，可以提醒采购人员及主厨等注意，并作为淘汰的依据。

第五，确定各种存货的利用率，并适时检查是否逾期使用或食用期限。

第六，盘点清单应当印制成一种标准格式，而其编排必须和各个储藏室所在的位置顺序相配。这样可以使盘点工作做起来轻松、快速、有效率，而且不致遗漏。

（四）饮料的盘点

第一，确定仓库中所有饮料的总价值，用以评估储存量是否适当，是否符合本店的财务状况及营业方针。

第二，比较某一时期的库存饮料实际价值是否和存货账面价值相符，防止失窃。

第三，确定存货出入的流动率。查明销售量太低或回转太慢的饮料，并考虑予以淘汰。

第四，库存饮料的一年中流动率最理想的是1/6，也就是平均库存量等于2个月的供应量。如果不能达到这个标准，就要检查每一品牌饮料的流动率，以便及早发现何种饮料的流动率比较低，从而采取必要的措施。

另外，消耗品的盘点，应每月实施一次，勤加盘点，追求损失原因与责任，以避免盗窃散失等事情发生。非消耗品的盘点，每年必须做一次彻底的盘存清点，从而了解该物品的使用情形。

五、原料发放与领用管理

食品原料发放管理的目的，一是保证厨房生产的需要，二是有效控制厨房的用料数量，三是正确记录厨房用料成本。要达到此目的，食品原料的发放管理必须抓好以下几点：

（一）定时发放

定时发放，或规定发放时间，并不是全天24小时开放。此举的意义是便于仓管人员有充分的时间检查、整理仓库，也有利于促进厨房管理人员树立计划意识，养成计划管理的习惯。

（二）凭单发放

凭单发放，就是凭领料单发料。领料单是厨房和仓库发料的凭证和依据，必须手续齐全，填写准确清楚，符合饭店规定。

（三）先进先出

先进先出，即食品原料入库必须注明入库日期，并做到先入库的食品原料先发放，注意食品原料的保质期，保证在食品原料的有效期之前使用。

（四）准确计价

准确计价，即食品原料出库后，仓管人员必须在领料单上列出各项原料的单价，计出各项原料的金额，并汇总领取食品原料的总金额，以便计算餐饮的食品成本。

（五）如实记录食品原料使用情况

如实记录，就是有些原料不在领取日使用，而在第二天或此后某天使用，则应在原料领用单上注明该原料的消耗日期，以便把该原料的价值计入其使用日的食品成本。有些原料则是一次领用，分次使用的，则应分天计入。至于各部门之间的内部调拨，则同样应办理必要的手续。

六、原料调拨管理

大型餐饮企业往往设有多处餐厅、酒吧，因而通常会有多个厨房。餐厅之间、酒吧之间、餐厅与酒吧之间难免发生食品原料的互相调拨转让，而厨房之间的原料物资调拨则更为经常。为了使各自的成本核算达到应有的准确性，餐饮企业内部原料物资调拨应坚持使用调拨单，以记录所有的调拨往来。

【复习思考题】

1. 简述原料采购程序。
2. 简述验收方法与程序。
3. 简述原料发放与领用管理。

【案例分析】

蔬菜采购，交给供货商

荷花餐厅的蔬菜采购以前一直是自己去蔬菜市场，分别在两个市场：一个是南站市场，另一个是青石桥市场。每天早上要跑两个市场，比较累。后来，老板给一蔬菜供货商看买蔬菜的价格，供货商说他可以这个价格送货。考察后发现，原来这些蔬菜供货商都从蔬菜产地直接拿货，他们的价格很便宜，所以老板就把各种蔬菜的价格稍压后交给这位供货商了。这样餐厅既省了人力和汽油费，而且采购价格也合理。今年因为天气忽热忽冷，降雨没有规律，蔬菜价格非常不稳定。对于这种情况，餐厅采取的办法是蔬菜一月一定价制。每月20日左右定价，老板在去各市场调查各类蔬菜的价格之后，最后以平均价和固定蔬菜供货商议价。

分析题：综合上述案例，分组讨论现代餐饮企业原料采购运行模式。

第六章 厨房生产管理

导言

厨房是餐饮企业的核心部门，厨房生产管理既是餐饮管理的重点，又是餐饮管理的难点。本章着重介绍餐饮企业厨房组织机构与人员配置、厨房生产流程及控制，并力求把现代餐饮企业比较成熟的五常法管理经验融入厨房生产管理知识体系中。

【学习目标】

1. 了解餐饮生产组织机构设置、人员配置的原则、形式及主要岗位的工作职责。
2. 熟悉厨房生产流程及菜品质量控制措施。
3. 了解厨房五常法管理基础知识，掌握五常管理实施步骤、具体做法、要点。

【导入案例】

餐饮五常法源于中国香港。近年来，许多内地餐饮企业厨房也在积极实施厨房五常管理，但却很少能坚持下来，这种情况值得餐饮企业反思。在许多厨政人员看来，厨房五常法很简单，无非贴贴标识、分分区域、搞搞卫生、做做记录，殊不知，要让厨房真正走上五常的轨道，却是一个系统工程，必须做到全员一起去做、必须预先投入、必须内外结合、必须长期坚持等，否则就出现虎头蛇尾、走过场等情况，结果是“一紧、二松、三垮台、四重来”。

第一节 厨房组织机构与人员配置

一、厨房组织机构及职能

厨房的生产和管理是通过厨房组织实现的，其组织形式依据餐饮企业的规模、性质、等级、厨房条件、生产任务和经营要求等因素而定。合理的厨房业务组织结构以及明确的工作任务和职责，是厨房管理的基础。餐饮企业的厨房业务组织结构以及各种岗位职责的制定应该从实际出发，采用精简实用的原则，尽量使各种岗位协调工作，以提高工作效率。

（一）大型厨房的组织形式

大型厨房由若干不同风味或功能的分厨房组成，设总厨师长办公室，指挥整个厨房系统的生产运行。通常大型厨房设中心厨房，负责所有食品原料加工，并按规格配份，供应各分厨房进行烹调。各分厨房由厨师长指挥本厨房系统的生产运行（见图6－1）。

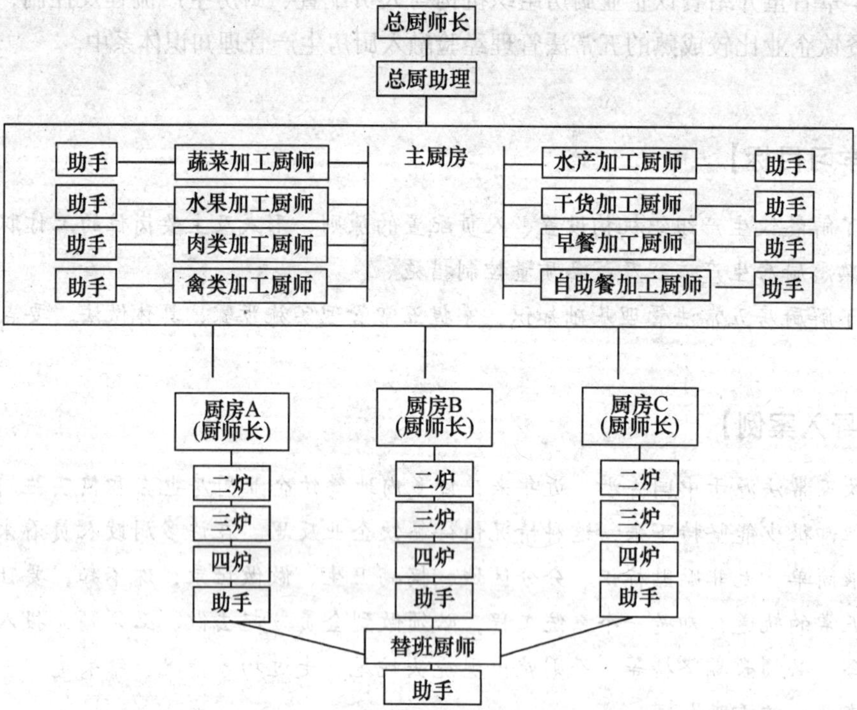

图6－1 大型厨房的组织形式

【知识链接】

什么是中央厨房

所谓中央厨房，是指将菜品用冷藏车配送，全部由直营店实行统一采购和配送。以前餐厅的进货方式是，除干货外，所有新鲜蔬菜由直营店实行单店采购。采用中央厨房配送，比传统的配送要节约30%的成本。中央厨房采用巨大的操作间，采购、选菜、切菜、调料等各个环节均有专人负责，半成品和调好的调料一起，用统一的运输方式，在指定时间内运到分店。

按一般的传统餐饮店模式，一个大型店需要5个选菜工、3个采购员；而在中央厨房总部，只需要3个总采购，20个左右选菜工，能节约大约100个人的人力成本。除能节约人力成本外，统一采购还能大规模降低采购成本。中央厨房的最大好处就是通过集中规模采购、集约生产来实现菜品的质优价廉，在需求量增大的情况下，采购量增长相当可观。为降低食品安全风险，形成集约化、标准化的操作模式，中央厨房对原料采购的要求也在不断提高。不仅能够保证品牌原料的稳定供应，良好的物流体系能更好地保证原料的新鲜与安全。

1. 采用高效先进的厨房设备

采用高效先进的厨房设备如去皮机、粉碎机、搅拌机、锯骨机、切片机等机械设备，不仅可以保证食品原料加工的品质一致性，还可以节约大量的人工劳动力，提高了厨房的运作速度和生产效率。

2. 科学合理地安排厨房员工的工作

厨房生产环境相对较差，员工工作时间较长，工作强度较大，从而导致员工生理和心理的厌倦懈怠情绪，进而导致厨房生产效率的下降，影响厨房正常工作运转。因此，厨房管理者应该科学合理地安排厨房工作人员的劳动时间和劳动班次，既保证厨房有充足的人手满足其生产高峰的工作需要，又保证员工拥有足够的休息时间，以便更好地投入工作，提高厨房的生产效率。

3. 简化厨房工作程序、提高劳动的有效性

简化厨房工作程序、提高劳动的有效性是指厨房管理者应该取消那些不必要的无利于厨房生产效率的工作步骤，通过对厨房整个操作流程以及每一个具体运作步骤仔细具体的研究，就那些对实际厨房生产有用的工作重新制定工作程序，以期提高厨房生产劳动的有效性。

（二）中型厨房的组织形式

中型厨房通常由厨师长负责整个厨房系统的生产运行，厨房设粗加工组、切配组、

炉灶组等（见图6－2）。

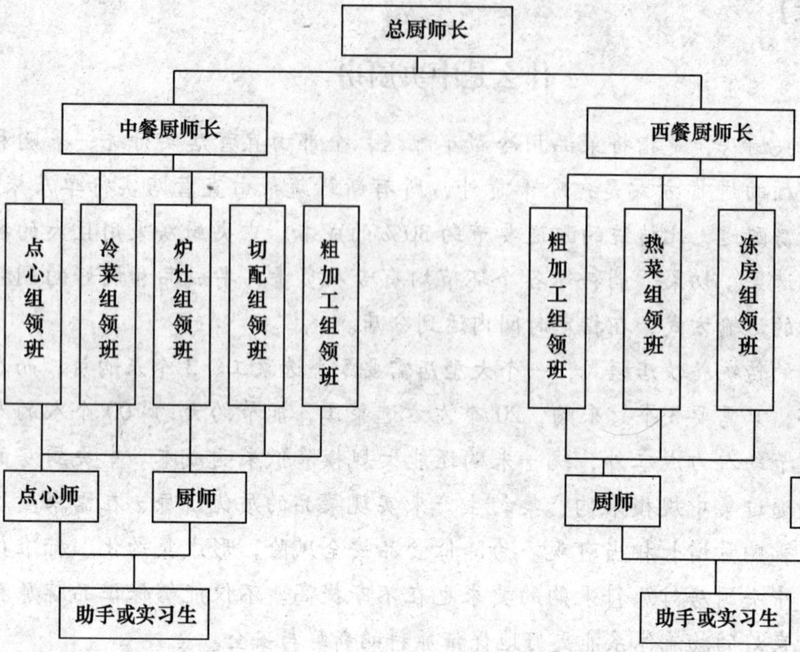

图6－2　中型厨房的组织形式

（三）小型厨房的组织形式

小型餐饮企业的厨房规模较小，受接待任务、厨房面积、员工、厨房设备等条件的限制，厨房组织形式比较简单，通常由一名厨师长对食品的制作进行监督和指导，厨房另外配备切配厨师、冷菜厨师、炉灶厨师、厨工、勤杂洗碗工和采购员等，验收和保管可由厨师兼任（见图6－3）。

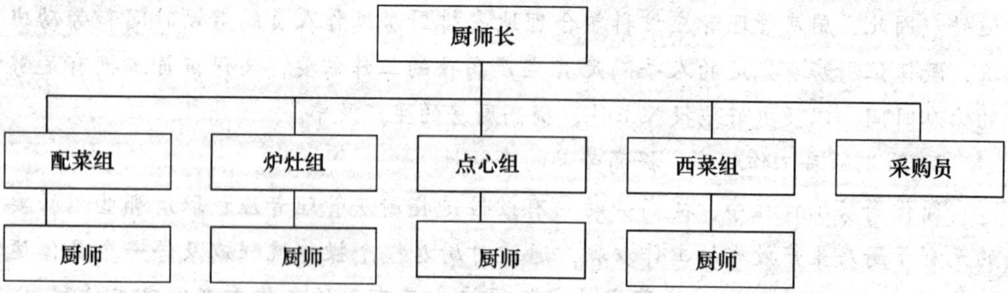

图6－3　小型厨房的组织形式

二、厨房人员配置

（一）影响厨房人员配置的因素

厨房岗位人员配备，综合考虑以下因素：

第一，厨房生产规模的大小，相应餐厅、经营服务餐位的多少、范围的大小。

第二，厨房的布局和设备情况，是布局紧凑、流畅，设备先进、功能全面，还是与之相差甚远。

第三，菜单经营品种的多少、制作难易程度以及出品标准要求的高低。

第四，员工技术水准状况。

第五，餐厅营业时间的长短。

（二）厨房专业技术人员的选配

由于生产需要不同，厨房的工作岗位，有的劳动强度大，而有的劳动强度较小，因此就带来了这样一个问题：有的岗位许多人争着干，而有的岗位却很少有人愿意去干。对于这种状况，可以采用竞争上岗，用考核的手段择优录取。例如，某饭店为了让有才能的人充分发挥其才能，就炉灶这个岗位进行了实践考核，按考核成绩排列，第一名定为头炉（也即首席炉灶师傅），以下依次定为二炉、三炉、四炉……被选上的人不仅有一种自豪感，而且会有一种责任感，落选者也会努力工作，学好技术。这种考核定岗不是终身制，会定期举行，此外如果员工在岗位上不能胜任或工作失误，厨师长有权随时撤换。

开展公平竞争，既可促进员工不断进取，又可增加其责任感，有利于人才的开发以及厨房的管理。

（三）厨房专业技术团队建设

从管理心理学这个角度来看，把具有各种不同专长或性格各异的人合理搭配，会形成一个最佳的人才结构。只有每个人各显其长、互补其短，才能构成一个理想的生产结构和管理结构，形成一支优秀的专业技术队伍。

【知识链接】

中国厨师调查报告：大力培养“三三三三”型厨师

第一个“三”，是指烹饪院校（含本科、大专、技校或职中）的正规学历。唯有经过3年比较系统的专业教育，他们在文化素养和专业理论上才能有一个较好的基础，发展的后劲才大。与此相反，仅上过几十天烹饪速成培训班的人，许多东西就只知道一点皮毛，难有什么建树。这是因为，中国烹饪的现代化，是不可逆转的历史潮流。它需要外语，需要计算机技术，需要营养卫生知识，需要现代饮食机械，需要食品检测手段，需要市场经营理论，需要各种社会科学观念，等等。而这一切，必须有赖于正规教育的积累和熏陶，将匠人改造成为金领技师。

第二个"三"，是指扎扎实实拜师学艺3年。这里的师，不一定都是开帮立派、摘金夺银的名师，但必须是功底深厚、诲人不倦的严师。这里的艺，不单是要求会做一些菜，更重要的是熟练掌握料、刀、味、火四大基本功。这是因为，厨师属于个体的手工劳动者，做菜技术的好坏取决于三方面：一在于经验，二在于悟性，三在于基本功的全面。在校学习的3年中，尽管有操作实习，尽管有指导教师，尽管有各种录像带可供观摩，但都替代不了拜师学艺。只有拜好师，学好艺，厨师才能既懂理论，又懂实践，使两个翅膀都硬起来，才能在"烹饪王国"中自由翱翔。

第三个"三"，是指跑过三个以上的地方（特别是北京、上海、广州、重庆、杭州、武汉、沈阳、西安等大都会），会做三种以上的地方风味菜（如鲁、苏、川、粤菜等菜系）。能够一通多系，师承百家，这对于增长见识、拓宽技艺、适应当代菜品潮流发展十分重要。这是因为，只有做到兼收并蓄、举一反三、菜路宽广，才能成为技艺上的多面手，才能丰富本店的菜式，为企业创造更多的利润。

第四个"三"，是指年龄在30岁以下，有着良好的体力与智力。30岁左右正是厨师的黄金年华，因为无论体力、智力，还是悟性及开拓精神都在30岁左右达到巅峰。厨师的成果又是什么呢？这便是人无我有、人有我优的一道菜。这道菜应当有较大的技术难度，较高的商品价值，较长的流行周期，较好的社会声誉。

（四）厨房组织机构的人员数量配备

确定厨房人员数量，较多采用的是按比例确定的方法，即按照餐位数和厨房各工种员工之间的比例确定。档次较高的企业，一般13～15个餐位配备1名烹饪生产人员；规模小或规格更高的特色餐饮部门，7～8个餐位配备1名烹饪生产人员。确定厨房生产人员数量，还可以根据厨房规模，设置厨房各工种岗位，将厨房所有工作任务分岗位进行描述，进而确定各工种岗位完成其相应任务所需要的人手，汇总厨房用工数量。

三、厨房各岗位的主要职责

确定了厨房的组织形式之后，厨房要明确各个岗位人员的职责。一般来讲，这些岗位职责也会随着餐饮企业的规模、档次的不同而不同，企业可以根据自身情况进行设计。

（一）行政总厨的岗位职责

——以餐饮企业经营宗旨为导向，准确掌握厨房的工作内容，按照工作和质量标准，指导厨房制定经营管理的工作目标、工作计划和整体运作思路，组织、指导厨房开展经营管理工作。

——建立健全厨房管理模式，不断完善运转机制，确保工作效率和质量。按照企业的工作要求及标准，指导厨房编写、修改、上报各岗位职务说明书、各项规章制度、各岗位工作规范，并督促、检查本部门员工的学习、掌握和实施情况。

——指导厨房提出用工计划并合理安排员工工作，指导厨房开展考核和奖惩工作。

——做好成本预测及核算工作，严格控制各项成本和费用，保障实现既定的综合毛利率，指导厨房完成各项经营指标。

——根据客源定位、接待特色和要求，制订菜点规格和标准食谱，组织、指导制订每道菜的价格，适时做好菜单的改进和更换工作。

——组织新菜品的开发、研制和推行，并根据菜品研发和接待工作，了解市场货源情况，不断挖掘新货源，及时推出时令新菜。

——根据产品要求，组织制订所需原料的质量规格，并对采购部门提出对原材料采购的标准要求。

——巡视检查厨房现场工作，确保合理使用原材料，控制菜品的装盘、规格和分量，把好质量和卫生关，减少损耗、降低成本。

——与厅面保持经常联系与沟通，随时征求厅面及客人对菜点品种、质量和供应方面的意见，处理客人对菜肴质量的投诉，不断提高菜点质量。

——指导厨房制订培训计划，定期开展厨师技术培训，策划组织开展厨艺比赛，对厨师技术水平进行考核，不断提高厨房员工的职业水准和业务素质。

——督促、检查厨房的现场督导检查工作，及时解决出现的问题，并及时向直接上级反馈督导检查情况。

——督促、检查厨房的设施设备维护保养、检修、更新等工作，并及时向直接上级反馈设施设备的状况。

——督促、检查厨房的工作质量、设施设备及用品用具的使用和维护保养、安全及卫生工作，及时解决出现的问题，并及时向直接上级反馈督导情况，创造良好的工作环境。

——指导厨房向财务部门提出厨房的物资采购计划，督导、检查对购进物资的验收、入库、发放、保管等工作。

——组织指导厨房建立五常法综合运用体系。

——按期完成厨房及本人的相关报表、专题报告和述职报告，并以此指导自己和本部门的各项工作。

（二）厨师长的岗位职责

——准确掌握厨房的工作内容，按照工作和质量标准，制订厨房经营管理的工作目标、工作计划和整体运作思路，组织厨房开展各项工作。

——建立健全厨房管理模式，不断完善运转机制，确保服务（工作）效率和质量。按照企业的工作要求及标准，编写、修改、上报厨房各岗位职务说明书、各项规章制度、各岗位的工作规范，并督促、检查本部门员工学习、掌握和实施的情况。

——提出厨房用工计划，根据厨师、厨工的技术水平及特长合理安排和调度员工工作，根据营业需要编制各岗位班次表，指导厨房开展考核和奖惩工作。

——做好厨房成本预测及核算工作，严格控制各项成本和费用，保障实现既定的综合毛利率，指导厨房完成各项经营指标。

——根据客源定位、接待特色和要求，制订菜点规格和标准食谱，制订每道菜的价格，适时做好菜单的改进和更换工作。

——组织进行新菜品的开发、研制和推行，并根据菜品研发和接待工作，了解市场货源情况，不断挖掘新货源，及时推出时令新菜。

——根据产品要求，制订所需原料的质量规格，并对采购部门提出对原材料采购的标准要求，并根据订货情况检查当日所进原料的种类、数量、质量是否符合要求，所需材料是否按时到位。

——巡视检查厨房现场工作，确保合理使用原材料，控制菜品的装盘、规格和分量，把好质量和卫生关，减少损耗、降低成本。

——查看重要宴会的菜单与特殊安排情况，一些重要客人的菜肴，要亲自烹制（或监督烹制）。

——制订厨房培训计划，定期开展厨师技术培训并亲自培训授课，策划组织开展厨艺比赛，对厨师技术水平进行考核，开展厨房的思想教育工作，不断提高厨房员工的职业水准和业务素质。

——每天进行厨房的现场督导检查工作，及时解决出现的问题，并及时向直接上级反馈督导检查情况。

——安排、落实和检查厨房设施设备及用品用具的使用、维护、保养、检修、更新等工作，并及时向直接上级反馈设施设备的状况。

——制订、安排和落实质量控制措施，检查厨房的质量工作，巡视开餐进程，确保产品数量、质量、装盘规格等始终符合标准。

——安排、落实和检查厨房的安全及卫生工作，督促、检查收市的各项工作，及时解决出现的问题，并及时向直接上级反馈督导情况，创造良好的工作环境。

——提出厨房的物资采购计划，督导、检查对购进物资的验收、入库、发放、保管等工作。

——按期完成厨房及本人的相关报表、专题报告和述职报告，并以此指导自己和本部门的各项工作。

（三）头锅厨师的岗位职责

——负责炉灶工作的具体指挥与检查，负责高档菜肴的烹制。

——根据厨师的技术所长，合理分派烹制任务。

——协助厨师长做好菜品的创新研究、开发和推广应用。

——开餐前负责检查本岗位厨师的出勤情况，仪表仪容及精神状态，根据生意预测情况，将需要提前加工烹制的菜式，分派给各岗位。

——组织、检查开餐前的准备工作：各种汤的熬制；炉灶的卫生，调味料的过滤、添加；炒锅的烧锅洗刷；炉灶尾锅的清洗换水；准备打荷的器皿、花饰。

——检查和督促各岗位人员，按质量按时地完成各项烹调工作，以保证菜肴质量。

——检查出菜速度和装盘规格。

——认真执行食品安全法规及有关标准要求，防止食品污染，确保菜品出品的安全卫生。

——检查和监督本岗位各种设备的安全使用和保养情况。

——开餐结束后，负责检查收尾工作。

（四）砧板厨师的岗位职责

——做好切配区及专用工具、用具的清洁、消毒、整理工作，做到生熟分开，刀、砧、盛器每天要进行消毒处理。

——按照菜肴的规格质量要求，对各种原料进行恰当的精加工，包括料头切制、蔬菜改刀、原料切花刀、改好处理等。

——按照腌制配方和规格进行一般肉类的腌制。

——完成切配的准备工作，需要预先烹制或大批量制作的原料，要在正式开餐前1～2小时内送给后锅烹制。

——按照原料的各种性能、菜品标准、配份规格，利用不同的刀法，进行准确、快速、整齐的配菜。

——按照菜单和起菜时间的顺序，将配份好的原料整齐地排列在打荷台上。

——备齐烹制所用的各种料头及用具。

——指挥水台、洗拣人员按质、按量、按时完成原料粗加工任务，及时将加工好的原料交砧板进行精加工及腌制。

——检查水台、洗拣人员在原料粗加工时的工作程序和质量。

——查看切配区冰箱、冰柜中原料的库存、摆放和卫生情况。

——认真执行食品安全法规及有关标准要求，防止食品污染，确保菜品出品安全卫生。

——做好切配区中所属各种设施设备的使用、维护、整理、清洁、报修等工作。

——做好供餐结束后的各项收尾工作，具体内容如下：保鲜、冷藏、存放好剩余的原料；清洁、整理切配区使用的工具、用具，归位放好；关闭切配区的设备电源，清洁、整理工作台、设备及手布；做好切配区收市的安全检查工作；督促、检查水台、洗拣人员按照以上内容做好各项收尾工作。

（五）打荷厨师的岗位职责

——做好切配区及专用工具、用具的清洁、消毒、整理工作，做到生熟分开，刀、砧、盛器每天要进行消毒处理。

——认真做好各项开餐前的准备工作，具体内容如下：开酱料档、添加调料、隔夜液体调料经过滤并添足后放到固定的位置；将各种需要提前烹制的原料交后锅师傅烹制；准备碟头花，摆设各式花碟；加工好需要提前上粉、挂糊、穿、酿、卷、包、贴的原料；准备好菜肴的装载器皿。

——做好各式菜品的造型工作。

——开餐进行中按操作规范及上菜次序出菜。

——及时补充后锅酱料档的调料。

——认真执行食品安全法规及有关标准要求，防止食品污染，确保菜品出品安全卫生。

——做好所属区域中所属各种设施设备的使用、维护、整理、清洁、报修等工作。

——做好供餐结束后的各项收尾工作，具体内容如下：清洁、整理调料盅，加盖放好；保鲜、冷藏、存放好剩余的半成品原料、汁酱；清洁、整理所属区域中使用的工具、用具，归位放好；关闭所属区域的设备电源，清洁、整理工作台、设备及手布；做好所属区域收市的安全检查工作。

（六）冷菜厨师的岗位职责

——做好冷菜间及专用工具、用具的清洁、消毒、整理工作，做到生熟分开，刀、砧、盛器每天要进行消毒处理。

——做好各式宴会冷菜（凉拌菜）的备料、熟制、斩切、造型上碟等工作。

——按照时间、温度等要求做好出品的保存工作。

——准备冷菜（凉拌菜）所用的各种酱汁、小料。

——安排、指导、检查、考核冷菜助理的各项工作。

——负责各种冷菜（凉拌菜）的创新研究、开发和推广应用。

——开餐中若档口品种沽清，要及时通知厅面。

——认真执行食品安全法规及有关标准要求，防止食品污染，确保菜品出品的安全卫生。

——做好冷菜间各种设施设备的使用、维护、整理、清洁、报修等工作。

——做好供餐结束后的各项收尾工作，具体内容如下：清洁、整理调料盅，加盖放好；清洁、整理冷菜间使用的工具、用具，归位放好；保鲜、冷藏、存放好剩余的半成品原料、汁酱及成品；关闭冷菜间设备电源，清洁、整理工作台、设备及手布；做好冷菜间收市的安全检查工作。

（七）面点厨师的岗位职责

——做好面点间及专用工具、用具的清洁、消毒、整理工作，做到生熟分开，刀具、案板、盛器每天要进行消毒处理。

——负责面点间的原料领用，做好各式宴会面点的备料、制作（造型）、熟制、上碟等工作。

——按照时间、温度等要求做好出品的保存工作。

——准备面点所用的各种蘸料。

——安排、指导、检查、考核面点助理的各项工作。

——负责各种面点的创新研究、开发和推广应用。

——开餐中若档口品种沽清，要及时通知厅面。

——认真执行食品安全法规及有关标准要求，防止食品污染，确保面点出品的安全卫生。

——做好面点间各种设施设备的使用、维护、整理、清洁、报修等工作。

——做好供餐结束后的各项收尾工作，具体内容如下：清洁、整理调料盅，加盖放好；清洁、整理面点间使用的工具、用具，归位放好；保鲜、冷藏、存放好剩余的半成品原料、蘸料及成品；关闭面点间设备电源，清洁、整理工作台、设备及手布；做好面点间收市的安全检查工作。

（八）烧腊厨师的岗位职责

——做好烧腊间及专用工具、用具的清洁、消毒、整理工作，做到生熟分开，刀、砧、盛器每天要进行消毒处理。

——严格按操作流程调制、保存各式烧烤汁及卤水，并定期将各种卤水进行烧滚，以防变质。

——严格按操作流程做好各式宴会烧烤、卤、浸类菜肴的备料、预制、腌制、熟制、斩切、造型上碟等工作。

——按照时间、温度等要求做好出品的保存工作。

——准备烧烤、卤、浸类菜肴所用的各种酱汁、小料。

——负责各种烧烤、卤、浸类菜肴的创新研究、开发和推广应用。

——开餐中若档口品种沽清，要及时通知厅面。

——认真执行食品安全法规及有关标准要求，防止食品污染，确保菜品出品的安全卫生。

——做好烧腊间各种设施设备的使用、维护、整理、清洁、报修等工作。

——做好供餐结束后的各项收尾工作，具体内容如下：清洁、整理调料盅，加盖放好；清洁、整理烧腊间使用的工具、用具，归位放好；保鲜、冷藏、存放好剩余的半成品原料、汁酱及成品；关闭烧腊间的设备电源，清洁、整理工作台、设备及手布；做好烧腊间收市的安全检查工作。

（九）上什厨师的岗位职责

——做好上什区及专用工具、用具的清洁、消毒、整理工作，做到生熟分开，刀、砧、盛器每天要进行消毒处理。

——根据企业的接待情况，提前提出所需干货的进货计划及要求，并填写申购单交厨师长审批。

——负责浸发高级干货。

——根据接待预订情况，提前熬好上汤及适量的老火靓汤、翅汤、滋补炖品，提前准备蒸、煲、炖、扣类菜肴半成品，进行及时加工烹制。

——严格按操作规程烹制各种高档海鲜菜肴和高级蒸、煲、炖、熬、扣类菜肴，确保出品质量达到标准。

——安排、指导、检查、考核上什的各项工作。

——开餐前检查上什岗位的准备工作，具体内容如下：按照质量标准备好蒜茸、豉汁、海鲜豉油等汁酱；备足葱丝、葱花、姜件、香茜等料头，满足本市使用。

——开餐时检查菜品质量、出菜速度及装盘规格。

——负责各种高档海鲜菜肴和高级蒸、煲、炖、熬、扣类菜肴的创新研究、开发和推广应用。

——开餐中若档口品种沽清，要及时通知厅面。

——认真执行食品安全法规及有关标准要求，防止食品污染，确保菜品出品安全卫生。

——做好所属区域中各种设施设备的使用、维护、整理、清洁、报修等工作。

——做好供餐结束后的各项收尾工作，具体内容如下：清洁、整理调料盅，加盖放好；保鲜、冷藏、存放好剩余的半成品原料、汁酱及成品；清洁、整理上什区使用的工具、用具，归位放好；关闭上什区的设备电源，清洁、整理工作台、设备及手布；做好上什区收市的安全检查工作。

【同步案例】

组建厨师队伍，不服从管理的不要

所有的厨政工作中，组建厨师队伍是最重要的。首先，不论接手什么档次、类型的餐厅，没有用起来得心应手的厨师，一切都是空谈。其次，忽略细节，不注重质量的厨师队伍是不可能做好工作的。企业在厨师团队建设时，不服从管理的现象往往出现在一些技术成熟，创新意识强的外聘大厨身上。外聘大厨在数个厨师队伍中历练多年，技术没得说，但问题最多的也是这样的师傅。比如有这样一位师傅，每次班前点到时，每位厨师都要大声说“早上好”或“下午好”，可他就是不说，在队伍中造成很坏的影响，遇到饭市高峰期，调他到其他灶头炒菜时，他总是找理由推辞，全然不顾全局。最为严重的是，此师傅经常藐视其他同灶师傅，动不动就拿以前的光辉业绩来说事儿，对别人冷嘲热讽。

> 怎么解决这样的问题呢？也许有的同行认为，这样的人是块金子，厨房中少不了，这些都可以理解，毕竟他能给餐厅带来很大的效益。但正确的做法是：这样的钉子必须拔！发现这样的师傅，首先与其谈话，直接指出他的问题，并在接下来的一周中观察，如果该师傅改正了，当然皆大欢喜。反之，则一边加紧培养类似的师傅，一边寻找合适的替代者，在半个月内换掉此人。诚然，这样做难免会对厨房工作产生影响，但比起这样师傅带来的负面影响，还是快刀斩乱麻更为划算。
>
> **问题：**厨师队伍管理应遵循哪些原则？

第二节　厨房的设计与布局

厨房的设计与布局是否合理，将直接影响到餐饮产品的质量、厨房的生产效率和厨房生产人员的工作情绪，也关系到投入的资金是否能得到充分的利用。厨房的设计是餐饮经营的第一步，只有设计合理，才能谈得上布局。厨房的设计与布局对厨房生产和管理来说是至关重要的一步。

一、厨房设计与布局的基本要求

（一）保证工作流程连续顺畅

厨房工作流程，即厨房从原料进入到成品发出的一系列循序渐进的作业步骤。厨房生产从原料购进开始，经过加工和切割配份到烹调出品，是一项不间断、循序渐进的工作。因此，在进行厨房设计时，首先应考虑所有作业点、岗位的安排和设备的排放，应与生产、出品次序相吻合。同时要注意厨房原料进货和领用路线、菜品烹制装盘与出品路线，要避免交叉回流，特别要防止烹调出菜与收台、餐具洗涤、入柜的交错。厨房物流和人流的路线在设计布局时应给予充分考虑，不仅要留足领料、清运垃圾的推车通道，而且要兼顾大型餐饮活动时餐车、冷碟车的进出是否通畅。如果是开放式厨房，还要适当考虑餐厅可能借用厨房的空间来移动、布置餐桌、活动舞台等。

（二）厨房各部门尽量安排在同一楼层，并力求靠近餐厅

厨房的不同加工作业点，应集中紧凑，安排在同一楼层、同一区域。这样可以缩短原料、成品的搬运距离，提高工作效率，便于互相调剂原料和设备用具，有利于垃圾的集中清运，减轻厨师的劳动强度，减少客人等餐时间。同时，也更便于管理者集中控制

和督导。如果同层面积不能容纳厨房全部作业点，可将干货库、冷库、烧烤间等放到其他楼层，但要求它们与出品厨房有方便的垂直交通联系。

厨房餐厅如无法避免高低差时，不应以楼梯踏步连接，应采用斜坡处理，并有防滑措施和明显标识，以引起注意。

总之，厨房与餐厅越近，前后台的联系和沟通就越便利。厨房与餐厅应有长边相连，尽可能缩短从取菜点到餐桌的服务距离。

（三）注重食品卫生及生产安全

厨房设计布局，必须考虑卫生和安全因素。厨房选址要远离重工业区，500 米半径以内不得有粪场；若在居民区选址，30 米半径内不得有排放尘埃、毒气的作业场所。同时，还要考虑设备的清洁工作是否方便，厨房排污和垃圾清运是否顺畅。进入厨房原料的存放、保管、加工生产过程的卫生必须引起足够重视，这是生产经营工作的前提。厨房的原料存放应有适宜的位置、仓库、货架及温湿条件。冷菜、熟食间必须单独分隔，并配有空调降温、消毒杀菌等设施，保持其独立、凉爽的环境；还必须配备专供操作人员洗手消毒用的水池。拣摘蔬菜等加工均不得直接在地面或在店外露天进行，必须配备相应的工作台、有相应的室内空间。另外，厨房的防火、防盗设施，工作人员的安全通道，在设计布局时都应予以充分考虑。管道气、天然气用户的气表房及控制阀，应安放在明显而远离明火的位置。选用液化气、柴油等燃料的厨房，更要将燃料分隔设计存放在独立、安全、通风的场所。

（四）设备尽可能兼用、套用，集中设计加热设备

烹饪作业范围，随餐饮企业经营面积大小、网点多少而变。餐饮企业多功能厅、小宴会厅、风味餐厅、零点餐厅越多，烹调厨房就越多。各厨房若不合理安排布局，那么各厨房就要配齐若干套厨房设备。尤其是多功能厅厨房，若设备配备齐全，但使用频率不高，则会造成大多数设备的闲置。因此，应尽可能整合厨房资源、合并厨房的相同功能，如将点心、烧烤、冷菜厨房集中设置、集中生产制作，各出品厨房、各餐厅分点调配使用成品，可节省厨房场地和劳动力。

然而，在厨房设计中，首先必须保证厨房出品及时，质量可靠。否则，一味追求省、并、套，则可能事与愿违。传统的厨房设计，餐厅与厨房不在同一楼层，多以吊笼取菜。这样虽然省去了一个厨房，可出菜质量、时效大多受到影响。当不同批次餐饮活动同时进行，其负效应更加明显。针对这种情况，在不同楼层设计与餐厅规模相适应的烹调厨房，仅配备相应的烹调炉灶等必需设备，则是既经济又能保证出品质量的有效方法。

厨房加热设备最集中使用的地方是烹调间。除此之外，点心、冷菜、烧烤、卤水制作也都需要一定数量的加热设备，如炉灶、蒸箱、烤箱等。在设计时，应尽量将加热设备集中布局，以缩短加热源的延伸距离，节省投资，减少不安全因素。这样，也便于集

中设置抽油烟设施，以创造清新的厨房空气环境。

（五）留有调整发展余地

厨房设计布局，不仅要考虑当前，还应考虑企业中、长期发展规划和餐饮可能出现的新趋势，并计划餐厅上座率很高时，厨房生产对场地、设备及其功能的需要，为调整和扩大经营以及企业的发展留有适当余地。在设备的功能选配和厨房场地面积的确定上要有适当的前瞻性，要注意保留一定的间隙，以方便以后的调整。

二、厨房设计与布局应重点考虑的因素

根据餐饮企业的经营目标、菜单和生产要求进行厨房设计与布局，在确定设计与布局方案时应重点考虑以下几个因素：

（一）厨房的位置

在厨房的设计中，厨房的具体位置是应首先考虑的因素。通常中小型饭店的厨房都是具有多种功能的综合性厨房，而大型饭店的厨房通常由若干分厨房组成。因此，在总规划的前提下，设计时应尽量将厨房安排在方便进货、领料，方便工作联系，方便生产管理的区域内。在厨房位置的设计上，要求整体与局部相协调，以达到最佳效果。具体的要求是：

第一，厨房的设计要有利于厨房生产。主厨房最好设在底楼，分厨房应靠近主厨房，这样有利于生产管理，还可节省多种开支，有利于水、电、气等设施相对集中。

第二，厨房要尽量靠近所对应的餐厅，以缩短服务员传菜的路程和时间。

第三，主厨房要靠近食品贮藏区（冷库、干货杂品库），以方便领料和货物运送。

第四，厨房的地势要相对高一些，这样既便于通风和采光，又便于污水的排放，还便于货物的装卸。

（二）厨房的面积

影响厨房面积的因素很多，确定厨房面积是厨房设计中较为困难的问题。厨房面积的大小，受厨房的生产性质、厨房的种类、厨房所使用食品原料的加工程度、厨房生产量、菜单内容等因素的制约。如厨房使用未加工过的原料，那么该厨房就必须设置粗加工间。有些厨房所用的原料绝大部分是加工过的半成品，其厨房面积相对就可小一些。菜单简单或复杂，关系到厨房设备的多少。若菜肴复杂、工序多、使用设备多，厨房的面积就要求相对大一些。

（三）厨房的高度

厨房的高度是影响厨房通风状况的重要因素。若通风状况不佳，则厨房湿度难以控制，会对厨师身体健康和厨房的工作效率造成不利影响。一方面，厨房过低会使人感到压抑，影响菜肴的生产速度和质量；另一方面，厨房过高会造成空间和经济方面的损

失。一般情况下，厨房的高度以3.6~4米为宜。

（四）厨房的地面、墙壁和天花板

厨房是生产食品的地方，厨房的地面经常会出现一些汤汁、水渍或油渍。为了厨房员工的安全和厨房的卫生，厨房的地面应当选用防滑，耐磨，不吸油、水，且便于清扫的瓷砖。最常见的厨房地面材料是陶瓷防滑地砖或无釉瓷砖。这类材料粗糙，可避免厨师在用力搬运物体时，尤其在移动高温的油或汤汁时摔跤，其缺点是不方便清洁。其他品种的地面材料还有水磨石地面、塑胶地板等，易于清洁，有一定的弹性，但防滑性能较差。此外，厨房地面在铺设时应注意设计一定的坡度以方便排水。

（五）通风、照明和温度

厨房除利用自然通风方法外，还应当安装排风和空气调节设备，如排风罩、换气扇、空调器等，以保证在厨房生产高峰时及时排除被污染的空气，保持厨房空气的清洁。在有蒸汽的食品加工区域，如能及时排除潮湿的空气，可有效地避免因潮湿空气滞留而滴水的现象。

（六）厨房冷热水和排水系统

为了保证厨房生产和卫生的需要，厨房必须具有冷热水和排水设施。它们的位置以方便菜肴的加工和烹调为前提。通常，在各加工区域的水池和烹调灶的附近设有冷热水开关，在烹调区设有排水沟，在每个加工间设一个地漏。对于大型厨房，排水沟的位置应设置在距墙壁3米处，而两排排水沟之间距离以6米为宜，排水沟的宽度应在20厘米以上，深度不少于15厘米，水沟底部的倾斜度为2‰~4‰，采用不渗水、光滑的材料铺设。同时，排水沟应尽量避免弯曲。为了防止虫、鼠的入侵及食品残渣流出堵塞排水沟，排水沟附近应设置3段不同的滤网，并要设计防止逆流的设施。厨房的供水和排水设施都应当满足最大的需求。

（七）厨房的噪声

噪声会分散人的注意力，使工作出现差错。因此，在厨房设计中应采取措施消除噪声，将厨房噪声控制在40分贝左右。但是，由于厨房排风系统及机械设备工作，尤其厨房工作中的炉灶声音，厨房噪声不可避免。所以，在厨房设计和布局中，首先应当选用优质、低噪声的设备，然后考虑采取其他措施控制噪声，减少厨房事故的发生。

三、厨房设备的布局

厨房设备的布局必须有利于菜肴制作的质量和效率，缩短厨师在制作菜肴中的流动距离。除此之外，还要考虑各种设备的使用效率。厨房设备的布局方法很多，常用的方法有直线排列法、L形排列法、面对面排列法、带式排列法、海湾式排列法等。

（一）直线排列法

这种排列方法是将生产菜肴的各种设备按照菜肴的加工程序，从左至右，以直线排列。这种排列方法适用于各类厨房，尤其适用于较大型的厨房以及用餐时间比较集中的厨房。

（二）L 形排列法

L 形排列方法是将厨房设备按英语字母 L 的形状排列，这种排列方法主要用于面积有限，不适于按照直线排列的西式厨房。它的特点是将烹调灶具和各种蒸锅及煮锅分开，将烤炉、炸炉等排列在一条直线上，右方摆放煮锅和蒸锅，方便菜肴的加工和烹调。它最适用于服务到桌的餐厅厨房，有利于提高厨师的工作效率。

（三）面对面排列法

这种排列方法是将各种烹调灶具与蒸煮锅排列在厨房的两边，面部相对，呈两条直线平行排列。两排设备中间放两排工作台，两排工作台的中间是人行通道。

（四）带式排列法

这种方法根据菜肴的制作程序将厨房分成几个部门，每个部门负责一种或同类菜肴的加工和烹调，各部门常用隔层分开以减少噪声和方便管理。每个部门的菜肴加工设备都用直线法排列，这样，厨房中的各种生产设备的布局像几条平行的带子。带式排列法最大的优点是容易保持空气清洁，缩短厨师工作中流动的距离。

（五）海湾式排列法

根据菜肴的加工需要，在厨房设立几个部门或区域，每个区域就是一个专业生产部门。每个部门的生产设备按英语字母 U 排列，每一个 U 形区域都像一个海湾，这样就形成了厨房的海湾式排列。厨房的这种设备排列法的优点是可以使专业厨师和他们使用的设备集中在一起，缺点是设备使用率低。

尽管厨房设备的排列方法很多，但基本上都是根据它的类型、实际面积、建筑结构、菜肴或面点生产量等特点进行不同风格的布局，以实现厨房生产的卫生、安全及高效。

【知识链接】

冷菜间设置常识

冷菜间是冷菜成品切配装盘的场所。冷菜的制作遵循专人、专室、专用工具、专冷藏等制度。其入口处应设有洗手消毒设施的预进间。冷菜间内装置独立的空调设施，保持室内空气洁净度，并设置紫外光杀菌灯。水源供给管采用铜管连接，供应饮用水。为防止蚊蝇滋生，冷菜间内排水系统不应设置明沟，地面须保持清洁干净。冷菜间可用铝合金玻璃进行分隔，通过窗户传菜。冷菜间的温度应在 24℃以下。

第三节 厨房五常法管理

一、厨房五常法概述

厨房五常法是用来创造和维护厨房良好工作环境的一种有效技术，包括常整理、常整顿、常清扫、常清洁、常自律。厨房五常法是当今餐饮企业广为推崇的先进的自我管理模式，运用厨房五常法管理科学有效地提升厨房的安全、卫生、品质、效率、形象等，是生产高品质产品、提供高品质服务、杜绝减少浪费、提高企业效率、树立企业形象的最佳途径。

（一）常整理

判断必需与非必需的物品并将必需物品的使用数量降低到最低程度，将非必需的物品清理掉。目的是把空间腾出来以用来活用并防止误用。

（二）常整顿

要用的物品依规定定位、定量、明确地摆放整齐。目的是使物品整齐、有标示，不用浪费时间寻找物品，保证需要找的物品在30秒内找到。

（三）常清扫

清除工作场所各区域的脏乱，保持环境、物品、仪器、设备处于清洁状态。目的是环境整洁、明亮，保证取出的物品能正常使用。

（四）常清洁

连续地、反复不断地坚持前面三项活动，养成坚持的习惯，并辅以一定的监督措施。目的是通过制度化来维持常整理、常整顿、常清洁的成效。

（五）常自律

要求人人依规定行事，养成好习惯。目的是改变人的素质，养成工作认真规范的好习惯。

二、厨房五常法实施意义

（一）降低生产成本

通过执行物料先进先出、设置物料库存标准和控制量表的方法，库存保证不超过1～1.5天的量，大大减少由于一时找不到物品而重复采购的成本浪费，增加了流动资金，提高了资金周转率。

（二）提高生产效率

将长期无用的物品或清除或归仓，将有用的物品按使用量大小分高、中、低三个层次分别存放，保证所有物品有清楚的标签，保证需要的东西在30秒内找到。在设备上标明操作规程，以做到即使该岗位员工离开，找来的临时人员也能准确操作，这样管理者与员工就相对轻松许多。

（三）提高厨房卫生程度

通过对厨房内所有范围包括厨房天花、风口、隔油槽、油烟罩等死角的彻底清扫，使各处看来井井有条、光洁明亮，给顾客以信任感。

（四）改善厨房人际关系

厨房每一个岗位、区域都有专人负责，并将负责人的名字和照片贴在相应处，可以避免责任不清、互相推诿的情况发生，且通过不断鼓励，增强员工荣誉感与上进心，争取达到即使主管不在，员工也知道该怎么做和自己要负的责任。

（五）提高厨房员工素质

员工通过反复执行正确的操作而形成好的行为规范，养成讲秩序、爱清洁、负责任的习惯，变得更加文明，素质也在不断提高。清洁明亮的工作环境，管理有序的运作氛围，会吸引更多的员工人才。

三、厨房五常法管理实施步骤

（一）决定

即获得餐饮企业最高管理者的承诺并做好准备。企业最高管理者必须确立推行五常法的思想和决心，并设立专门的实施管理组织，由企业负责人负责。而且，像其他任何品质计划一样，最高管理者不能只是口头表态，而应作出全面承诺。在具体推行、实施和培训等需要经费支持时，最高管理者还应提供资金上的保证。

（二）策划

具体指做好五常促进活动的策划，要做的第一件事就是编制五常促进运动计划表。这个计划表可以包含以下几方面内容：五常管理小组应有专（兼）职人员和办公地点；确定本企业五常法实施的切入点和关键环节、关键部门或岗位；在第一步实施的计划中，要从五常的各个要素里，选取一项事情来完成。具体可采用五常日的形式。

1. 第一个五常日

常组织，发动全体员工，对所有的作业区域与作业环境开展整理，确定每项物品的使用作用、使用频率，并据此进行分类，坚决丢弃不需要的物品。

2. **第二个五常日**

常整顿，给常组织后确定需要留下的物品予以命名，给每一件命名物品贴上标签，确定位置使物品各有归属。

3. **第三个五常日**

常清洁，全体员工开展相应区域大扫除，包括对地面、墙壁、天花板、台面、货架等每一个角落的正面、背面、顶面、底面进行全面清扫，营造全新的清洁环境。

4. **第四个五常日**

常规范，体现视觉管理和增加执行透明度，主要区域有五常责任人分工示意图，设备、设施均有五常责任卡，制订五常管理制度，并在墙壁上贴出。

5. **第五个五常日**

常自律，分层分级开展五常培训，做好培训记录，使员工了解五常内容，分担五常责任，养成良好操作习惯，树立良好个人仪表。

管理小组对于五常促进活动中工作突出的部门、班组或个人，应及时予以总结、表彰和奖励，并为下一步的五常活动作出计划。

（三）培训

开展各个层面及全体员工的五常知识、五常理念和五常观念培训，是实施五常法管理必不可少的环节。五常法管理是以消除企业浪费和在企业内部进行持续的品质改善为目的的活动。开始实行五常活动时，每个企业都会感到比较辣手或是无从下手，而且当企业开始实施五常管理后，又会发现有很多新问题不断地产生和需要解决。虽然，企业一次可能只能解决一个问题，但不断地解决这些问题，企业的管理水平会不断提升。

在五常管理活动中，训练下属能够制订并实施自己的方案是一种必要的培训。培训的形式，可分层次、有重点地开展。培训的关键以员工操作指导培训内容为重点，使每一位员工都能从思想上、认识上、行动上了解为什么实施五常法、怎样实施五常法和如何实施五常法等知识，从而实现人人皆知五常、人人理解五常、人人参与五常。

（四）实施

就是具体推行五常法。这个阶段，主要依照五常法的有关内容，逐条对照，逐条落实，尤其应做好信息的收集保存。

应收集的主要信息有照片和录像。

照片是一种保持记录的良好方法。照片可以是整个厨房的全景图，也可以是某些功能部位的全景图。这些照片不仅可以供内部有关人员作参考，也可以作为企业实施五常法管理后取得进步的依据，同时可供评估专家参考。

录像已被用作一种解决问题和说服观众的有力工具。已实施五常法管理的企业发现，将五常日之前和活动期间的状况进行对比，很能鼓舞人心，从而激励参与人员的士气。

（五）维持

就是将已开展的五常法管理活动持之以恒地坚持执行下去。因此，需要对企业五常活动予以评估。在评估过程中，须确定评估方法和完善评估内容。

简言之，五常法的实施步骤就是获得高层管理者的承诺、起草五常计划并实施、组织五常培训、做好信息收集保存、完善评估等五个方面工作的有机结合。

四、厨房五常法管理基本内容

（一）卫生常清扫

把常清扫放到第一位，目的有二：一是让厨房中保持干净，保证出品的卫生；二是从卫生这个琐事开始，培养厨师认真严谨的态度，以使整个厨房队伍从潜意识上养成仔细认真的思维习惯，为实现另外四常打下基础。整个组织中的每个人都有负责清洁的责任区域，并有责任随时保持自己责任区的清洁。例如冰箱，以前是三天或者一个星期才会安排人员清理一次，现在则是采取个人承包制，每台冰箱都有专人负责（即切配人员），冰箱门上贴有负责人的姓名和照片，每天都要清洁。清洁冰箱的目的有以下几个：第一，保持冰箱中不会有霜，否则原料保存所需要的温度达不到，原料易变质；第二，冰箱中储存的物品不会出现异味；第三，降低细菌的存活率。冰箱清洁三方面内容：不锈钢表面的清洁，内部的清洁；发动机的清洁；冷菜间卫生，抹布、砧板、刀具每天消毒、清洗。

（二）所用物品常清洁

常清洁是指经常进行打扫，让厨房中所有物品保持清洁。冰箱门上贴有负责人照片、原料分布图，清楚表明每层放的是什么东西，以保证新手几秒钟找到所用的东西。原料以类别分放。盛调料的小缸也贴上标签，盛调料缸的托盘用彩笔打好格子，每个格子中写有调料名称，按次序摆放，颜色要分开。砧板用完后，要竖起来放在切配用的冰箱台上，台子上划好放砧板的位置，并写有“砧板”两字，依次摆好刀具等。冰箱台上可以画上线打上框框，下面贴上标签，分别写上原料名称，备料按顺序摆放。绞肉机等大型机器也要有画好的位置线，空调的管理也有规定，不能随便开关，可以在空调边上钉一个小筐，盛放遥控器，贴上张纸条写上空调运作时间、温度等；电话等也应该如此。

（三）仓库备料常整顿

目的是让各种物品在流动的过程中可以取用方便，以提高取用效率。凡同类的调料都应放在同一区域，并按不同品种和合理数量整齐排放，确保30秒内能找到。仓库开始实行五常法时，要先用尺子把每种调料瓶量一下，看瓶子直径多少，然后在货架搁板上纵向画两条红线，在搁板外侧贴上品名标签，瓶子以红线为中线摆成纵向两排，同时，为了让调料保鲜保质，可规定左进右出。例如，纵向放置的两排同一种的蚝油瓶，左边的始终是按序存入，右边始终是按序取出。

（四）工作常整理

常整理指对在厨房中的各种不常用、不常见的事或物采取三种处理方式：一是处理掉一批厨房中不常用、不常见的事或物；二是处理一批厨房中不常用却占地方的物品；三是处理厨房中各种不常见，非常规问题的制度。总的原则是，不能让任何物品放置的时间白白超过半个月。

（五）规章制度常自律

五常法推行一段时间基本成型后，仍须继续紧抓，否则就容易出现放松和忽视，同时还要不断地总结、反馈，不间断的培训员工，检查执行情况，并通过制度逐渐培养起员工的自律意识，提升员工素质，变要我做为我要做。

五、厨房重点岗位五常法管理要点

（一）冷菜间

第一，加工前应认真检查待配制的成品凉菜，发现有变质或其他感官性状异常的，不得进行加工。

第二，操作人员进入专间前应更换洁净的工作衣帽，并将手洗净、消毒，操作时应戴口罩。

第三，专间应由专人负责加工制作，非专间操作人员不得擅自进入专间。不得在专间内从事与冷菜加工无关的操作或其他活动。

第四，专间每餐（或每次）使用前应进行空气和操作台面的消毒。使用紫外线灯消毒的，应在无人操作时开启 30 分钟以上 。

第五，加工后的直接入口生食海产品应放置在食用冰中保存并用保鲜膜分隔，加工至食用的时间间隔不超过 1 小时。

第六，制作好的冷菜应尽量当餐用完。需批量制作的冷菜起锅后应使用消毒过的容器盛放，并应随即通过冷菜传送窗口放到冷菜间内进行冷却。剩余尚需使用的应存放于专用冰箱内冷藏或冷冻，并须在保存盒上标注具体的制作时间和保存日期。重新食用前，须按规定进行再加热处理。冷菜间使用的工具、容器应做到专用，用前应消毒。冷菜进出，必须经冷菜传送窗口传递，不得经过预进间传送。

第七，每周一次，对专间进行全面的大清扫，包括地面、墙壁、天花板、台面、货架等每一个角落，并保持地面干燥。

（二）食品采购贮存

第一，采购食品及食品原料时，须仔细确认食品的色、香、味、形等感官性状；采购的定型包装食品，在食品标签上应标有品名、产地、厂名、生产日期、保质期限等内容。采购的进口食品，须有中文标识。

第二，各类食品及食品原料入库前，须详细登记入册，详细记录采购日期及保质期，仔细检查原料入库前的色、香、味、形等感官性状，定型包装食品须检查标签是否完整齐全。

第三，食品应当按高、中、低用量，分区、分架、分层存放，实物与货架标签内容相符，距离墙壁、地面均在10cm以上，并定期检查，使用时，应遵循先进先出的原则，及时清除变质和过期食品。

第四，散装食品须使用专用的食品容器存放，并在容器上标注品名、采购日期、保质期等内容，当食品数量低于最低限量线时，仓库管理员应向采购人员提出采购建议。新采购的同类食品，不能直接加入原容器中，应先清理掉剩余食品再放入新购的食品（清理出的剩余食品可让厨房领用），并重新标注采购日期、保质期限。

第五，食品冷藏、冷冻贮存要求：原料、半成品、成品严格分开存放，冷藏、冷冻柜（库）应有明显标志。

第六，每周一次对仓库卫生进行全面打扫，检查仓库食品，检查进出食品的登记情况及食品质量。

（三）餐具清洗消毒保洁

第一，餐具、用具清洗消毒应按一刮、二洗、三冲、四消毒、五保洁程序进行。餐具清洗是保证消毒效果的基础，凡需消毒的餐具都须经彻底清洗。餐具清洗消毒应在固定的场所内进行，应使用专用的餐具清洗水池。在餐具清洗水池附近，应有带盖的废弃物容器，餐具上的食物残渣放入废弃物容器后，应及时加盖。

第二，已经消毒的餐具应及时放入保洁设施，保洁设施应结构密闭、易于清洁，并按标签位置摆放整齐。

第三，每天检查消毒设施是否运转正常，保持保洁设施及消毒设施整洁。自动洗碗机每次在开机前，应检查清洁剂、干燥剂、温度和时间的设定等。

第四，每周对工作场所进行全面的大清扫，包括地面、墙壁、天花板、台面等每一个角落。

（四）食品粗加工

第一，加工前应认真检查待加工食品，发现有变质迹象或者其他感官性状异常的，不得加工和使用。

第二，动物性食品、植物性食品做到分池清洗，水产品宜在专用水池清洗，禽蛋在使用前应对外壳进行清洗，必要时进行消毒处理。

第三，食品原料必须清洗干净，不得留有污垢。清洗好的食品原料须放在清洁容器内，盛放净菜箩筐不得着地堆放，盛放动物性、植物性、水产品原料的容器宜专用，并应放置在固定的位置，与标识内容相一致。

第四，食品粗加工产生的废弃物与垃圾应及时放入废弃物容器，并及时加盖。

第五，每周一次对工作场所、环境进行全面的大清扫，包括地面、墙壁、天花板、台面、货架等每一个角落。

（五）切配菜

第一，对所有预切配原料应例行进行质量检查，过期、腐败、变质等不符合卫生要求的原料不得切配，对未洗净的原料不予切配。

第二，切配工用具要标识清楚、定位放置，做到刀不生锈、砧板不霉、操作台面清洁、抹布干净。

第三，切配时，废弃物做到落手清理，及时放入废弃物容器，并及时加盖。

第四，每周一次对工作场所、环境进行全面的大清扫，包括地面、墙壁、天花板台面、货架等每一个角落，保持地面干燥。

（六）烹饪

第一，应对预加工食品及原料进行质量检查，发现过期、腐烂、变质等不符合卫生要求的，不得烹饪。烹饪食品按五常要求定点定位放置，回收的食品不得再烹调、再供应。

第二，烹饪食品应烧熟煮透，食品企业温度不低于70℃；需冷藏的熟制品，应在起锅后及时送冷菜间内进行冷却，并冷藏。

第三，厨师操作，严禁直接用勺子尝味，严禁用配菜盆盛放成品菜。

第四，烹饪操作使用的抹布，做到专用并随时保持清洁，禁止使用抹布揩擦盛装菜肴的碗盘。

第五，养成落手清习惯，烹饪结束，调料加盖，各种工具、用具，以及灶上灶下、台面灶面清洗整理干净，并将各类物品按标识位置存放；废弃油脂按规定统一存放处理。

第六，每周一次对工作场所、环境进行全面的大清扫，包括地面、墙壁、天花板、台面、货架等每一个角落，保持地面干燥。

（七）面点间

第一，面点师加工前应认真检查各种食品原辅料的卫生质量，发现有变质或者他感官性状异常的，不得用于面点加工。

第二，未用完的馅料或半成品，应及时放置到冷柜内，并在规定存放期限内用完。奶油类原料应低温存放。蛋糕类成品必须在专间内完成后续制作和分装。水分含量较高的含奶、蛋的点心应在10℃以下或60℃以上的温度条件下存放。

第三，散装原料应有统一盒子存放，并严格按标签画线定位，整齐规范摆放。

第四，每次操作结束，及时将工具、台面清洗整理干净，并将各类物品按标识位置放置。

第五，操作完成后，责任人员应对面点间内物品、卫生情况进行检查并做好记录。

第六，每周一次对工作场所进行全面的大清扫，包括地面、墙壁、天花板、台面、货架等每一个角落。

【复习思考题】

1. 简述厨房组织机构设置的原则。
2. 简述厨房设计与布局的基本要求。
3. 简述厨房五常法管理的基本内容。

【案例分析】

某市区餐饮投诉事件

12月14日中午，在一家装修公司上班的王某与朋友到该市区大街上的一家饭店里吃饭，饭吃一半时，李某在一道菜里吃出了一只苍蝇。吃了半饱的李某和朋友见到这只苍蝇再也没胃口，便喊服务员结账，并告诉服务员菜里有苍蝇，要求不结算这个菜的钱，但李某的要求被拒绝了。12月27日晚上，李女士与几位朋友在该市区一家风味饭店吃饭。有一道砂锅酸菜是张女士最爱吃的，她一连吃了几口酸菜后才发现砂锅里有一个像葱花被烧焦了的东西，仔细一看，原来是一只蟑螂。这一发现令李女士扔掉筷子立刻冲进了卫生间，之后她冲到吧台跟饭店主管理论。但饭店主管的态度更让她感觉反胃，“嚷嚷什么，不就是一只蟑螂嘛，给你换一锅不就完了吗！”这话彻底激怒了李女士，双方争吵半天后，饭店最后免了李女士她们点的砂锅酸菜钱。

为了弄清楚饭店厨房的状况，当地记者决定以应聘洗碗工的身份混进饭店厨房。记者走进了该市区的一家中档饭店看到，很宽敞的厨房里，有七八个穿白色制服、戴着白帽子的工作人员正在忙碌着，有切菜的、洗菜的，整个厨房的卫生状况还算可以。从该饭店出来，记者随后来到另一家的中档饭店，同样以应聘洗碗工的方式，混进该饭店厨房。记者看到，该饭店厨房的卫生状况很不乐观，满地的污水，后厨人员没戴帽子，生、熟食随意地堆在案板上。在一个凉菜推车上的最下一层放着一个大瓷盆，瓷盆里装着满满一盆类似水煮鱼似的混合物，上面漂着一层油。接下来对几家厨房进行暗访时发现，一些饭店的厨房极其不卫生，甚至有的饭店把切好的菜就简单地拿水涮一下就上锅炒。如果饭店厨房这种状况，那么食客会吃出苍蝇、蟑螂甚至是蜈蚣也不足为奇。

分析题：上述案例折射出厨房管理的哪些漏洞？

第七章

餐饮销售管理

导言

餐饮销售管理是餐饮经营者为实现企业经营目标在产品销售环节所从事的一系列管理活动。销售管理工作是否科学有效，直接关系着餐饮企业的盈亏与成败。而餐饮产品价格的制定、餐饮产品销售基本环节的控制是决定餐饮企业销售成败的关键。随着竞争的日趋激烈，餐饮企业对客户满意度和客户忠诚度也越来越重视，为了培养更多的忠诚客户，客户关系管理也成了餐饮企业管理的重要内容。

【学习目标】

1. 了解餐饮产品价格的构成、餐饮产品定价的原则及目标，熟悉餐饮产品的定价策略。

2. 掌握客人账单销售控制、出菜员控制、收银员控制及酒吧控制等餐饮销售控制的基本环节。

3. 了解餐饮企业客史档案的内容，掌握如何建立餐饮客史档案。

4. 了解餐饮企业促销的意义，掌握餐饮企业的促销策略，熟悉餐饮促销的方式。

【导入案例】

海底捞是一家以经营川味火锅为主的大型跨省直营餐饮品牌火锅店。2013 年 12 月，微信支付与海底捞宣布正式展开合作，海底捞在北京、上海、沈阳、天津、深圳等全国 21 个城市的近百家门店全线接入微信支付，这意味着顾客今后吃火锅不用带钱包，吃完直接扫描二维码就可用微信支付买单结账。节日期间，双方还联合推出特惠让利活动，顾客在海底捞就餐如果用微信支付，即可享受每台立减10元的优惠，还有可能获得海底捞5000元任吃大礼包。上述案例表明，互联网技术正推动着餐饮业发生日新月异的变化，并潜移默化地影响着餐饮企业改变自身的销售模式。

第一节 餐饮产品定价管理

销售价格体现了餐饮企业的档次、规格，反映了餐饮企业的市场定位、经营指导思想和经营策略。餐饮产品销售价格制定得合理与否，不仅影响着菜单的吸引力与餐厅的客源，而且直接关系着餐饮的成本结构和企业的经营效益。餐饮产品定价是餐饮促销的重要环节，影响到餐饮市场需求的变化，也影响到餐饮经营的盈利水平。餐饮产品定价既要考虑多方面的因素，也要运用适宜的定价策略。

一、餐饮产品的价格构成及定价原则

（一）餐饮产品的价格构成

对于任何一种餐饮产品，其销售价格应能弥补其原料成本、生产经营费用和税金，并获取一定的利润。因此，其价格由原料成本、生产经营费用、税金和利润四部分组成。公式为：

销售价格 = 原料成本 + 生产经营费用 + 税金 + 利润

原料成本指生产该产品所需要的主料成本、配料成本及调味品成本。

生产经营费用包括经营中的各项开支，如燃料费、水电费、运输费、房屋租金、修缮费、家具折旧费、办公费、职工工资及奖金等。这些费用应分摊到餐饮企业销售的每道菜品和饮料上。

税金是由税务部门代表国家或地方政府根据营业收入和国家税法规定的税率。税金的计算公式为：

税金 = 营业收入 × 税率

利润指营业收入扣除原料成本、生产经营费用和税金以后的余额。利润是资本经营所追求的目标，也是反映企业经营好坏的指标，餐饮企业经营的主要任务就是最大限度地获取利润。习惯上，人们将价格结构中的生产经营费用与税金及利润合并，称为毛利。这样，销售价格的公式又可简化为：

销售价格 = 原料成本 + 毛利

（二）餐饮产品的定价原则

1. 餐饮产品的价格必须反映餐饮产品的价值

餐饮产品的价格由成本、费用、税金和利润四部分构成。餐饮产品的定价应当是以

上四部分的体现，并且应符合价值规律的要求，以价值为核心。

2. 餐饮产品的定价必须适应餐饮市场需求

随着市场供求状况的变化，在价值规律的作用下，餐饮产品的价格总会围绕价值上下波动。因此，餐饮产品的定价应反映供求状况，以适应市场需求。供不应求的餐饮产品的价格可略高一些，供大于求的餐饮产品的价格应略低一些。供求关系发生变化时，餐饮经营者应对餐饮产品的价格作出及时的调整。

3. 餐饮产品的定价应保留一定的弹性

由于餐饮消费具有较强的随意性和季节性，餐饮产品必须根据季节变化制定合理的餐饮产品差价。另外，由于各地区消费者的消费观念、消费习惯、消费需求、消费水平等存在差异，餐饮消费具有地区性的特点。餐饮产品应制定较为灵活且具有弹性的价格，以满足消费者的不同要求。

4. 餐饮产品的价格应保持相对稳定

餐饮产品的价格虽然应具有一定的灵活性，但也不能频繁加以调整，因为餐饮产品的价格代表了该餐厅在市场上的形象，变化无常的产品价格会给顾客带来不稳定的感觉，甚至会挫伤潜在顾客的消费积极性，从而使需求量下降。因此，餐饮经营者不应随意调整价格，而且每次调价幅度也不宜过大（最好不超过15%）。

5. 餐饮产品定价应遵守国家的价格政策

餐饮经营者在制定餐饮产品价格时要严格遵循国家的相关政策与法规，如《消费者权益保护法》《反不正当竞争法》等；餐饮经营者不应利用信息不对称对消费者进行价格欺诈。

二、餐饮产品的定价目标

餐饮产品的定价目标应与企业经营的总体目标相协调，餐饮产品价格的制定，必须以定价目标为指导思想。

（一）以经营利润为定价目标

餐饮企业往往以经营利润作为定价目标。管理人员根据利润目标，预测经营期内涉及的经营成本和费用，然后计算出实现利润目标必须完成的收入指标。

收入指标 = 目标利润 + 原料成本 + 经营费用 + 营业税

决定销售收入大小的关键指标有两个：一是座位周转率，二是客人平均消费额。预测餐厅的座位周转率，就能预测出客人平均消费额指标。

客人平均消费额指标 = 每餐总收入/（座位数 × 座位周转率）

根据目标利润计算出的客人平均消费额指标，还应与客人的需求和客人愿意支付的价格水平相协调。在确定目标客人平均消费额指标后，就可以根据各类菜品占营业收入的百分比，来确定各类菜品价格的大概范围。

（二）以促销为定价目标

在有些情况下，管理人员出于经营的需要，定价的目的是增加客源和菜品的销售数量。例如，有些餐厅所处的位置过于偏僻，或餐厅的知名度较低，管理人员为了吸引客源，往往在一段时间内将价格定的较低。此外，有些餐厅为了应付激烈的竞争，以扩大和保持市场占有率，也会采取这一策略。

（三）以刺激其他消费为定价目标

有些餐厅为实现企业的总体经营目标，以增加客房或其他产品的销售作为餐饮定价的目标，其途径就是以较低的餐饮价格来吸引会议、旅游团体以及公务客人，以此提高客房出租率，使企业的整体利润增加。

三、餐饮产品的定价策略

定价策略在整个餐饮管理中属于战术运用的范畴。它是指根据企业的发展战略，结合企业当前的市场环境，在综合分析企业产品的成本、需求量和市场竞争的基础上，按照企业的经营条件和目标，选择最有利的价格量度和价格形式的一种定价策略。有效的定价策略对于餐饮企业吸引客源、增加利润、在竞争中取得优势地位等都具有重要的作用。

（一）新产品的价格策略

对新开张的餐厅或新开发的菜品，可采用市场高价策略或市场渗透价格策略。

1. 市场高价策略

当餐厅开发新产品时，通常将价格定得很高，以获取高额利润，当别的餐厅也推出同样产品且客人开始拒绝高价时再降价。这种策略通常适用于投资大、独特性强、竞争者难以模仿、目标客人对价格敏感度小的产品。企业采用这种价格策略能在短期内获取较大的利润，尽快收回投资资本。但是，这种价格能使企业获取较高利润，因而会很快吸引竞争者，导致竞争加剧，从而价格下降。

2. 市场渗透价格策略

这种策略是指新产品开发之初就将产品价格定得很低，目的是让消费者迅速接受其产品，从而使企业尽快打开市场。企业由于获利较少，能有效防止竞争者挤入市场，最终长期占领市场。市场渗透价格策略适用于产品竞争性大且容易模仿、目标客人需求的价格弹性较大的新产品。

（二）声望定价策略

声望定价策略是指餐饮企业利用自己在社会上的良好声誉或知名品牌而实施的一种定价策略。这种策略的基本出发点是首先形成具有知名度与美誉度的餐饮品牌与良好的社会声望，然后依据客源市场对本餐厅餐饮产品的理解价值来定价。例如，北京全聚德的烤鸭比同地市场上其他品牌的烤鸭的价格要高。

（三）诱饵定价策略

餐厅将一种客人关注率较高的菜品价格定得很低，甚至低于成本来销售，以此吸引客人，而客人来到餐厅后一定还会点别的菜，这样，定价较低的菜品就起到了吸引客人来店消费的诱饵作用。这一策略在市场促销学中称为晕轮效应，它能使客人产生出该店菜品价格低的整体好感，使店家的荣誉度不断提高，从而吸引更多的顾客前来就餐。

（四）心理定价策略

为了适应不同顾客的消费心理，管理者可以利用客人的数字心理反应进行定价。主要有以下 3 种方法：

1. 整数定价法

此法主要用于高档次菜品。因为整数价格比起带复杂尾数的价格来说显得更为简洁和体面，有一种餐厅不计较小差价的气派。

2. 尾数定价法

客人常常易于接受此法。带尾数的价格，一方面给客人一种该价格是经过认真成本核算而得出的感觉；另一方面，它看起来比整数价格要低，这对于追求经济实惠的客人比较有效。例如，某餐厅将某份菜点的价格定为 30 元钱，不如定为 29 元，给人的感觉是让利于消费者，从而有利于销售。

3. 吉祥数字定价法

这种方法适合某些客人追求吉祥的心理。人们都希望自己能有好运气，能够吉祥如意，餐厅可以利用客人这一心理进行定价。例如，在价格中选择带 8 的数字表示发财，选择带 6 的数字表示顺利，选择带 9 的数字表示永久，等等。

【同步案例】

游水活虾每斤一元

某餐饮企业的餐厅一直很红火，但每天晚上 8 点以后的就餐客人较少。餐饮部为此专门开展了一次讨论。餐饮部经理要求大家畅所欲言，为提高餐饮部的经济效益献计献策。餐厅服务员小虞建议道："我们能否推出几个特价菜来吸引客人的消费？"餐饮部经理听了以后对小虞说："说具体点。"小虞继续道："我们餐饮企业的广东客人较多，他们的用餐时间一般较晚，我们不妨在晚上 8 点后推出几道他们爱吃的特价菜，如活虾之类。"餐饮部经理接受了小虞的建议。经与厨房研究，几天后，该餐饮企业在大堂外的醒目位置悬挂了横幅，上面写道："晚上 8 点以后本餐厅推出特价菜：游水活虾每斤一元，烤乳鸽每只一元。欢迎惠顾！"

一周后，餐饮部经理从财务报表中发现：客人的餐饮人均消费与以前基本持平，但总的餐饮营业收入比以前上升了30%，利润额比以前上涨了10%。餐饮部经理为表彰小虞的建议，给他发了一笔数额不少的奖金。

问题： 这个案例中的餐厅用什么方法提高了餐厅的收入？

四、餐饮产品的定价方法

一般来讲，菜单上的餐饮产品定价方法主要有以下几种：成本加成定价法、目标利润定价法、理解价值定价法、通行价格定价法。

（一）成本加成定价法

成本加成定价法是一种最基本、最简单的定价方法，即以成本为基础，再加上一定的加成来确定产品定价的方法。

1. 外加毛利率法

外加毛利率法就是首先确定生产或销售成本，然后确定毛利率，最后计算出销售定价。例如，生产或销售成本为3元的饮料，按照过去的经验和通常的做法，确定60%的毛利率，则销售价格＝成本价/（1－毛利率）＝3/（1－60%）＝7.5元。

2. 价格系数法

首先计算出产品的成本，然后根据过去的经验和判断，估计产品成本占价格的百分比，价格系数就是这一百分比的倒数，最后用成本乘以价格系数，算出价格。餐饮经营者一般都规定食品和饮料的标准成本率，可用成本比标准成本率确定餐饮产品价格。例如，某食品的成本是30元，食品成本率是40%，则价格系数是1/40%＝2.5倍，其价格＝成本价×加价系数＝30元×2.5倍＝75元。

需要注意的是，成本加成定价法只考虑了成本因素，而没有考虑市场需求方面的因素。

（二）目标利润定价法

这是以成本为中心的另一种定价方法。其根据餐饮经营的成本和要达到的目标利润或目标收益率来确定价格。用公式表示，即：

价格（单价）＝（每份菜的原料成本＋每份菜的人工成本＋每份菜的其他经营费用）/（1－目标利润率－营业税率）。

例如，某菜肴每份菜的原料成本为8元，人工费为5元，其他经营费为2元，营业税率为5%，餐厅目标利润率为35%，则该菜肴定价应为：（8＋5＋2）/（1－35%－5%）＝25元。

（三）理解价值定价法

也称认知价值定价法，即把价格建立在产品理解价值基础上。定价的关键不在于卖方的成本，而在于买方的价值理解。餐饮经营者利用促销组合中非价格因素确定顾客对餐饮产品的认知价值，在此基础上进行餐饮产品定价。理解价值定价法是以现代产品定位理论为根据的，餐饮经营者要准确估算顾客对餐饮产品的价值评价，计算出按计划价格能够出售多少数量，算出计划的价格和成本，预计能否产生令人满意的利润。如果能，就按这种价格出售；如果不能，就要放弃。

使用理解价值定价法制定价格，必须设法在顾客心中树立品牌的价值，餐饮经营管理人员要通过促销调研对市场的理解价值作出判断。采用理解价值定价法，关键在于要有自己的特色，这样才会有理想的理解价值，才能制定较高的价格而不至于失去顾客。例如，某餐厅推出一种新菜，使用了市场上尚未广泛使用的食材，成本仅为 20 元，如果能够满足顾客尝鲜的心理，顾客能够接受定价 88 元/份，也未尝不可。

（四）通行价格定价法

通行价格定价法也称随行就市定价法，产品的价格主要取决于竞争者的价格，而很少注意自身的成本和需求。定价时，餐饮产品的价格可以与主要竞争者或行业的平均价格相同，也可以稍高于或稍低于竞争者的价格或平均价格。

一种是率先定价，即不是跟在别的竞争者后面，而是率先定价。如果这一价格能够为市场所接受，率先定价的经营者往往能获得较高的收益。

另一种是追随定价，即追随行业内起主导作用的经营者，制定与之大体相同的价格，并且随着其价格变化而调价，一般规模较小的餐饮经营主体都采用此定价法。

通行价格定价法是相当常见的定价方法，当经营者测算成本有困难或者需求及竞争对手不确定时，通行价格定价法就成为有效的解决方法。用这一方法制定的价格能产生公平的报酬，并且维持行业间的协调。不过，通行价格定价法忽视了产品的差别性以及顾客的价值观念，带有一定的盲目性，使得优质的产品可能得不到相应的回报。

第二节　餐饮销售控制管理

餐饮销售控制是从控制角度保证餐饮产品最终变化为餐饮商品的过程。这一过程的圆满实现，需要餐饮经营管理人员建立一个完整的餐饮销售控制体系，这个体系包括对点菜单的控制、对出菜检查过程的控制、对收银员的控制、对酒吧销售的控制，以及相应的销售控制指标与销售报表的建立与考核。

一、餐饮销售控制的意义

餐饮销售控制的目的是保证厨房生产的菜品和餐厅向客人提供的菜品都能产生收入。成本控制固然重要，但销售的产品若不能得到预期的收入，则成本控制的效率就不能实现。假如餐厅售出金额为1000元的食品，耗用原料的价值为350元，食品成本率为35%。如果餐厅销售控制不好，只得到900元的收入，则成本率会提高至38.9%。所以，对销售过程必须严格控制。缺少这个控制环节，就可能出现企业利润流失等问题。

二、客人账单控制

客人账单既是菜肴、酒水等物品的凭证，也是收银员开具账单、收取账款的依据，是餐饮收入发生过程中所需的第一张单据。

（一）点菜单的作用

搞好销售控制的第一个环节是要求将客人订的菜品及其价格清楚而正确地记在客人的点菜单上。如果销售的菜品不记入点菜单上，餐厅的营业收入就会减少，使得企业利润流失。客人点菜单具有以下作用：

第一，帮助服务员记忆客人所订菜品，以便向厨房下达生产指令。

第二，点菜单上记载客人订的菜品的价格，是向客人收费的凭证。

第三，书面记载各菜品销售的份数和就餐人数，以利于生产计划、人员控制、菜单设计等。

第四，用于核实收银员收款的准确性及核实各项菜品的出售是否都产生收入。

第五，可作为餐厅收入的原始凭证，将订菜单上的销售金额汇总，可统计出餐厅的营业收入，而这也是缴纳营业税的基础。

（二）点菜单的基本内容

为使客人点菜单产生以上作用，点菜单应包括以下内容：

1. 基本信息

包括日期、桌号、服务员工号或姓名、客人数等。

这些信息便于服务员向客人服务，以免将菜送错，并帮助辨别点菜单和餐桌服务由哪个服务员负责。这样，在服务和收入核算过程中若发现问题，便于追究责任。基本信息还可用于汇总每天餐厅服务的客人数、各时段服务的客人数以及每个服务员服务的客人数。

2. 订菜信息

包括客人订的菜品和价格。

点菜单上的菜品是客人要求订的菜，是对厨房生产下达的指令，其金额是向客人收费的凭证。通过订菜信息汇总产品销售额可统计出餐厅每日的营业收入，并在销售过程中起着核算和控制营业收入及现金收入的作用。利用订菜单上各菜品的销售信息，还可帮助确定菜品的生产计划和人员的配备安排。

存根上有客人点菜单的编号、日期、服务员工号或姓名、账单总金额、收银员签字等信息。客人付款后，收银员在账单和存根上盖上现金收讫字样，并将存根撕下交服务员保存，此存根可证明服务员已将账单和收取的款交给收银员，如果出现账单和现金的短缺问题，应由收银员负责。

如果企业有多个餐厅和酒吧，应使用不同颜色的点菜单以免互相混淆。

（三）账单编号

多数餐厅要求将客人账单编号，账单编号具有以下控制作用：

1. 账单编号能防止收入流失

在营业结束时核对账单编号，可以迅速查出账单是否短缺。

采用账单编号制度，可促使服务员监督客人结账付款，并控制服务员和收银员严格按账单收款，防止现金的短缺。

2. 可规定服务员对具体的编号账单负责

一些餐厅规定各服务员对指定账单本或账单号负责并要求签字。

如果某些人粗心或有意识地在账单上开错价格或账单缺号，通过查找账单编号的负责人，就很容易追查其责任。

3. 账单副本制度

副本制度是指账单一式两份或三份制度。账单的正联和副联应以不同颜色印制，应具有相同的编号，并具有复写功能。正联作账单，作为向客人收款的凭证；副联送厨房，厨房必须严格按照副联上填写的菜品和数量进行生产。副联要妥善保管，以便营业结束时对照检查有无空号。所有的副联都要求有相应的正联，厨房发出的菜品都有账单并已收款。

三、出菜检查员控制

规模较大的餐厅，在厨房中要设置一名出菜检查员。出菜检查员是食品生产和餐厅服务之间的协调员，是厨房生产的控制员。出菜检查员必须熟悉餐厅的菜品品种与价格，了解各种菜肴的质量标准。其具体职责是：

第一，保证每张订菜单上的菜都能及时生产，并保证服务员取菜和送菜正确无误。

第二，保证厨房只根据账单副联所列的菜名进行生产，每份送出厨房的菜都应在订菜单副联上清楚记载。

第三，检查客人账单上填写的价格是否正确，防止服务员为某种私利或粗心将价格写错。

第四，检查每份生产好的菜品的份额和质量是否符合标准。

【知识链接】

餐饮企业质检

餐饮企业质检是一项专业性很强的工作，质检工作对提升餐饮企业的服务质量起着重要的督导作用，专业性、复杂性、艰巨性并存。质检不仅仅是对卫生、维修质量的静态质检，更应该注重对服务程序、服务细节的动态质检，静态质态与动态质检结合，才能保证质检工作的有效实施。

1. 注重服务细节的检查

餐饮企业的工作流程中规定了许多细节，所有的细节都不是可有可无的，但一些细节往往被省略掉了。例如，餐厅的服务员在回答客人的问题时，应后退一步，以防自己的口水在讲话时溅到客人的饭菜里。但实际工作中很多服务员往往忽略这一点，这就是服务好与坏的差别。质检工作就是要鸡蛋里面挑骨头，就是要加强对服务细节的检查，坚持挑刺，从而使餐饮企业的服务更加规范化、人性化。

2. 建立自查与餐饮企业质检相结合的质检制度

通常情况下，对于质检查出来的问题，经理、领班会找一些理由辩解，比如“近期接待工作比较忙”“服务员上岗人数不够”等。事实上，虽然他们的辩解也可能是事实，但质检工作绝不能打折扣。还有一种情况，质检人员来检查的时候，各个岗位都很规范，表现很好。等质检人员走了，服务人员的工作质量通常会下降。如何杜绝或减少这种现象，关键在于经理和领班的事业心和责任感。

因此，餐饮企业对卫生、服务质量的检查是被动的，但也是必要的。从基层自身的质检开始，坚持流动巡查，才是质检的重点。所以说，管理人员要认清质检工作的重要性，由下而上逐级检查，建立内部自查与餐饮企业质检相结合的体制，才能保证质检的实效性。

3. 质检要与培训、绩效考核紧密结合

无论是质检、培训，还是绩效考核，都是为了保证餐饮企业的服务质量，三者应紧密结合，形成相互促进、有机统一的整体，共同促进餐饮企业服务质量的提高。

四、收银员控制

在一般餐饮企业的餐厅中，都设有专职的收银员。收银员的职责是记录现金收入和记账收入，向客人结账收款。收银处一般设在接近出口处。如果有收银机，不管是现金销售还是记账销售，每笔收入都要输入收银机。现金收入和记账收入必须分别统计。客人已付账的账单要盖上现金收讫章。

在销售汇总表中，收银员要按账单号登记。这样，账单如有短缺就会十分明显地反映出来，以便于对菜品销售进行控制。

值得注意的是，有的餐饮企业还设有稽核员，其职责是依据各联账单，对当天的生产和销售情况进行比较核对，发现问题，及时解决。

如果餐厅真正做到如前所述的严格管理账单，实行账单编号和出菜检查制度，收银员切实履行职责并辅之与相配套的账单稽核制度，销售过程中的舞弊行为将会大大减少。这些舞弊行为既包括内部职工的舞弊行为又包括客人的舞弊行为，如漏计和少计账额、交纳空头支票等。

五、酒吧销售控制

酒吧为节省人力，往往让调酒师兼作服务员，负责为客人订饮料，向客人提供酒水服务，填写销售记录，收取客人交付的现金并让客人在账单上签字。这些工作由一个人承担，往往会因缺乏控制而发生一系列经营问题，因此，管理人员对酒吧销售控制要采取严格的措施。

使用收银机的酒吧，服务员收到现金应立即输入收银机并打出账单给顾客，这样如果现金不对，顾客会及时发现。在单纯使用账单的酒吧，调酒师调制的向客人服务的酒水要记载在账单上，这样便于每日审查收入。大型企业中的酒吧有专职收银员，由于劳动有分工，舞弊较困难。

客房小吧是为方便客人使用饮料而设置的。为加强对客房小吧酒水销售的控制，在小冰箱上要设小吧的饮料订单，小吧内配备的饮料应有规定的品种和数量，客人饮用后，应填写在饮料订单上。每日由客房服务员检查小吧的饮料消耗数并补充至额定量，服务员还要检查客人是否填写饮料单，如没有写，应帮助填写并请客人签字。在客人退房结账时，前台收银员要问客人有否使用小吧饮料，而客房部也要及时将客人饮料账单转至前厅。

六、餐饮销售指标控制

（一）平均消费额

平均消费额是指平均每位客人每餐支付的费用。这个数据之所以重要，是因为它能反映菜单的销售效果，反映餐饮销售工作的成绩，能帮助管理人员了解菜单的定价是否合理，了解服务员和销售员是否努力促销高价菜、饮料。通常，餐厅要求每天都分别计算食品的平均消费额和饮料平均消费额，其计算方法是：

客人平均消费额指标 = 每餐总收入／（座位数 × 座位周转率）

管理人员应经常关注平均消费额，如果连续一段时间平均消费额都过低，就必须检查食品饮料的生产、服务、促销或定价是否出现了问题。

（二）每座位销售量

每座位销售量以平均每座位产生的销售金额及平均每座位服务的客人数来表示。平均每座位销售额由总销售额除以座位数而得。

每座位销售额这一数据可用于比较相同档次、不同餐饮企业的经营好坏的程度。例如，A 餐厅的年销售额为 468 万元，具有餐座 200 座，B 餐厅的年销售额为 350 万元，具有餐座 100 座，则 A 餐厅的每座位年销售额为 23400 元，而 B 餐厅的每座位年销售额为 35000 元，可见 B 餐厅的经营效益要好一些。

每座位销售额也常用于评估和预测酒吧的销售情况。在酒吧中，一位客人也许喝一杯饮料匆匆而去，也许整个下午在那里商谈公务，需要订十几次饮料。这样往往难以统计座位周转率和平均消费额，所以通常用每座位销售额来统计一段时间的销售状况。

（三）平均每座位服务的客人数

也常常被称作座位周转率，它以一段时间的就餐人数除以座位数而得。

餐厅早、午、晚餐客源的特点不同，所以座位周转率往往分餐统计。座位周转率反映餐厅吸引客源的能力。上例中，A 餐厅吸引客源能力高于 B 餐厅，但每座位产生的收入却低于 B 餐厅，说明 A 餐厅的菜单价格较低或销售低价菜的比例较高。

（四）每位服务员销售量

一是以每位服务员服务的顾客人数来表示。这个数据反映服务员的工作效率，为管理人员配备职工、安排工作班次提供基础，也是职工成绩评估的基础。当然，该数据要有一定的时间范围才有意义，因为服务员每天、每餐、每小时服务的客人数是不同的。不同餐别每位服务员的客人数不同，一位服务员在早餐能服务的客人数多于晚餐。不同餐厅的服务员能够服务的客人数也不同，高档餐厅的服务员不如快餐厅服务的人数多。

二是以销售额来表示。每位服务员的客人平均消费额是用服务员在某段时间中产生的总销售额除以他服务的客人数而得。

（五）时段销售量

某时段（各月份、各天、每天不同的钟点）的销售量数据对于计划人员的配备、餐饮促销和计划餐厅最佳的开始营业和打烊时间是特别重要的。

时段销售量可以两种形式表示：一段时间内所服务的客人数和一段时间内产生的销售额。例如，某咖啡厅 15：00～18：00 所服务的客人数为 30 位，产生的销售额为 900 元；而在 18：00～21：00 所服务的人数为 200 位，产生的销售额为 6000 元。很明显，在这两个不同时段应配备不同人数的职工。又如某餐厅原定于 24：00 停业，但在 22：00～24：00 只产生 80 元的销售额，管理人员经过计算发现这两个小时开业时间的费用和成本会超过收入，因此决定提前停业。

（六）销售额指标

销售额是显示餐厅经营好坏的重要销售指标。一段时间的销售额指标可以通过下式来计划：

一段时间的销售额指标 = 餐厅座位数 × 预计平均每餐座位周转率 × 平均每位客人消费额指标 × 每天餐数 × 天数

由于各餐每位客人的平均消费额相差较大，故销售额的计划往往要分餐进行。

第三节　餐饮客史档案管理

随着餐饮企业竞争的日益激烈和顾客消费个性化需求的不断加强，餐饮企业客史档案在餐饮企业经营与服务中的作用日渐显著。建立客史档案对提高餐饮企业服务质量，改善餐饮企业经营水平具有重要意义。

一、餐饮客史档案内容

餐饮企业客史档案是指餐饮企业在日常经营、服务过程中有意识地建立起来的客户信息资料与相关评价资料，它是餐饮企业信息资源的重要组成部分，是形成餐饮企业与客户良好关系的基础，是构筑餐饮企业产品体系的前提。客史档案管理的好坏直接影响餐饮企业社会效益、经济效益实现的程度，关系到餐饮企业的生存与发展。

（一）客户的常规档案

1. 单位客户档案

单位客户档案主要包括双方协议签订时所提供的单位名称、性质、经营内容、地址、负责人姓名、联系人姓名、联系方式、主要消费需求、消费折扣率、付款方式等信息。

2. 散客档案

散客档案是指客人在办理预订时所留下的第一手资料，主要包括客人姓名、性别、出生年月日、所属单位、常住地、有效身份证信息、联系方式、付款方式等要素。

（二）顾客消费个性化档案

这主要是指餐饮企业在各服务区域，通过不同渠道、方式，收集的有关顾客消费需求特点、行为特征、个人嗜好等方面的信息。

（三）客户信息分析档案

客史档案是客户信息的总汇，植根于对客户信息科学分析基础上所形成的经营、服务策略，是客史档案价值的真正体现。

客户信息分析主要从以下几方面进行：

1. **客户概况分析**

包括客户层次、风险、爱好、习惯等。

2. **客户忠诚度分析**

主要指客户对餐饮企业各项服务产品的认同度和购买热情。

3. **客户利润分析**

主要指客户消费不同产品的边缘利润、总利润额、净利润等。

4. **客户未来分析**

包括客户数量、类别、潜在消费能力等未来发展趋势，以及争取客户的手段、方法等。

5. **客户促销分析**

包括广告、宣传、情感沟通计划等。

客史档案是餐饮企业宝贵的资源和财富，通过客史档案，餐饮企业能够更为准确地了解市场动向和特点，把握自身客源结构、消费构成以及顾客对餐饮企业服务产品的要求、意见等情况，从而适应变化的趋势，正确决策，提高产品针对性，增强顾客满意度，更为稳固地占有市场。

【同步思考】

建立客史档案，利润会高出25%以上

根据调查，有客史档案的公司通常都会比没有客史档案的公司利润率高得多。

我们采用的方法是，每次顾客结账的时候（可以只针对埋单的顾客），很有礼貌地要求他写下自己的电话号码和姓氏并赠送一张9.5折的贵宾卡，最后的结果是有85%以上的都写了。在半年的时间之内，我们就积累了2500多名顾客的电话号码，最后统计出了有600名的老顾客（只有老顾客才是真正的顾客）。在淡季的时候给这些顾客发短信欢迎他们再次光临，这个时候有10%～15%的顾客会立刻回来继续消费。

这个方法几乎没有任何成本，更重要的是，很少有餐厅企业使用这种方法。

请思考：分析建立客史档案对餐饮企业的重要性。

二、餐饮客史档案资料搜集

客史档案能够较好地反映餐饮企业的服务意识，拉近与客户之间的距离，让顾客产生信任、安全、亲切的感觉。作为餐饮企业员工，在服务中要用心倾听、细心服务，认真观察客人的一举一动，尽可能多地获取顾客信息。客史资料可由以下渠道搜集：

（一）引领员的资料搜集

一名优秀的引领员能够在客人到来时准确地用姓氏尊称顾客，同时能够将宾客详细的信息，如特殊喜好、生日、联系电话、喜爱的菜品、爱喝的酒水等准确地传达给值台服务员或点菜员。引领员在与顾客交流过程中可委婉地询问客人的姓氏，并做好传递和记录工作。

（二）点菜员的资料搜集

点菜员主要是为客人做搭配营养、合理用餐的引导工作，具有娴熟服务知识的点菜员有一定的权威性，可以作为宾客的向导，也是餐饮企业产品对外宣传的桥梁。在点菜过程中点菜员可运用婉转的语言与顾客沟通，并进一步了解客人的姓氏及特殊的喜好。

（三）值台员的资料搜集

值台员可以通过用餐过程的细心服务，借询问茶水、酒水等机会，及时与客人沟通，及时记下客人的姓氏尊称，在服务中注意客人的举动，特别是对某一菜品的喜好等。

（四）餐饮企业管理人员的资料搜集

餐饮企业管理人员要具有良好的沟通能力，在餐厅巡检过程中随机拜访客人，征求客人意见，用姓氏尊称客人应是管理人员与客人交往所具备的基本能力，这样会使客人产生一种受关照的感觉。对于不熟悉的新客户，管理人员可以采取意见征询表的形式征询客人意见，同时运用婉转语言与顾客沟通，问客人姓氏并即刻使用，然后形成文字记录备用。

（五）收银员、接待员的资料搜集

优秀的收银员、接待员应熟悉关系单位及老客户的姓氏、结账方式或特殊需求、联系电话等。客人出示证件时是记忆客人姓氏，获取信息的极佳时机。

另外，管理、服务人员也可通过客户的司机、朋友了解其相关信息。

（六）建立顾客卡制度

顾客卡，亦称顾客信息卡，是餐饮企业为顾客准备的名簿。其记录方式主要有以下几种：开账单时，交给顾客客人资料登记卡或问卷表，请顾客离开时交还；吧台收银时，问明顾客的姓名、地址，并记于顾客名簿上；向客户赠送优惠券，在赠券时请顾客留下自己的姓名、地址等相关信息；向顾客赠送优惠卡或贵宾卡，借此机会获取顾客相应的信息。

三、餐饮客史档案的建立

收集到足够的顾客信息后，要有专人对信息进行筛选整理，分门别类进行汇总，贮存于微机信息库中。对于没有进行微机管理的餐饮企业，可将客史档案编制成册，置放于各吧台和收银台处，以便及时查阅。

（一）客人常规档案的建立

客人常规档案是指建立记录有关用餐客人的姓名、性别、年龄、工作单位、用餐形式、用餐的时间、消费规模等资料的档案。其中，客人的姓名尤其重要。客人第二次来消费时，如果服务员能够记住对方的姓名，客人会倍感亲切，从而增加来此用餐的次数和兴趣。

（二）客人个性档案的建立

客人个性档案是指建立记录有关前来用餐的客人言谈、举止、外貌特征、服饰、性格、爱好、志趣、经历、生日、结婚纪念日、家庭成员情况、性格、饮食习惯等资料档案。

（三）客人习俗档案的建立

客人习俗档案是指建立记录有关客人的民族风俗、民族习惯、饮食习惯、宗教信仰、颜色习惯、各种忌讳等资料的档案，如应该全面了解用餐客人的饮食习惯，掌握客人喜欢吃的菜肴、口味、菜系等。

（四）客人反馈意见档案的建立

客人反馈意见档案是指建立记录有关客人对餐厅设施的要求、对餐饮服务质量的评价、对某个服务员的印象、对餐饮服务的批评意见和表扬信件以及投诉、对餐饮服务的建设性建议等资料的档案。

餐饮客户档案因对象不同、餐饮规模差异，客户档案内容也有所不同。档次比较高的企业可导入 CRM 客户管理软件进行信息化管理，一般规模的企业可根据实际客情进行重点归类管理。

应该指出的是，客史档案设立后，要注意把顾客每次来就餐的宴会菜单收到客史档案中去，并注明顾客每次来就餐时对菜品的评价，以便作出相应的调整。这也是餐饮客史档案同其他客史档案不同、较易被人们所忽略的地方。

【知识链接】

餐饮企业的客户关系管理

餐饮企业中的客户关系管理是一种在餐饮企业和客户之间达到双赢的管理意识，其核心就是发现客户的价值观念，满足客户的需要，通过开发客户的潜在价值实现客户利益和餐饮企业利润的最大化。客户关系管理强调通过与客户的互动来减少销售环节，降低经营成本。由于受商圈的限制，对餐饮企业来说，客户是十分宝贵的战略资源，对这一资源的保护和利用，关系到企业的生存与发展。客户关系管理作为一种先进的管理思想，是现代企业通过计算机管理企业与客户之间的关系，以实现客户价值最大化的方法。因此，导入客户关系管理对餐饮企业来说，具有非常重要的意义。

四、餐饮客史档案的补充、更新与管理

销售部负责餐饮企业总体客史档案的补充、更新与管理，餐饮部负责餐饮档案的补充、更新与管理，做到信息互动共享。

销售部每月对 A 类（关键类）新开发的客户进行回访，并协同餐饮部每月进行有针对性的回访。

销售部会同餐饮部负责人每月召开一次客史档案补充更新专题会，确定月度重点关注的客人名单。

销售部会同餐饮部每季度召开一次消费分析会，并根据客户消费情况，对其进行 A 类（关键类）、B 类（主要类）、C 类（普通类）客史档案动态转换，并做好 A、B、C 类客户上半年、下半年及年度消费的分析会议。

第四节　餐饮企业促销管理

一、餐饮企业促销的意义

促销是餐饮企业为了激发顾客的购买欲望，影响他们的消费行为，扩大产品销售而进行的各种信息沟通的过程，是餐饮企业进入市场、促成销售的直接手段。

（一）传播信息

即通过促销活动向顾客传播有关餐饮企业的产品信息，使顾客了解产品信息，为进一步的销售打下基础。

（二）促进销售

即通过促销活动加深顾客对餐饮企业和餐饮产品的了解，激发顾客的消费欲望，达到扩大销售的目的。

（三）提高竞争力

即通过促销活动使本餐饮企业产品与其他竞争者产品的差别和所具有的独特优点得到消费者的认同，巩固市场地位。

（四）树立餐饮企业和产品的形象

即在扩大销售的同时，树立餐饮企业及其产品在公众心目中的形象，培养顾客对餐饮产品和餐饮企业的忠诚，从而扩大促销策略选择的空间，为企业的长远发展创造有利条件。

二、餐饮企业的促销策略

促销策略也称促销决策，是指餐饮企业在促销方面所作决策之总和。随着市场竞争的日趋激烈，许多餐饮企业的经营者都面临更多的压力和挑战，这些挑战和压力主要来自两个方面：一是餐饮市场需求变化越来越快，二是竞争越来越激烈。为了在激烈的竞争中取胜，必须在促销中实施相应的促销策略。

（一）品牌促销策略

餐饮企业的产品是餐饮制品、餐厅环境氛围和餐饮过程中的服务所形成的组合体，除了其中的有形部分以外，服务占据了很大的部分。餐饮服务具有无形性、多样性、无法储存性、生产和消费同时发生性，要让顾客把自身的产品与其他餐饮企业的产品区别开来，就必须把企业的名称、特色美味佳肴、独特的环境气氛、优质的服务等联系起来，形成企业的整体形象，给人以深刻的印象，这就是餐饮企业的品牌。

1. 品牌对内可提高员工的敬业精神，对外可提高顾客的忠诚度

品牌是全体员工长期以来精心培育出来的，尤其是我国的2000多家中华老字号餐饮企业的著名品牌，它们是历代人努力的结果，是集体的荣誉，全体员工应努力维护企业的品牌形象。品牌可使员工对企业形成强大的凝聚力，自觉地做好各自岗位的工作，提高质量和效率。对于顾客来说，品牌的感召力和享受的实际效益都促使他们逐渐成为餐饮企业的忠诚的消费者，并成为企业的宣传者，企业可从忠诚顾客身上得到持续的发展动力。

2. 餐饮企业品牌塑造

对于老字号餐饮企业来说，名菜、名点、名小吃、名厨、名店等具有重要的知识产权，它是企业的巨大的无形资产，是企业的生命力所在。有些国营的老字号名店存在经营手段陈旧、企业效益偏低、负担过重等问题，但是名牌中仍然积淀着深厚的文化底蕴

和广大顾客对它的信任，这就是企业重新发展的基础。应该深入挖掘名牌的文化渊源，在继承传统的基础上着力于创新，包括创新菜点、创新设备环境、创新服务、创新内部管理、创新经营模式等，使老字号餐饮企业焕发青春。对于新兴型餐饮企业来说，创造自己的品牌是企业经营的重心所在，也就是说，餐饮企业要树立自己的经营特色，它集中体现在品牌上。为此，餐饮企业要在以下各方面花更多的精力：

（1）提高厨艺，创造顾客喜爱的菜品、食品、饮品，做到人无我有，人有我优，特色突出。

（2）提高服务质量，创造与饮食文化相适应的餐饮环境和餐饮服务，大打文化牌，使品牌不仅有产品的有形展示，而且有内涵功底，将餐饮企业的企业文化融入品牌之中。

（3）抓管理，促质量，靠优质的服务在顾客中赢得信誉，从而树立自己的品牌。

（4）开展品牌促销，以品牌开拓市场，提高本企业在餐饮市场上的知名度和市场份额。

（5）不断创新，改善经营管理，使品牌在新的时期融入新内容，永远保持竞争的优势。

（二）个性化产品策略

1. 准确进行市场定位

餐饮市场是变化最迅速的市场，同时餐饮企业面临着同行的激烈挑战，低档次的削价竞争和广告战使企业得不到应有的利润。餐饮企业必须转变竞争策略，重新塑造自己的企业形象。为此，企业应广泛深入地调查餐饮市场需求和供应的情况，尽量避开竞争的锋芒，选择尚未饱和的细分市场，突出自己的竞争优势，准确进行市场定位，锁定特定的目标市场，并根据这些细分市场的顾客需求特点，创造自己的特色经营。

对于一个成熟的餐饮企业来说，重新审视自己的市场定位是十分必要的，过去餐饮业界鼓励大众化经营和多元化经营，显然已不适合目前的市场，各种特色突出的酒家、餐馆、快餐店等经营成功的秘诀就在于其市场定位和经营决策的准确性。

2. 不断创新餐饮产品

顾客求新求变的消费心理趋势使餐饮市场上多数产品的生命周期越来越短，餐饮企业必须不断研发新产品推向市场，以满足顾客的新鲜感。

创新餐饮的整体产品是餐饮企业经常采用的策略。整体的餐饮产品包括餐饮制品、餐厅环境氛围和餐饮服务三个部分，它们都可以实施创新。厨房可以选用过去不常用的无公害、无污染的绿色原料、特殊的酱料和调味剂，采用中西方结合的烹饪方法，使用制作精细、造型别致的盛器等，都可以创造出新口味、新菜品、新食法，给顾客以全新的享受。餐厅可以通过环境装饰、灯光设计、背景音乐等，营造出别致的场景气氛，再配上应不同类型顾客需求的个性化餐饮服务，使顾客在整个用餐过程中亲身体验餐饮文化的内涵。

3. 提高顾客满意程度

从促销的角度出发，餐饮企业应以顾客需求为中心来提高他们的消费价值，追求创造顾客满意度最大化的目标，同时要降低经营成本，保证企业创收的根本利益。这两者如何统一是关系到餐饮企业如何进行科学决策的问题，对菜单中热销的品种进行量化分析是达到两全其美的有效途径之一。

（三）服务促销策略

1. 顾客满意是餐饮企业追求的目标

餐饮企业如何吸引顾客和保持住顾客是管理者们经常思考和探索的问题。从促销的角度看，如果顾客对餐饮消费的全过程满意，那么当他们下次需要外出就餐时就会选择再次光顾这家餐饮企业。久而久之，顾客的满意感就会上升为对企业的忠诚感，他们不仅自己成为企业的常客、熟客，还会介绍亲朋好友来消费。这对提高企业的知名度，扩展市场面十分有益。因此，餐饮企业应十分重视顾客每次消费后的满意程度，这是比广告更有影响力的促销方式。

2. 餐饮产品的质量是顾客满意的基础

要使顾客满意并非只靠优惠的价格，顾客在消费后认为在这里用餐的经历物有所值，他们对企业的满意感会达到较高的水平。

餐饮企业要把提高整体餐饮产品的质量放在重要的位置，以优质的产品和服务来赢得顾客的满意感，进而留住顾客和开拓客源市场。

根据服务促销战略，餐饮企业应以准确的市场定位为基础，认真了解目标市场顾客的真实需求，重新审视菜单的品种，严格控制菜品的质量。另外，还应做到：改善餐厅环境，突出环境的特色；重新设计服务流程和操作规范，对员工进行培训，并加强餐厅现场管理，从而全面提高质量；建立顾客档案，记录他们的特殊需求；建立顾客意见反馈制度，经常检查产品整体质量是否达到每一位顾客的要求，如果出现差错，顾客产生了不满情绪，企业要马上实施补救性措施，尽量使顾客满意。服务促销不必刻意大量投资于促销，但要抓住餐饮企业最根本的质量问题，依靠顾客对企业的满意感来建立两者之间的长期关系。

3. 重视内部促销，充分发挥员工的潜能

对于餐饮企业来说，员工不仅是为顾客服务的劳动力，而且是企业的内部顾客，为员工提供优质服务，可以增强他们对企业的归属感和主人翁精神，从而使他们自觉把企业的促销目标化为本岗位的服务行为，进而相应地提高顾客感觉中的服务质量。所以餐饮企业要求员工为顾客提供优质产品和服务，企业管理人员必须首先为员工提供优质的内部服务。这就是内部促销的核心理念。

餐饮企业的内部促销工作必须结合餐饮运作过程和员工的实际情况，设身处地地为员工着想，帮助他们解决实际问题，使员工感受到企业对他们的关心和爱护，从而自觉地为顾客提供优质的服务。

三、餐饮企业的促销方式

餐饮企业外部促销方式多样，传统的促销方式主要有广告促销、人员促销、公共关系促销和营业推广促销。随着电子商务迅猛发展，现代餐饮企业利用电子商务平台促销已随处可见。

（一）广告促销

广告是指广告主为了达到一定目的，通过付费，对有关产品、劳务、事件和观念等方面的信息进行有选择、非人员的传播。广告是一种常用的促销手段，其基本功能是通过传播各种有价值的信息，实现与广告对象的沟通，进而树立企业形象和品牌形象，扩大销售，促成交易。餐饮广告有很多种形式，包括店面广告、报纸广告、电视广告、广播广告、户外招牌广告以及标语和传单等。餐饮广告的目的就是向公众或特定市场中的潜在顾客宣传餐饮产品和服务，吸引顾客到餐厅用餐。

【同步思考】

绿色食品、保健环境将更为人们所重视

随着人们对环境污染、生态平衡、自身健康等问题的关心程度日益提高，无公害、无污染的绿色食品、保健食品，受到了消费者的欢迎，许多餐饮企业为了适应这种需求，纷纷推出了自己的保健绿色食谱，并增加保健设施，营造保健环境。

近几年，国内外的许多有识之士，对健康的概念提出了全新的解释。许多餐饮企业据此推出了一系列的促销措施，如促销健康食谱、引进健康信息、提供健康设施（如提供与健康、运动相关的杂志，或附设健康俱乐部、瑜伽教室，或放映外国运动影片，举办健康食谱讲习班等）。

请思考：餐厅如何对绿色食品进行广告促销？

（二）人员促销

人员促销是指通过与一个或多个潜在购买者直接交谈，说服其购买产品，建立和维护交易关系的促销方式，其具有针对性强、机动灵活、反馈及时、双向沟通等特点。与其他促销活动相比，人员促销是一种成本较高的促销手段。餐饮促销人员可以直接回答顾客提出的问题，面向顾客介绍餐厅的服务设施和菜品特色以及价格标准。相对于广告传单来说，人员促销更具备可信性。

（三）公共关系促销

公共关系是一个企业或个人与公众的交往，或者更确切地说，它是企业与顾客的关系、企业与员工的关系、企业与社区的关系、企业与股东的关系以及企业与各种新闻媒体的关系。餐饮企业要处理好面临的社会关系，为生存和发展创造一个良好的社会环境。其主要内容主要有以下几个方面：协调餐饮企业与员工之间的关系，做好内部公众的公共关系工作；建立良好的宾客关系；充分运用新闻媒介，扩大餐饮企业在社会上的知名度和美誉度；运用公共关系，做好餐饮企业促销工作；监测社会环境，分析发展趋势。

（四）营业推广促销

营业推广是指鼓励销售或购买某种产品的一系列短期刺激手段的总和。其主要步骤包括：确定营业推广目标；选择营业推广工具；制订、实施和控制营业推广计划；评价结果。

（五）餐饮电子商务平台促销

餐饮业电子商务是指以网络为载体，以餐饮信息库、网络银行为基础，利用先进的电子手段运作餐饮业及其分销系统。它集合了客户关系学、消费者心理学、商户心理学、计算机网络等多门学科，展现和提升了网络和餐饮的价值，具有营运成本低、用户范围广、无时空限制以及能同用户直接交流等特点，提供了更加个性化、人性化的服务。目前我国餐饮企业大致通过以下形式开展电子商务：

1. 由第三方建立的餐饮综合性网站

此类网站只做简单的信息发布，主要介绍饮食文化、营养保健、各家菜系、有名的餐馆等。

2. 有店铺形式的餐饮企业建立的网站

此类网站主要以宣传介绍企业为主，网上交易较少，只有部分餐饮企业的网站已经真正开展 B2C 业务，并且取得了很好的效果。

3. 无店铺形式的餐饮企业电子商务

这种餐饮业的电子商务经营模式适合没有常规餐饮营业店面的企业或个人。运用这种模式最著名的是丽华快餐，其开创了国内无店铺经营模式，专营快餐外送。

4. 餐饮业电子商务门户网站

用户通过网络实现餐馆查询和预订服务，企业对通过网上预订的客户给予相应的折扣。

5. 区域性的餐饮电子商务网站

主要利用地理优势在某个或几个居民小区，甚至是在学校内部进行的餐饮电子商务活动。这类网站通过组织附近的多家餐饮店，利用网络的优势，接受外卖订单，一般规模较小。

6. **大型连锁餐饮企业的电子商务**

这种形式发展得较成熟，从原料采购到网络营销已做得相当成功。如必胜客餐厅的网站，有网上订餐、下载优惠券等服务。

【复习思考题】

1. 简述餐饮销售控制的意义。
2. 餐饮企业如何推出符合市场需求的个性化产品？
3. 餐饮企业的促销方式有哪些？

【案例分析】

定位餐厅的独特卖点，塑造餐饮品牌

在美国，汽车经销商卖新车的利润只占20%，其余80%来自售后服务与旧车买卖。那么，经销商应该把卖点集中在售后服务或是旧车买卖上吗？都不是。经销商就是应该把卖点放在新车上。因为新车可以同时驱动新车及旧车的买卖。如果你不卖新车，你就不会有售后服务，你也不会有旧车换新车的生意可做。

同样的道理，某餐厅的卖点是苗家酸菜鱼，这是其特色菜，但是价钱并不贵，赚钱的是其他菜肴（酸萝卜蹄花汤、鸡汁鱼汤和一些特色凉菜等）。

分析题：餐厅如何靠定位独特卖点来塑造品牌？

第八章

餐饮服务质量管理

导言

餐饮服务质量管理是餐饮企业管理工作的重要内容。餐饮产品质量包括有形产品质量和无形产品质量两大部分。在有形餐饮产品高度同质化的今天，提高餐饮服务无形产品质量成为餐饮企业在激烈的市场竞争中获胜的一个重要法宝。餐饮服务质量内容涵盖较广，需要在餐饮服务的全过程进行追踪监控。了解服务质量的构成和控制方法是有效提高餐饮服务质量的前提和基础。

【学习目标】

1. 理解餐饮服务质量的含义、内容及特点。
2. 懂得如何对餐饮企业的服务质量进行控制、督导和检查。
3. 掌握全面质量管理相关概念，进而提高餐饮企业服务与质量综合管理能力。

【导入案例】

在龙都餐厅，一桌客人定菜时点了一只龙虾。龙虾做好上桌后，客人发现龙虾颜色不对。就问服务员："小姐，上次我在这儿吃的龙虾是白色的。为什么今天的龙虾肉颜色是粉色的？是不是不新鲜呀？"服务员回答："不是的，先生，龙虾肉颜色不同主要是品种不同！"客人又问："你们这供应的不都是澳洲龙虾吗？"服务员不耐烦地回答："人还有黑白呢，何况龙虾！"客人被噎得瞠目结舌。如此服务态度，这家餐厅的整体服务质量可想而知。

第一节 餐饮服务质量概述

一、餐饮服务质量的含义

餐饮服务质量是指餐饮服务企业以其所拥有的设备设施为依托，为客人所提供的服务在使用价值上适合和满足客人物质和心理需要的程度。关于餐饮服务质量的理解通常有两种：一种是广义上的餐饮服务质量，它包含组成餐饮服务的三要素，即设备设施、实物产品和劳务服务的质量，是一个完整的服务质量的概念；另一种是狭义的服务质量，是指餐饮服务劳务服务的质量，它纯粹指服务员的服务劳动所提供的，不包括以实物形态提供的使用价值。

本书是从广义上去理解餐饮服务质量，包括有形产品质量和无形产品质量两个方面。

二、餐饮服务质量的内容

餐饮服务是有形产品和无形产品的有机结合，餐饮服务质量取决于有形产品质量和无形产品质量的完美统一。有形产品质量是无形产品质量的凭借和依托，无形产品质量是有形产品质量的完善和体现，两者相辅相成，构成完整的餐饮服务质量的内容。

（一）有形产品质量

有形产品质量是指餐饮服务企业提供的设备设施和实物产品以及服务环境的质量，主要满足客人物质方面的需求。

1. 餐饮服务设备设施的质量

餐饮服务企业是凭借其设备设施来为客人提供服务的。餐饮服务设施设备是餐饮服务企业赖以生存的基础，是餐饮服务劳务服务的依托，它反映出一家餐厅的接待能力。餐饮服务设备设施质量也是服务质量的基础和组成部分，是餐饮服务质量高低的决定性因素之一。

餐饮服务设备设施包括客用设备设施和供应用设备设施。

客用设备设施也称前台设备设施，是指直接供客人使用的设备设施，如餐厅、酒吧的各种设备设施等。要求做到：设置科学，结构合理；配套齐全，舒适美观；操作简单，使用安全；完好无损，性能良好。其中，客用设备设施的舒适程度是影响餐饮服务质量的重要方面。舒适程度的高低一方面取决于设备设施的配置，另一方面取决于对设备设施的维修保养。因此，随时保持设备设施完好率，保证各种设备设施正常运转，充分发挥设备设施的效能，是提高餐饮服务质量的重要环节。

供应用设备设施是指餐饮服务经营管理所需的生产性设备设施，如厨房设备设施等。供应用设备设施也称后台设备设施，要求做到安全运行、保证供应，否则也会影响服务质量。所以，餐饮服务企业只有保证设备设施的质量，才能为客人提供良好的服务，进而提高餐饮服务的声誉和服务质量。

2. 餐饮服务实物产品质量

餐饮服务实物产品可直接满足餐饮服务客人的物质消费需要，其质量高低也是影响客人满意程度的一个重要因素，因此实物产品质量也是餐饮服务质量的重要组成部分。餐饮服务实物产品质量通常包括菜点酒水质量、客用品质量和服务用品质量。

菜点酒水质量是餐饮服务实物产品质量的重要构成内容之一。餐饮服务管理者必须认识到饮食在客人心目中占有的重要位置以及不同客人对饮食的不同要求。如有的客人为求满足其新奇感而品尝名品菜肴，而有的客人只为了寻求符合口味的食品而喜爱家常小菜。但无论哪种客人，他们通常都希望餐饮服务饮食产品富有特色和文化内涵，都要求原料选用准确、人工烹制精细、产品风味适口等。另外，餐饮服务还必须保证饮食产品的安全卫生。

客用品也是餐饮服务实物产品的一个组成部分，指餐饮服务过程中直接供客人消费的各种生活用品，包括一次性消耗品（如牙签等）和多次性消耗品（如棉织品、餐酒具等)。客用品质量应与饭店星级相适应，避免提供劣质客用品。餐饮服务企业提供的客用品数量应充裕，能够满足客人需求，而且供应要及时。另外，餐饮服务企业还必须保证所提供客用品的安全与卫生。

服务用品质量是指餐饮服务企业在提供服务过程中供服务人员使用的各种用品，如托盘等。它是提高劳动效率、满足客人需要的前提，也是提供优质服务的必要条件。服务用品质量要求品种齐全、数量充裕、性能优良、使用方便、安全卫生等。

3. 服务环境质量

服务环境质量是指餐饮服务设施的服务气氛给客人带来的感觉上的享受和心理上的满足，它主要包括独具特色的餐饮服务建筑和装潢，布局合理且便于到达的餐饮服务设施和服务场所，充满情趣并富于特色的装饰风格，以及洁净无尘、温度适宜的餐饮服务环境和仪表仪容端庄大方的餐饮服务人员。所有这些构成餐饮服务所特有的环境氛围，它在满足客人物质需求的同时，又可满足其精神享受的需要。通常对服务环境质量的要求是整洁、美观、有秩序和安全。在此基础上，还应充分体现出有鲜明个性的文化品位。第一印象的好坏，很大程度上受到餐饮服务环境气氛的影响，为了使餐厅能够产生这种良好的效果，管理者应格外重视餐饮服务环境管理。

（二）无形产品质量

无形产品质量是指餐饮服务提供的劳务服务的使用价值的质量，即劳务服务质量，主要满足客人心理上、精神上的需求。

1. 礼貌礼节

礼貌礼节是以一定的形式通过信息传输向对方表示尊重、谦虚、欢迎、友好等态度的一种方式，礼节偏重于形式，礼貌偏重于语言行动，表明了餐饮服务的基本态度和意愿。餐饮服务礼貌礼节要求服务人员具有端庄的仪表仪容、文雅的谈吐、得体的行为举止等。礼貌礼节在餐饮服务管理中备受重视，因为它直接关系客人满意度，是餐饮服务业提供优质服务的基本点。

2. 职业道德

在餐饮服务过程中，很多服务是否到位实际上取决于员工的素质和责任感，影响着餐饮服务的服务质量。餐饮服务员工，应遵循相应的职业道德规范，真正做到敬业、乐业和勤业。

3. 服务态度

服务态度是指餐饮服务人员在对客服务中所体现出来的主观意向和心理状态，其好坏是由员工的主动性、创造性、积极性、责任感和素质高低决定的，因而餐饮服务要求服务人员应具有宾客至上的服务意识，并能够主动、热情、耐心、周到地为客人提供服务。餐饮服务员工服务态度的好坏是很多客人关注的焦点，尤其出现问题时，服务态度常常成为解决问题的关键，客人可以原谅餐饮服务中的许多过错，但往往不能忍受餐饮服务人员恶劣的服务态度。因此，服务态度是无形产品质量的关键所在，直接影响餐饮服务质量。

4. 服务技能

服务技能的高低取决于服务人员的专业知识和操作技术，要求其掌握丰富的专业知识，具备娴熟的操作技能，并能根据具体情况灵活运用，从而达到为客人提供优质服务的标准。服务人员掌握好服务技能，才能使餐饮服务达到标准，保证餐饮服务质量。

5. 服务效率

餐饮服务效率有三类：其一，用定时定额来表示的固定服务效率，如摆台用 5 分钟；其二，用时限来表示的服务效率，如办理结账手续不超过 3 分钟；其三，指有时间概念，但没有明确的时限规定，靠客人的感觉来衡量的服务效率，如点菜后多长时间上菜。服务效率问题在餐饮服务工作中大量存在，客人等候时间过长，很容易产生烦躁心理，对服务质量作出不好的评价。但服务效率并非单指快速，更强调适时服务。

6. 安全卫生

餐饮服务安全状况是客人外出旅游时考虑的首要问题，因此，餐饮服务企业在环境气氛上要制造出一种安全的气氛，给客人心理上提供安全感。餐饮服务安全卫生主要包括餐饮服务环境卫生、食品饮料卫生、用品卫生、个人卫生等。

无形服务质量除上述内容外，还包括员工的劳动纪律、服务的方式方法、服务的规范化和程序化等内容，同样应为餐饮服务管理者所关注。

【同步案例】

寻找比换菜更好的方法

每当遇到饭菜出现诸如卫生方面的问题时，餐厅大多一换了之，换菜似乎成了餐厅处理这类问题最常用的方式。其实，我们心里很清楚，餐厅换菜，只是物质上的，换的那盘菜再干净，顾客心里还是不舒服。吃饭讲究的就是一个心情，把菜换了，也未必能挽回顾客的好心情。

有人做过统计，如果顾客在一家餐厅遇到过饭菜卫生方面的问题，他下次光顾这家餐厅的概率比去其他酒店的概率低至少30个百分点，他向亲人及朋友推荐这家餐厅的概率几乎为零。所以处理方式恰当与否，直接影响餐厅能否留住这些客人。一次，某餐厅一位顾客吃排骨时吃出一根头发，桌上一位女顾客就捂住嘴巴想呕吐。见她这样，值班经理马上把这位女顾客请到办公室，给她泡茶、上水果，说了许多道歉的话，那个菜也免单了。但是最后，顾客仍旧不满意。

问题：换菜、送果盘有时候并不能挽回影响，怎样才能做得更好?

三、餐饮服务质量的特点

（一）餐饮服务质量构成的综合性

餐饮服务是一个综合复杂的过程，而服务质量则是餐饮服务管理水平的综合反映。它的实现有赖于餐饮服务的计划、业务控制、设备、物资、劳动组合、服务人员的综合素质、财务控制与其他部门的协同配合，以及餐饮服务环境、餐饮服务营销策略、餐饮服务价格策略等多方面。

（二）餐饮服务质量内容的关联性

从饮食产品生产的后台服务到为宾客提供餐饮服务产品的前台服务有众多环节，而每个环节的好坏都关系到服务质量的优劣。这就要求工作人员全力合作、协调配合，发挥集体的才智与力量，保证实现优质服务。

【同步案例】

菜上错了

某银行职员在餐厅贵宾包厢内用餐（该单位已连续几餐在该包厢用餐了），菜是餐厅主管协助点的，其中有一道菜是铁板鱿鱼须。在上菜过程中，服务员急匆匆地端着一盆干锅鱿鱼须跑来对主管说：“主管，菜单上是铁板鱿鱼须，而跑菜员送来的却是干锅鱿鱼须，是不是跑菜员送错菜了？”主管马上去厨房了解情况。经调查得知，由于这几日干锅鱿鱼须（该餐厅的特色菜）的点菜率相当高，厨房师傅没有看清楚菜单给弄错了。主管心里想：如果重新做，会使餐厅有所损失，不如和客人协商一下。

于是，主管端着这盆干锅鱿鱼须走进贵宾包厢，先对主人轻声地说：“先生，我们给您点的铁板鱿鱼须换了种做法，也让您尝尝鲜。”这位客人的素质很好，再加上连续几天用餐下来，对该餐厅的菜肴口味及质量均相当满意，他爽快地答道：“可以。”听到客人这句话，主管放心了，将这盆干锅鱿鱼须端放到玻璃转台上，并笑着向客人介绍：“这道菜是干锅鱿鱼须，用酒精锅底慢慢加温，保证了鱿鱼须无腥味，口感更好，请慢用！”主人见状，便笑着对他的客人说：“这道菜真是好看，味道肯定不错，大家快动筷子尝尝。”

问题：如果是餐厅的失误导致的问题，怎样做更加有利于维护餐厅利益？

（三）餐饮服务质量呈现的短暂性

餐饮服务产品生产与消费几乎同步进行，短暂的时间限制对餐饮服务管理及其工作人员的素质是一个考验。能否在短暂的时限内很好地完成一系列工作任务，也是对服务质量的一种检验。

（四）餐饮服务质量评价的主观性

餐饮服务质量的评价是由顾客享受服务之后，根据其物质和心理满足程度做出的，因而带有很强的个人主观性。尽管餐饮服务自身的服务质量水平基本上是一个客观的存在，但顾客的满足程度越高，其对服务质量的评价也就越高。这就要求餐饮服务管理者在服务过程中通过细心观察，了解并掌握顾客的物质和心理需要，不断改善对客服务，为顾客提供针对性的个性化服务，用符合顾客需要的服务来提高顾客的满意程度，从而提高并保持良好的餐饮服务质量。

（五）餐饮服务质量考评的一致性

餐饮服务质量考评的一致性是指餐饮服务与餐饮服务产品的一致性。质量标准是通过制定服务规程来表现的，因此，服务标准和服务质量是一致的，即产品质量、规格标准、产品价格与服务态度均要保持一致。

量化的标准，是评估考核的依据，这对提高餐饮服务质量和管理水平，提高餐饮服务人员的素质等提供了较好的培训考评的依据。因此，要不断进行市场调研，了解宾客需求，完善和健全餐饮服务的各项量化标准，使餐饮服务质量真正做到标准化、制度化。

四、提高餐饮服务质量的意义

任何餐饮服务企业都要以服务质量求生存，以服务质量求信誉，以服务质量占市场，以服务质量赢效益。提高餐饮服务质量，把精湛的烹饪艺术与完美的服务技术有机地结合起来，是餐厅赢得信誉的根本所在。

（一）服务质量是判断餐饮服务管理水平的重要标志

餐饮服务员的劳动对象是人不是物，实物产品仅仅是联系餐厅和顾客的中介物，餐饮服务工作最终是人对人的服务。有良好的服务才能吸引并留住顾客，而顾客是餐饮服务企业生存与发展的基础和条件。能为顾客提供优质服务的餐饮服务企业是成功的；反之，是失败的。餐饮服务经营管理是一项复杂细致的工作，提高服务质量是餐饮服务经营管理的中心工作。要提高服务质量，管理的各种职能必须充分发挥作用并相互配合协调。可以说，服务质量水平是饭店管理水平的综合反映，从服务质量的优劣表现，可以判断出餐饮服务经营者管理水平的高低。

（二）提高服务质量是餐饮企业赖以生存和发展的生命线

服务质量是餐饮服务企业的生命。提高服务质量，关键在于提高服务标准，只有把服务质量水平提高上去，才会以点带面，形成良性循环。服务标准包括设备设施水准、服务水准、管理水准。这三个水准的高低与服务质量的优劣有着相同的内涵。餐饮服务质量关系到企业的声誉，关系到客源的增加，关系到企业经济效益的好坏和经营的成败的关键。这是当今餐饮服务业特别重视服务质量的重要原因之一。

（三）提高服务质量是餐饮企业竞争的需要

随着市场的发展，餐饮服务业的竞争也越来越激烈。餐饮服务竞争包含不同的方面和不同的内容，但最终以服务质量竞争为首。谁能够为顾客提供全面的最佳服务，谁就能取得优势地位，谁就能吸引更多的顾客。

因此，不断提高服务质量，不仅是竞争的需要，而且也是在激烈的竞争中取胜所必备的重要条件。

第二节　餐饮服务质量控制

一、餐饮服务质量控制的条件

进行餐饮服务质量控制的目的是使餐厅的每项工作都围绕为顾客提供满意的服务为中心。进行有效的餐饮服务质量控制，必须具备若干基本条件。

（一）制订服务规程

服务规程是餐饮服务所应达到的规格、程序和标准，餐饮服务质量标准即服务规程标准。为了保证和提高服务质量，我们应该把服务规程视为工作人员应当遵守的准则和服务工作的内部法规。

餐饮服务规程必须根据消费者生活水平和对服务需求的特点来制定，不同种类餐厅的服务规程要适应不同类型宾客的生活习惯。另外，还要考虑到市场需求、餐厅类型、餐厅等级、餐厅风格、国内外先进水平等因素的影响，并结合具体服务项目的内容和服务过程制订适合本饭店的标准服务规程和服务程序。

餐厅工种较多，各岗位的服务内容和操作要求各不相同。为了检查和控制服务质量，餐厅必须分别对零点餐、团体餐和宴会以及咖啡厅、酒吧等的整个服务过程，制订迎宾、引座、点菜、传菜、酒水服务等全套的服务程序。

制订服务规程不能照搬其他餐厅的服务程序，而应该在广泛吸取国内外先进管理经验、接待方式的基础上，紧密结合本饭店大多数顾客的饮食习惯和本地的风味特点等，推出全新的服务规范和程序。同时，要注重服务规程的执行和控制，特别要注意抓好各服务过程之间的薄弱环节，要用服务规程来统一各项服务工作，使之达到服务质量的标准化、服务过程的程序化和服务方式的规范化。

1. 服务质量的标准化

服务质量的标准化是指在向宾客提供各种具体服务时所必须达到的标准。

（1）设施、设备的质量标准必须和餐厅的等级及规格相适应。

（2）产品质量标准必须和价值相吻合，体现质价相符的原则。

（3）服务质量标准必须以宾客至上、服务第一为基本出发点，做出具体规定。

2. 服务过程的程序化

服务过程的程序化是指接待服务工作的先后次序以标准化为基础，通过服务程序使各项服务工作有条不紊地进行。

（1）研究服务工作的客观规律，分析各项工作的先后次序，使之形成一个整体。

（2）要考虑企业的人、财、物，尽量扬长避短。

（3）程序化是规范化而不是公式化，因此要有相对灵活性。

（4）分析宾客的风俗习惯和生活需求，根据不同接待对象和服务项目来制订程序。

（5）各项服务工作程序的制订和执行要有一个过程。

总之，服务程序的制订要以宾客感到舒适、方便、满意为原则，而不能仅以服务人员自己的方便、轻松为基点。因此，程序要经试行，并逐步修改使其完善，最后达到科学合理、提高服务质量的目的。

3. 服务质量的制度化

服务质量的制度化是指用规章制度的形式把餐饮服务质量的一系列标准和程序固定，使之成为质量管理的重要组成部分。

餐饮服务制度分两种：一种是直接为宾客服务的各项规章制度，如餐饮服务产品检验制度，餐具更新、补充制度等。这些制度全面而具体地规定了各项服务工作必须遵循的准则，要求餐饮服务工作人员共同执行。另一种是间接为宾客服务的各项规章制度，如餐饮服务交接班制度、工作记录制度、客史档案制度、考勤制度等。这类规章制度主要用以维护劳动纪律、保证直接对客服务制度的贯彻执行。

（二）收集服务质量信息

餐饮服务管理人员应经常对服务的结果进行评估，即宾客对餐饮服务是否感到满意、有何意见或建议等，从而采取改进服务、提高质量的措施。同时，根据餐饮服务的目标和服务规程，还可通过巡视、定量抽查、统计报表、听取顾客意见等方式，来收集服务质量信息。

（三）抓好全员培训

企业之间竞争的实质是人才的竞争、员工素质的竞争。员工素质的高低对服务质量有着重要影响，只有经过良好训练的服务员才能提供高质量的服务。因此，新员工在上岗前，必须进行严格的基本功训练和业务知识培训，不允许未经职业技术培训、没有取得上岗资格的人上岗操作。对在职员工，必须利用淡季和空闲时间进行培训，以不断提高员工的业务技术、丰富其业务知识，最终达到提高员工素质和服务质量的目的，使企业竞争更具实力。

二、餐饮服务质量控制的内容

（一）菜点质量控制

1. 菜点质量的评价要素

菜点质量是指餐饮服务经营者销售的菜点能满足顾客生理及心理需要的各种特性的总和。顾客对菜点质量的评价一般根据以往的经验，同时结合菜点质量的内在要素，通过嗅觉、听觉、味觉和触觉等感官得出。菜点质量的评价带有主观性，主要的评价要素包括如下：

（1）安全。安全可靠是菜点质量的首要要素，是评价菜点质量的基本标准。安全标准要求菜点原料本身是无毒无害的，在对食品原料进行加工烹制时，必须根据不同原料的特点进行加工，保证食用安全，同时不能留有异物。

（2）色彩。菜点的色彩是评价菜点质量的视觉标准，直接影响顾客的心理。菜点的色彩一般由动、植物组织中的天然色素和通过添加含有色系的调味品形成。菜点颜色以自然清新、色彩鲜明、色泽光亮、搭配和谐为佳。

（3）香味。香味即菜点散发出的气息，这是评价菜点质量的嗅觉标准，对顾客的食欲有着直接的影响。菜点的气味大部分来自原材料本身，经过烹调处理得以发挥，也可以通过调味来创造。菜点的气味，应该芳香浓郁、清新隽永、诱人食欲、催人下箸。

（4）口味。口味即菜点的味道，是指菜点入口后对人的口腔、舌头的味觉系统产生作用，给人口中留下的感受。口味是菜点质量的关键要素，是评价菜点质量的最主要指标。菜点口味的最基本要求是口味醇正，味道鲜美，调味适中。

（5）形状。菜点的形状指菜点的成形、造型，也是菜点的视觉标准。菜点的形状一般由原料本身的形态、加工处理的技法，以及烹调装盘的拼摆而形成。菜点的形状要求是刀法一致，整齐美观，匀称和谐。

（6）质感。即菜点质地方面的印象，是评定菜点质量的触觉标准。它主要取于原料本身的质量和烹调技术水平。菜点的质感一般包括韧性、弹性、胶性、黏性、纤维性、脆性等。

（7）温度。即菜点的温度。同一菜点，温度不同，口感质量会有明显的差异。菜点的温度必须依据不同菜点的特点，保持恰当的温度。菜点的温度除了取决于烹调以外，还必须注意菜点服务时间的控制。

（8）器皿。即用来盛装菜点的容器，这也是顾客评定菜点质量的视觉标准。在美食与美器的搭配上要和谐，菜肴与器皿在色彩纹饰上、形态上、空间上、图案上要和谐，一席菜点的食器搭配要和谐。

（9）意境。菜点的意境是指以菜品为媒介，运用中国绘画的写意技法和中国盆景的拼装技法反映中国古典文学的意境之美。菜中可包容日式餐饮的精美、西式餐饮的优雅以及中餐的味美，其本质上就是创造的艺术。意境可以彰显出一种浪漫、淡然、温润的感觉，客人的心境会被菜肴所感染。

以上是菜点质量评价的基本要素。除此之外，菜点的营养价值、菜点的名称、特殊菜点的光泽和声音等，也是应考虑的因素。

2. 菜点质量的标准控制

菜点质量的标准控制是指通过制订标准菜谱来规范菜点的加工制作过程，以保证菜点质量的方法。标准菜谱源于西餐，是菜点制作的范本，其目的在于保证菜点质量的一致性和稳定性。一方面，可以保证顾客每次点选的菜点，在制作工艺和分量上都是一样的；另一方面，餐饮服务经营者可以此保持菜点的基本成本的稳定，从而获得基本稳定的利润。

（1）主配料的原料及数量标准。主配料是菜点形成的基础，不仅要规定原料名称、规格和质量，同时还需规定主配料的比例。

（2）调味品品种及用量标准。调味不仅关系到菜点的颜色、气味，而且直接决定着菜点的口味，对此既要规定调味品的品种，又要规定调味品的品牌，还要规定各种调味品的用量。

（3）菜点加工烹制的步骤、方法标准。菜点的加工烹制是决定菜点质量的关键环节，大致包括四个方面：原材料的粗加工，确定整理、清洁、卫生、营养、合理利用等标准；原料切配，确定成形、配份、刀工等规格标准；烹制，确定制作方法、火候、温度、调味、时间等标准；装盘，确定卫生、主料突出、造型美观、点缀合理、盛器协调等标准。

（4）服务程序和要求标准。有些菜点质量与服务程序密切相关，所以标准菜谱对某些菜点还必须规定服务方法和服务要求，包括时间要求、操作要求、餐具要求、佐料要求、菜点介绍等。

3. 菜点质量的岗位控制

厨房生产要正常运转并保证菜点的质量，就必须明确并强化岗位责任。

（1）明确岗位分工。厨房业务按其运转要求，大致可分成加工部门、配菜部门、炉灶部门、冷菜部和点心部门。餐饮服务管理者必须明确各部门的职能，并根据不同职能设置相应的岗位，同时，规定各岗位必须承担的工作任务和责任，使厨房生产的各项任务落到实处。

（2）强化岗位责任。通过相应的制度加以保证，各司其职、强化责任、保证监督、完善考核。

（3）合理配置人员。在数量上必须满足厨房生产，还要根据不同工种与技术特点、不同年龄、不同技术等级与技术水平合理安排人员，做到职位相称，人尽其才，团体结构优化。

4. 菜点质量的检查控制

（1）工序检查制度。即菜点加工制作过程中负责每一道工序的员工必须对上道工序的加工质量进行检查，如发现不合标准，应退回到上一道工序。

（2）出品检查制度。即所有菜点出品，均需经过厨师长或专门人员检查，以确保成品达到标准。

（3）服务检查制度。即菜点在提供给顾客之前，服务人员对照菜谱及顾客要求进行全面核查。

（4）重点检查制度。对重点岗位、重点环节、重点任务、重大活动等进行重点检查，确保关键环节、关键时刻的质量。

（二）餐饮服务质量控制

餐饮服务是餐饮服务产品的重要组成部分，由于服务的无形性，餐饮服务质量难以控制。做好餐饮服务质量控制主要做好以下几方面的工作：

1. 建立服务规程

服务规程的建立要考虑本企业的规模和目标、顾客需求、餐饮服务产品特点以及不同岗位的要求，以实现餐饮服务的规范化、标准化、专业化和程序化，包括餐前服务、迎宾服务、接待服务、点菜服务、酒水服务、上菜服务、巡台服务、结账服务和餐后服务等。

2. 明确岗位责任

管理实施应以人为本，做到服务人员各就其位、各司其职，按照服务规程定岗位，按照服务岗位定人员，按照人员定考核。

3. 重视员工培训

服务质量的竞争是人才的竞争，人才的培养来自于员工培训。餐饮服务员工培训主要包括知识培训和技能培训。

4. 实施服务创新

服务创新的主要内容包括服务理念创新、服务语言创新、服务项目创新、服务方式创新等。实施服务创新不仅可以提高餐饮服务的质量，而且还可以增强竞争优势。

（三）餐饮服务环境质量控制

餐饮服务消费带有许多感性成分，餐饮服务消费者也非常重视就餐环境与气氛。

1. 餐饮服务环境质量的基本要求

（1）卫生清洁。这是餐饮服务环境质量的基本要求。

（2）美观雅致。餐饮服务消费者对就餐环境的要求还包括美观雅致。不同性质、不同内容、不同时间、不同场合的就餐者还有许多特殊的餐饮服务消费心理。

（3）个性特色。个性化的餐饮服务消费一族对就餐环境有着特殊的心理需求，也造就了餐厅的不同主题风格。

（4）舒适惬意。顾客要求就餐时能够放松心情、消除疲劳。环境舒适可以帮助顾客恢复体力、增进食欲、保持健康。因此，就餐环境的设计与布局应更加人性化。

（5）氛围和谐。氛围广义上指一切可以影响顾客就餐满意度的因素，狭义上指餐厅内的人员互动产生的气氛，包括顾客与服务人员、顾客与顾客、服务人员之间的互动交流产生的情绪氛围。

2. 餐饮服务环境质量控制的内容

餐饮服务环境质量控制主要体现在餐厅环境布局和装饰装潢，以及服务人员的服务技能上。主要包括：

（1）餐厅名称的设计要和谐。餐厅名称直接传递菜肴风味、装修基调、文化信息，是企业给顾客的第一印象，餐厅名称的设计要体现主题、恰当得体。

（2）餐厅空间布局要合理。餐厅环境是艺术性和科学性的结合，设计布局要比例适中、虚实结合、主次分明、主题突出。

（3）餐厅用具配套要一致。餐厅用具配套要考虑环境的和谐一致，风格统一，增强环境美感，用具的外观与舒适度同样重要。

（4）餐厅色彩照明要良好。餐厅的色彩选择会影响顾客的情绪、食欲以及心情，因此色彩选择要考虑顾客的心理需求，可以利用照明提高色彩的效果，增强视觉感受。

（5）餐厅背景音乐要柔和。餐厅背景音乐可以降低噪声、营造气氛，适宜的音乐可以起到刺激消费的效果，音乐的选择要符合主题风格，满足顾客需求。

三、餐饮服务质量控制的方法

（一）餐饮服务质量的预先控制

预先控制是指为使服务结果达到预定的目标，在开餐前所做的一切管理上的努力。预先控制的目的是防止开餐服务中所使用的各种资源在质和量上产生偏差。

1. 人力资源的预先控制

餐厅应根据自己的特点，灵活安排人员班次，以保证有足够的人力资源。那种餐厅中宾客多而服务员少，宾客少而服务员多的现象，都是人力资源使用不当的不正常现象。

在开餐前，必须对员工的仪容、仪表做一次检查。开餐前，所有员工必须进入指定的各自岗位，姿势端正地站在最有利于服务的位置上。女服务员双手自然叠放于腹前或自然下垂于身体两侧，男服务员双手背后放或贴近裤缝线。全体服务员应面对餐厅入口等候宾客的到来，给宾客留下良好的第一印象。

2. 物资资源的预先控制

开餐前，必须按规格摆好餐台，准备好餐车、托盘、菜单、点菜单、酒水、订单、开瓶工具及工作台小物件等。另外，还必须备足相当数量的翻台用品，如桌布、餐巾、餐纸、刀叉、调料、火柴、牙签、烟灰缸等物品。

3. 卫生质量的预先控制

开餐前半小时，对餐厅卫生从天花板、灯具、通风口、地毯到餐具、转台、台布、餐椅等都要做最后一遍检查，不符合要求的要迅速返工。

4. 事故的预先控制

开餐前，餐厅主管必须与厨师长联系，核对前后台所接到的预订情况或宴会通知单是否一致，以避免因信息的传递失误而引起事故。另外，还要了解当天的菜点供应情况，顾客点到无法供应的菜品时，服务员就可以及时向宾客道歉，避免事后引起宾客不满。

（二）餐饮服务质量的现场控制

现场控制是指监督现场正在进行的餐饮服务，使其规范化、程序化，并迅速妥善地处理意外事件。这是餐厅主管的主要职责之一。

1. 服务程序的控制

开餐期间，餐厅主管应始终站在第一线，监督员工的工作，指挥服务员按标准服务程序服务，发现偏差及时纠正。

2. 上菜时机的控制

掌握上菜时间要根据宾客用餐的速度、菜点的烹制时间等，做到恰到好处，既不要宾客等待太久，也不应将所有菜点一下子全部摆上餐桌。餐厅主管应时常注意并提醒上菜时间，尤其是大型宴会，上菜的时机应由餐厅主管掌握。

3. 意外事件的控制

餐饮服务是面对面的直接服务，容易发生宾客投诉事件。一旦发生投诉，主管一定要迅速采取弥补措施，以防止事态扩大，影响其他宾客的用餐情绪。如果是由饭菜质量引起的投诉，主管除向宾客道歉外，还应替宾客换一道菜。发现有醉酒或将要醉酒的宾客，应提醒服务员停止添加酒精性饮料。

4. 人力的控制

开餐期间，服务员虽然实行分区看台负责制，在固定区域服务，但是，主管应根据客情变化，进行第二次分工、第三次分工……如果某一个区域的宾客突然来得太多，就应从另外区域抽调员工支援，等情况正常后再调回原服务区域。当用餐高潮过去之后，则应让一部分员工先去休息一下，留下一部分人工作，到了一定的时间再交换，以提高工作效率。

（三）服务质量的反馈控制

反馈控制是指通过质量信息的反馈，找出服务工作的不足，采取措施加强预先控制和现场控制，提高服务质量，使宾客更加满意。

信息反馈系统由内部系统和外部系统构成。内部系统是指来自服务员和经理等有关人员的信息。因此，每餐结束后，应召开简短的总结会，以不断改进服务质量。信息反馈的外部系统是指来自宾客的信息。建立和健全两个信息反馈系统，餐厅服务质量才能不断提高，才能更好地满足宾客的需求。

为了及时得到宾客的意见，餐桌上可放置宾客意见表，在宾客用餐后，也可主动征求客人意见。餐厅可根据多渠道收集的顾客对餐饮服务质量的意见，利用百分比图形分析法进行数据统计，据此可以具体分析餐厅当前需要重点解决的服务质量问题。

第三节　餐饮服务质量保证

餐饮服务质量管理贯穿产品设计、生产、销售的全过程，是全面质量管理。同时，餐饮服务质量管理又是科学化、标准化管理，需要建立完善的质量保证体系。

一、餐饮服务全面质量管理

（一）餐饮服务全面质量管理的含义

餐饮服务全面质量管理以餐饮服务质量为中心，以全员参与为基础，对市场调查、经营决策、产品的设计、生产和服务等全过程进行有效的控制。餐饮服务全面质量管理将关注顾客、持续改善、关注流程、精确测量和授权与员工有效结合起来从而达到长期经营的效果。

（二）餐饮服务全面质量管理的内容

餐饮服务全面质量管理一方面体现为内部管理活动，包括制定产品质量政策、确定产品质量水平、制定产品质量保证措施并实施产品质量控制等。另一方面要关注餐饮服务产品质量的外部影响因素，包括购买餐饮服务产品的外部顾客和上下游价值活动间的员工即内部顾客，以及主管部门对餐饮服务产品质量的要求及政策。

1. 市场调查是质量管理的基础

餐饮服务经营者通过市场调查了解顾客对产品的原料、工艺、口味、营养、服务及用餐环境的要求和期望。在市场调查的基础上，认真分析、选择合适的产品类型和质量标准。高质量的市场调查是高质量的产品开发与设计的基础。

2. 开发设计是质量管理的前提

产品设计是餐饮服务产品质量形成的起点，顾客对产品质量的需求首先是通过产品设计来满足的。在餐饮服务产品设计阶段，技术人员要根据市场调查的信息，针对顾客的要求，确定适宜的产品质量标准，严格按照科学程序进行设计和研制，这样才能确保产品质量水平。

3. 原料采购是质量管理的第一环节

新鲜和符合质量标准的原材料是保证餐饮服务产品质量的基础，所有餐饮服务产品的味道和安全性首先来自原料的新鲜度，然后来自调味品的质量。根据质量标准选择原材料是餐饮服务产品全面质量管理的第一环节。

4. 生产管理是质量管理的关键环节

生产过程是餐饮服务产品形成的关键过程，也是保证产品质量的具体过程。在餐饮生产过程中，应针对每一道工序制定和执行生产质量标准，运用统计方法精确测量每一个工作步骤，与质量标准进行比较，从而有效地控制影响产品质量的各种因素。

5. 检验制度是质量管理的保障

产品检验是保证餐饮服务产品质量的必要手段，是对产品质量进行有效控制的重要措施，可以防止不合格的餐饮服务产品流入下一道工序或传递给顾客。餐饮服务产品的质检首先是工作人员对上一道工序质量的检查，然后是对本职工作质量进行检查。同时由本部门管理人员负责本部门所有工作质量的检查，最后由质检部对餐饮服务产品进行质量检查。

6. 销售管理是质量管理的最终环节

餐饮服务销售也可称为餐饮服务，是餐饮服务产品质量形成的最后一个程序。作为餐饮销售人员，尽管不与餐饮服务产品质量直接相联系，然而顾客对餐饮服务质量的需求和顾客的满意度等信息都是通过销售人员来反馈的，这对于改进服务质量是至关重要的。此外，餐饮服务质量主要受餐饮服务销售人员的影响，这也是餐饮服务产品整体质量的组成部分。

（三）餐饮服务全面质量管理的特点

1. 从片面质量到完整质量

传统餐饮服务质量观认为，只要产品符合规定的产品质量标准即为合格产品，产品质量标准越高表明餐饮服务质量越好。而全面质量管理更加关注完整的质量：一是关注整体质量。现代质量观将餐饮服务环境、生产设施、菜肴酒水、餐饮服务质量有机结合，是完整的餐饮服务质量观。二是关注顾客导向。现代餐饮服务质量不能简单地以烹调技术和服务技术指标来评价产品质量水平，只有当产品所有方面都符合顾客需要时才可称作合格产品。三是关注综合效益。餐饮服务产品质量必须考虑到所有受益者的期望和需要，损害其中任何一方利益，都不利于长久发展。

全面质量观体现了顾客至上的理念，体现了所有部门在质量管理中的责任。餐饮服务全面质量管理形成了一个综合性的产品质量管理体系，需要调动全体员工关心产品质量。

2. 从高指标到高附加值

传统质量管理认为，产品质量指标是评价餐饮服务产品质量水平的主要依据，在没有对顾客需求进行详细调查和产品定位的前提下，经营者主观确定产品的各项质量指标，片面认为质量标准越高越好，造成产品质量定义不明确或由于不能满足顾客需求而经营不善。质量标准过高导致成本和价格上升，也将失去竞争力；或者技术力量和设施质量不能保证产品质量，最终无法有效经营。

全面质量管理认为，产品质量由消费者定义，并非质量标准越高就越受顾客欢迎。高质量的餐饮服务产品应保持适宜的和较高的使用价值，能充分满足目标顾客的需求。包括以下两方面内容：一是关注顾客价值。多数顾客在购买餐饮服务产品时，考虑的是价值和功能。从社会角度看，功能的剩余必然带来资源浪费，所以适用的质量标准是最佳的，满足顾客实际需求的质量是最好的质量。二是关注目标顾客。由于餐饮服务经营者自身的资源和素质各不相同，因此应该明确本身的餐饮服务消费群体、竞争对手及其资源，做到准确定位，并准确确定餐饮服务产品质量标准。

3. 从表面质量到质量保证

传统质量管理认为，餐饮服务产品通过检验，符合规定标准就是合格的产品质量。因此不断采取措施，增加检验环节、督促员工认真工作。但是，实践证明这种管理方法不能避免质量问题发生，质量波动依然较大，费用较高。

全面质量管理认为，在准确定义质量水平的基础上必须完善质量保证能力，这是保持竞争力的关键。一是完善质量保证体系。影响餐饮服务产品质量的因素很多，并且在不断变化，所以必须建立完善的产品质量保证体系，从而对各种因素进行系统的和有效的控制。二是建设产品质量系统工程。在管理中将质量管理作为管理系统来建设，从产品设计、原料采购的源头到生产、销售、服务终端，建立起全面的质量管理系统。

4. 从对顾客负责到对全社会负责

传统质量管理认为，餐饮服务对象只是购买餐饮服务产品的顾客，餐饮服务经营的任务是满足顾客需求，并带来利润，将利润作为唯一的目标。餐饮服务全面质量管理则强调餐饮服务经营必须注重生态质量、环境质量和社会效益。作为社会经济的细胞，经营者要对全社会有所贡献，不仅要为社会创造物质财富，解决就业问题，还要为社区生活和社会公益事业提供支持，而且应确保在经营过程中不对环境造成危害，不造成资源浪费。

5. 从员工责任到管理者责任

传统质量管理认为，质量事故主要是由员工造成的，责任要由员工来承担。因此在经营中，一旦发现质量问题就将责任归咎于厨师、餐厅领班、服务员。全面质量管理认为，产品质量问题必须追究管理者的责任，员工作为人力资源的一部分，其责任与操作行为应当由标准文件加以规定，管理人员应对员工进行必要的培训。在确定质量问题的根本原因时，要明确管理者有没有对整个质量体系进行策划和控制。

6. 从产品检验到零缺陷管理

传统质量管理强调产品必须通过质量检验。全面质量管理注重预防为主，追求零缺陷和一次成功。零缺陷反映了在市场经济下的正确质量经营理念，要求经营要以顾客为核心，顾客至上，要使顾客百分百满意。而百分百满意意味着没有缺陷，这种转变是市场竞争的需要，也是经济全球化的要求。此外，餐饮服务全面质量管理是以获得更多的经济效益为目的的，失去了经济效益而造成亏损的质量管理没有任何意义。

7. 从岗位管理到全员管理

传统质量管理认为质量是生产出来的，是检查出来的，是厨房或餐厅员工工作结果的反映，因此餐饮服务质量反映制作和服务过程的工作质量。实际上，许多质量缺陷在设计阶段已经存在，而且影响经营的全过程。在食品采购甚至其他环节也会出现质量事故。因此质量问题不是某个部门或某个岗位的问题，它涉及所有的相关部门，涉及生产全过程及全体有关人员。

（四）餐饮服务全面质量管理的基础工作

餐饮服务全面质量管理是一个复杂的系统工程，是一个全方位、全过程、全体员工参与的管理活动，为保证全面质量管理顺利进行，一些基础工作必不可少。

1. 标准化工作

为保证餐饮服务产品的质量达到规定的标准，并保证产品质量具有稳定性，餐饮服务管理人员必须努力使餐饮服务产品中的各质量因素达到目标顾客理想的标准，同时针对产品和服务细节制定标准并严格执行。主要包括：

（1）设施质量标准化。要求厨房布局、生产设施、餐厅布局、服务设施、家具和用具、餐具与酒具等达到既定标准。

（2）食谱和酒谱标准化。标准食谱和标准酒谱是对本饭店所销售的各种菜肴和酒水所规定的质量标准文件。一份高质量的食谱或酒谱，菜肴和酒水名称必须真实，名称必须符合原料的品种和质量标准，符合该产品的工艺标准，符合该产品的味道和特色。

（3）服务质量标准化。餐饮服务部制定服务质量标准化文件，内容包括各服务种类、服务名称、服务内容、服务程序和服务标准等。服务标准文件不仅可以控制各项服务程序，还可以控制服务标准。此外，企业应建立用餐环境的标准，包括空间标准、清洁标准、照明标准和温度标准等。

2. **计量工作**

计量工作是餐饮服务产品质量管理的基础，因为所有菜肴和酒水都应达到标准食谱和酒谱规定的重量和容量标准。因此餐饮服务质量管理的工作之一是完善各种量具，包括各种温度计、重量量具和容量量具。

在菜肴与酒水生产和销售中，菜肴主料和配料可通过称重控制重量标准，调料可通过量杯和量匙控制重量和容量标准，酒水可通过量杯等控制容量标准。

3. **质量培训工作**

餐饮服务产品质量受餐饮服务生产和服务设施、菜肴和酒水制作技术、服务中的方法与技巧、礼节礼貌、语言表达能力等因素的影响和制约，因此企业必须重视员工培训及培训管理。

主要的培训内容有：技术培训、礼节礼貌培训、外语培训、专项业务培训和质量培训。餐饮服务培训工作应认真规划、精心组织。培训部或人力资源部应协调餐饮服务部，对餐饮服务部整体培训需求进行调查分析，根据培训目标和任务、培训对象、职务范围及职工素质等因素制订培训计划和实施方案，避免盲目和随意，从而使培训内容与职位需求相一致。

4. **信息管理工作**

信息管理是餐饮服务产品质量管理的基础内容之一。企业应不断调查和分析国际和国内餐饮服务产品发展趋势及市场需求，及时掌握餐饮服务产品质量动态和本饭店产品质量水平。现代传播媒介和信息技术的发展，要求企业提高质量信息处理能力，保证餐饮服务产品的开拓与创新。随着餐饮服务市场细分化，新的产品不断增加，这需要企业经常对自己的产品种类、特色和质量标准进行决策，这就要求企业必须获得及时、准确和适用的产品质量信息。

5. **质量责任管理工作**

完善质量责任制度是餐饮服务产品质量保证工作的前提，餐饮服务质量责任必须落实到企业餐饮服务管理相关人员和部门。出现质量问题时，管理人员可分析餐饮服务质量问题产生的原因，找出责任人，并对责任人进行培训或处罚。

6. **质量检验工作**

质量检验是餐饮服务产品质量管理不可缺少的手段。餐饮服务产品质量检验强调产品生产和服务中各阶段和各环节的质量检验。餐饮服务部管理人员应控制好餐饮服务生产和服务各环节的质量。通常，餐饮服务产品需要通过三个阶段的质量检验：设施、用品和原料的采购质量检验，菜肴和酒水的生产质量检验，餐饮服务的质量检验。

二、餐饮服务质量保证体系

（一）餐饮服务质量保证体系的类型

餐饮服务质量保证体系指以保证餐饮服务产品质量为目标，运用系统的方法，依靠组织机构，把各环节的质量管理严密地组织起来，形成一个具有明确任务、职责、权限，且互相协调、互相促进的质量管理体系。

根据餐饮服务产品的生产过程分类，可分为餐饮服务产品设计质量保证体系、餐饮服务产品生产质量保证体系和餐饮服务产品服务质量保证体系。

按照餐饮服务产品质量管理层次分类，可分为职务质量保证体系、班组质量保证体系和部门质量保证体系。

（二）餐饮服务质量保证体系的运转

质量保证体系作为餐饮服务全面质量管理的一个工作体系，是一个动态体系，包括计划阶段（Plan）、实施阶段（Do）、检查阶段（Check）和处理阶段（Action）。这四个管理工作程序简称 PDCA 循环，它反映了质量保证体系运转中应遵循的科学程序。

质量循环由美国质量管理专家戴明首先使用，也称为戴明循环。根据餐饮服务质量管理体系运转原理，PDCA 循环每运转一周，餐饮服务产品质量就会提高一步，如此循环，餐饮服务产品质量将持续地改进和提高。PDCA 循环的四个阶段具体如下：

1. 计划阶段

该阶段制订质量目标、活动计划、管理措施和实施方案。包括：

（1）分析现状，找出存在的质量问题。

（2）分析产生质量问题的原因。

（3）从各种原因中找出主要原因。

（4）针对主要原因制订措施和计划，确定目标。

2. 实施阶段

该阶段执行质量计划，落实计划实施方案，确保质量目标的实现。主要包括组织实施质量计划、采取必要的管理措施。

3. 检查阶段

该阶段控制计划实施进度，把实际工作结果与预期目标对比，检查执行情况，发现存在的质量问题。

4. 处理阶段

该阶段在发现问题的基础上，及时纠正偏差，解决存在的质量问题。包括：

（1）总结经验，巩固成绩，指出并解决目前存在的问题。

（2）将未解决的问题转入下个循环解决。

（三）餐饮服务质量保证体系的内容

建立质量保证体系是保证餐饮服务全面质量管理顺利实施的关键。餐饮服务质量保证体系的内容主要包括以下几个方面。

1. 确立质量管理组织保证

建立专、兼职质检员，在部门经理领导下行使质量管理职能。包括统一组织、计划、协调餐饮服务质量保证体系的活动，检查和监督各职务工作质量。明确规定各岗位和每一名职工在质量管理方面的职责、具体任务和权限，使质量工作事事有人管、人人有专责，把与餐饮服务质量有关的各项工作和全体职工的积极性结合起来，形成一个严格的质量管理责任系统。

2. 制订质量管理计划目标

质量计划包括质量目标计划、质量指标计划和质量改进措施计划。

（1）质量目标计划。也称质量发展计划，是指导和组织餐饮服务质量保证体系的战略目标，是向全体员工提出的长远质量奋斗方向，如产品的更新换代、产品质量升级等计划目标。

（2）质量指标计划。是根据质量发展目标，分别按产品制订年度和季度计划质量目标。

（3）质量改进措施计划。是实现质量指标的物质技术组织基础，它按项目制订，每一项目又包括若干工作内容，计划规定每一项目完成的时间进度、负责执行的部门或执行者、估计措施费用及预期效果等。

3. 质量管理标准化和程序化

质量管理标准化，是指把重复出现的质量管理工作，按其客观性质分类归纳，并制订标准，纳入规章制度，形成规范，作为全体员工处理同类质量问题的共同准则。质量管理程序化是把质量管理过程所经过的环节、岗位、工作步骤和使用的管理凭证如实记录下来，经分析改进，使之合理化。

4. 建立质量信息反馈系统

质量信息反馈系统指质量保证体系的各环节、各工序之间，按照工艺顺序方向输送质量信息，作为质量管理的依据。质量信息反馈按其来源及信息流动方向，可分为内部信息反馈和外部信息反馈。

5. 质量管理小组活动

质量管理小组是班组员工自觉组织起来，围绕班组质量目标、质量关键或薄弱环节，运用质量管理的理论和方法，开展现场质量管理的一种质量保证基层组织。它是员工参加质量活动的有效形式，是质量保证体系的群众基础。

6. 保证合作单位的质量措施

要提高产品质量，除保证餐饮服务部门内各环节、各工序的质量外，还要保证外部合作单位的产品质量，如供货商的产品质量保证、连锁店的质量管理保证等。

【复习思考题】

1. 从整体产品的角度阐述餐饮服务质量的含义。
2. 简述餐饮服务质量控制的内容。
3. 简述餐饮服务质量控制的方法。
4. 简述餐饮服务全面质量管理的内容。
5. 为什么全面质量管理是餐饮服务质量的保证?

【案例分析】

大型宴会上的小波折

南方某四星级酒店三楼气派豪华的宴会厅，正在举办规模盛大的宴会。因此次活动参与人数多、规格高，因此餐饮部不得不临时抽调了几名实习生前来帮忙。席间，一切按计划进行，客人的欢声笑语不断。忽然，离主桌最远的一张桌前有位女客发出尖叫声，宴会领班小丁和公关部朱经理闻声同时赶去，发现那位女客的一身套装湿淋淋的，一个实习生手里托着倾翻的汤碗，脸色苍白，呆立一旁，手足无措。朱经理立即明白了一切。她一面安排另外几名服务员收拾被女客带落到地上的筷子、酒杯等杂物，一面与小丁用身体挡住女客，将其护送出宴会厅。一路上女客埋怨不断。

朱经理关照小丁先安排客人到房间里淋浴，压压惊，她自己到客房部暂借一套干净的酒店制服请女客穿一穿。小丁又转弯抹角问清了女客内衣的尺寸，接着一个电话打到公关部，请秘书小姐以最快的速度到附近的大商场购买高档内衣。朱经理另派人将女客换下的脏衣送到洗衣房快洗。在这些工作分头进行的同时，小丁已陪送梳妆完毕的女客到一楼餐厅单独用餐，并代表酒店向她表示真切的歉意。女客很快便恢复了平静。

再说三楼宴会厅，由于处理及时，客人又开怀畅饮，重现热烈的气氛。此时大酒店外方总经理正好前来敬酒，朱经理把事情经过向他报告后，他旋即同朱经理一起来到一楼餐厅，向女客郑重致歉，后来又特地向女客的上司表示歉意。女客反而感到不好意思了，她指指身上的酒店制服，不无幽默地说："我也成了酒店的一员，自己人嘛，还用这么客气?"半小时后，洗衣房把女客的衣服洗净烫平，公关部秘书早已买了内衣。女客高高兴兴换上自己的套装，还不时向朱经理和小丁道谢。临出门时，朱经理还为她叫了一辆出租车……

分析题：综合上述案例，当餐饮企业碰到此类事件时应怎样处理才能将影响降到最低?以后如何避免此类事件再次发生?

第九章

餐饮成本管理

导言

餐饮成本是餐饮采购、生产、服务、销售全过程占用和耗费的各种劳动价值。企业应遵循成本形成的客观规律，运用预测、计划、控制、核算、分析和考核等手段对成本进行监督和控制，达到以较少的消耗获取较大的经济效益。本章共分为三节，第一节介绍餐饮成本的构成与特点，第二节介绍餐饮成本核算的内容和方法，第三节介绍如何进行餐饮成本分析与控制。

【学习目标】

1. 了解餐饮成本的种类与特点。
2. 懂得如何进行餐饮成本核算。
3. 掌握餐饮成本的控制方法和途径。

【导入案例】

某餐厅菜品粗加工场景：加工牛里脊，正常情况去了外表的肋骨等可用率为80%，但是他们的厨师没有技术经验，在切配过程中把精肉和牛肉筋一起去掉了。这就造成了潜在浪费。有个师傅要用白萝卜做萝卜丝煎饼，竟用了10斤萝卜。原因是本应该用剥皮的刨子去皮，他却用菜刀，洗萝卜丝的时候又将大量的萝卜丝剩在了水里，最后被利用的萝卜只有正常情况下的一半。

第一节　餐饮成本的构成与特点

餐饮成本是指餐饮企业在生产和销售各类餐饮产品时所占用和耗费的各项费用总额。简单地说，餐饮成本就是餐饮销售总额减去利润后的所有支出。

一、餐饮成本的构成

餐饮成本的主要构成要素如下：原材料，如食品、烹饪原辅料、调料、酒水等成本；燃料，如煤气、液化气、柴油、环保油等燃料成本；物料用品，如烹饪用具、餐具等成本；低值易耗品摊销，如保鲜膜、吸油纸等成本；工资，如基本工资、附加工资、奖金津贴等。福利，如服装及清洗费、员工活动支出等成本。水电费；企业管理费，如租金、行政运行费用等成本；其他支出费用。

以上会计科目依据各饭店的资金来源性质、接待对象性质的不同会有所区别，各会计科目的项目支出在餐饮成本中所占比例也是不一致的。

二、餐饮成本种类

餐饮产品的成本和其他成本一样，可以按照多种标准从不同角度分成不同的种类。

（一）固定成本和变动成本

1. 固定成本

固定成本是指在一定的业务范围内，其总量不随产量或销售量的增减而相应变动的成本。也就是说，即使不生产时也必须支出的费用，如餐厅折旧费、大修理费、企业管理费等。但必须注意的是，固定成本也并非绝对不变化。当生产量超出现有生产能力而需要增加新设备时，某些固定成本会随产量的增加而变化。

2. 变动成本

变动成本是指总量随产量或销售量的变化而按比例增减的成本，如食品饮料原料和购买成本、洗涤费、一次性客用品（如餐巾纸）等费用。在变动成本总额增加时，其单位产品变动成本（平均变动成本）保持相对不变。

准变动成本是随生产量或销售量的增减而增减的成本，但它的增减量不完全按比例发生变化，如燃料费、水电费、人工费等。准变动成本可分成两部分：一部分是产量虽变化而固定成本相对不变的，如正式职工的固定工资；另一部分是随产量变化而成正比例变化的变动成本，如餐厅在营业量较大时雇用临时工的费用。

在管理上，将成本分为固定成本与变动成本，有助于餐饮经营者做好餐饮成本的预算、价格决策和其他管理决策。

（二）可控成本和不可控成本

1. **可控成本**

可控成本是指餐饮管理中，短时间内通过管理人员和部门职工的主观努力能够改变和控制数额的成本。对餐饮管理人员来说，变动成本，如食品饮料的原料成本等，一般为可控成本。管理人员若变换每份菜的份额，或在原料的采购、验收、储存、生产等环节加强控制，则食品饮料的原料成本数额会发生变化。大多数半变动成本也可以控制，某些固定成本也属可控成本，如办公费、差旅费、推销广告费等。

2. **不可控成本**

不可控成本是指通过部门管理人员和职工的主观努力短期内无法改变或很难加以控制的成本，如折旧费、大修费、贷款利息和正式职工的固定工资费用等。

（三）标准成本和实际成本

1. **标准成本**

标准成本是指在正常和高效率经营情况下，餐饮生产和服务应占用的成本指标。为了控制成本，餐饮企业通常要确定单位标准成本，如每份菜的标准成本、分摊到每位客人的平均标准成本、标准成本率、标准成本总额等。

【同步思考】

换厨师不改标准

一位餐饮行业专家应邀去一家餐厅指导工作，他在午餐时点了一个豆腐煲，里面有香菇和咸鱼等配料，他觉得很对胃口。晚餐时他继续点豆腐煲，但菜上来后他发现与中午完全不同，颜色差异很大，原因是配料少了很多。他找来管理人员，管理人员的解释是晚上的厨师换了，这种解释显然无法让他满意。

请思考：这位行业专家为什么不满意管理人员的解释？你如何看待这一问题？

2. **实际成本**

实际成本是餐饮经营过程中实际消耗的成本。标准成本和实际成本的差额称为成本差异，实际成本超过标准成本的差额为逆差，反之为顺差。

确定标准成本可控制实际成本。将实际消耗的成本与标准成本相比较，顺差表示经营成绩优于计划，逆差表示成本控制有问题。这种差额的计算对分析和控制成本是很重要的。标准成本是制订餐饮成本计划和经营预算的基础。同时，标准成本的计算也有助于选择企业经营的菜品和开发新服务项目的决策等。

标准成本的实用价值取决于所制定的标准符合实际的程度。建立标准成本最常用的方法，是从企业以往的实际成本中抽取平均值或者平均百分比率作为标准成本额或标准成本率。

（四）优势成本和劣势成本

1. **优势成本**

优势成本是直接生产成本，它能提高企业生产能力，提高服务质量，从而增加企业收入。维持生产第一线和办公经费的成本、员工培训、产品开发和市场开拓等开支多数是优势成本，这些成本与增加企业效益之间的关系是非常密切的。

2. **劣势成本**

劣势成本是由臃肿的管理机构和官僚主义烦琐的行政管理程序，以及不必要的、费时的操作和人为的浪费所造成的费用。

在采取任何节约成本的行动之前，必须将优势成本和劣势成本清楚地区分开来，然后再决定增减。成本控制主要是降低劣势成本，因此，首先必须搞清楚劣势成本及其根源，然后采取行动取消或减少劣势成本。即使总成本水平需要降低，优势成本也应增加，以使企业能保持其竞争优势。

三、餐饮成本的特点

（一）变动成本比例大

在餐饮的成本费用中，变动成本和费用占营业收入的比例很大，这就意味着餐饮价格的折扣不能像客房价格折扣幅度那么大。

（二）可控制的成本比例大

由于餐饮产品大多根据顾客的需要进行小批量加工生产，且大部分产品需由服务员直接向顾客提供服务，故餐饮成本费用中的大部分是餐饮管理人员能控制的，其发生额的多少直接与管理人员对成本控制的好坏相关。这个特点说明对餐饮成本进行控制十分重要。

（三）成本泄漏点多

餐饮成本和费用的大小受经营管理的影响很大。在菜单的计划、食品饮料的成本控制、餐饮的推销和销售控制以及成本核算过程中涉及许多环节，每个环节都可能影响成本。

菜单计划和菜单的定价决定菜品的成本率，也影响顾客对菜品的选择。对食品饮料的采购、验收控制不严，或采购的价格过高、数量过多造成浪费，或采购的原料不能如数入库，采购的原料质量不好等都会引起成本提高。贮存和发料控制不佳，会造成原料变质或被偷盗、丢失和私用。对加工和烹调控制不严不仅会影响食品的质量，还会提高食品饮料的折损和流失，对加工和烹调的数量计划不好也会造成浪费。餐饮服务不仅影响顾客的满意度，也关系到顾客对高价菜的挑选从而影响成本率。餐饮推销不好或销售控制不严不仅影响收入，也影响成本率。总之，成本控制的每一环节都可能产生成本漏洞。其原因主要是工作效率低和不负责任，从而造成原料的丢失和浪费。

第二节　餐饮成本核算

成本核算对于企业的经营管理起着重要的作用，可以综合反映企业的经营情况。它能够促使企业的各生产部门不断提高操作技术和经营服务水平，降低产品的单位成本，提高企业的服务质量和经济效益。餐饮成本核算主要利用以下方法：

一、食品成本日报表

编制食品成本日报表，是餐饮企业成本核算的基础。食品的日成本主要由直接采购原料成本和库房发料成本两部分组成。原料采购后直接送到厨房，因而有必要算出每日直接采购原料的总额。这个数据可以从日报表中直接采购原料总额一项获得。采购后送入库房的原料在发料时才计入成本。由于库房发出原料都必须凭领料单，所领原料都必须列在领料单上，所以将各领料单汇总就能得出每日发料的总额。食品、饮料成本额的转移和调整，以及职工用餐、招待用餐、食品饮料质量试验用料、员工关系消耗、赠客水果等成本都应该从食品日成本中减去。

食品日成本计算方法如下：

a. 直接原料采购额——取自验收日报表

b. 库房发料成本额——汇总领料单数据

c. 转食品的饮料成本额——汇总调拨单数据

d. 转饮料的食品成本额——汇总调拨单数据

e. 职工用餐成本额——转经营费用及企业管理费

f. 招待用餐成本额——转经营费用及企业管理费

g. 其他杂项扣除额——转经营费用及企业管理费

净食品日成本额 $= a + b + c - d - e - f - g$

计算出食品日成本后，还要从会计记录中获取日销售数据，这样就可以计算成本对销售额的比率——成本率。

日成本额的计算并不是十分精确的，因为有的原料也许隔日采购或当日从库房里发出的原料也不会每日都正好用完，如盐及其他调料，也许一周领一次，上述情况都会造成日成本额的计算出偏离真实消耗的情况。

为了减少人为原因使成本额的计算出现高低波动的状况，有必要统计成本的累积值数据，这样累积值就比较精确了，因为，某日多领料或多购了原料，当日积存较多，次日就不必多领或多购，累积日子越长，数据的精确度就越高。

为了更好地搞好成本的控制和管理，有必要将食品成本日报表和销售日报表合并在一起，编制成餐饮营业日报表。许多企业还将饮料的成本和销售情况也列在一起。

餐饮营业日报表的内容包括：整个企业成本耗用情况，各餐厅成本耗用情况，成本调整情况，各餐厅就餐客人数、营业额和平均消费额。

营业日报表能反映前一个工作日整个企业和各餐厅的销售情况与成本控制情况。如果销售或成本控制不理想，可及时找出销售不佳和成本泄漏的原因和责任部门。

二、月食品成本核算及成本月报表

（一）月食品成本的计算

月食品成本与日成本的计算有所不同，主要表现在月食品成本要根据库存的实际盘点来核算，而日成本额的核算对存货额一般不作计算。有些企业只计算库房的库存额而厨房的库存额忽略不计。但实际上厨房的库存额往往数额很大，若忽略不计，成本额计算会有较大出入，故许多企业会计算厨房库存额，这样整个企业月食品成本计算方法如下：

a. 月初库房库存额——上月末实际库存额
b. 月初厨房库存额——上月末实际库存额
c. 本月库房采购额——验收单数据汇总
d. 本月直拨采购额——验收单数据汇总
e. 月末库房存额——月末实际盘点库存额
f. 月末厨房存额——月末实际盘点库存额
g. 各项扣除额
月成本净额 = a + b + c + d − e − f − g

为了将成本控制的责任落实到各个部门，各个厨房的成本也要分别核算，各厨房月成本的计算方法如下：

a. 月初厨房库存额——上月末实际库存额
b. 月库房领料额——本月厨房向库房领料单汇总额
c. 本月直拨采购额——本月向厨房直拨原料采购额
d. 月末厨房库存额——本月末厨房实际盘点库存额
e. 成本调整额
f. 各项扣除额
各厨房月成本净额 = a + b + c − d ± e − f

（二）成本调整额

1. 各厨房向酒库和酒吧领用的用于烹饪调味的酒水

这些成本额应分别加在各厨房成本额中，并且分别在酒库和酒吧的成本中减去。

2. 各酒吧向食品库和厨房领取的调酒用配料和配酒小吃

这些成本额必须加在各酒吧成本额中，并从食品库房和各厨房成本中减去。

3. 各厨房相互调拨原料的成本额

具有多个餐厅和厨房的餐饮企业，从甲厨房调拨到乙厨房的成品、半成品和原料的成本额必须从甲厨房的成本额中减去，并在乙厨房的成本额中加上。

为了较精确地计算各厨房的成本和整个企业的总成本，这些调整额都应分别在库房、厨房、酒吧的成本额中加以调整。

（三）各项扣除额

各项扣除额包括不应计算在对客人销售的餐饮成本中的各项成本。各企业每天会发生不同的杂项成本，主要项目有：

1. 赠客人的水果、饮品

这项开支可以计入推销费用中。

2. 招待用餐成本

管理人员招待有业务往来的各方人士，这笔开支可分别计入各部门的营业费用或企业管理费用中。

3. 职工用餐成本

这部分消耗额应从餐饮营业成本中减去。有的企业有单独的职工食堂，职工食堂的成本根据食堂从库房领取的原料和直接采购的原料以及其他餐厅转入食堂的原料成本汇总。有的企业无单独的职工食堂，按每一职工用餐的标准成本额从营业成本中扣除。这笔开支应该分别计入各部门的营业费用或企业管理费用中。

4. 其他杂项扣除

以成本价向职工出售原料，其收入应从原料成本中扣除，对食品、饮品和厨师技术等方面进行试验，这些开支都应从餐饮成本中扣去，计入营业费用中。

（四）食品成本月报表的内容

食品成本月报表应反映企业一个月消耗食品原料的总额，显示食品成本的调整额和各项扣除额，列出一个月食品成本的净额。在月报表上要列出食品当月营业收入总额，算出食品实际成本率。

在食品成本月报表上列出标准净成本率可使管理人员清楚地了解本月成本控制的效果。为了方便管理人员查看和分析，提供的信息要尽量简洁。许多企业将食品成本月报表与饮料成本月报表列在一张表上。

三、饮料的成本核算

（一）饮料的日成本核算与成本日报表

根据每日的发料额来计算每日饮料成本。为了便于控制和检查，许多餐饮企业要求餐厅和酒吧对每一种酒水和饮料的贮存规定数量，即建立标准贮存量制度。标准贮存量制度能有效地防止饮料的短缺。

许多酒水饮料价格很贵，为更有效地及时发现饮料的短缺，有些企业实行保留空瓶制度。对零杯销售和混合销售的饮料要求保留空瓶，使这些酒水瓶子总保持在标准数量。整瓶销售的饮料往往由服务员将整瓶送到桌边，有时难以保证百分百地回收空瓶，这就要求服务员填写整瓶销售单。在领料时，各餐厅和酒吧不仅需要填写领料单，而且还要附上空瓶和整瓶销售单。那么每日饮料销售额就是餐厅和酒吧各种饮料的空瓶或整瓶销售数乘以每种饮料单价的总和。

一些企业不推行空瓶领料制度，而是由各餐厅和酒吧通过清点库存量来算出领料量。

领料量 = 各种饮料标准贮存量 − 库存量

由于每日的饮料成本核算没有将酒吧或餐厅库存的没售完的半瓶酒考虑进去，因而并不十分精确。在日饮料成本表中，如果列出逐日累积的成本额，将会更精确。

（二）月饮料成本的核算与月报表

一般来说，库房的饮料以及餐厅和酒吧结存的饮料都需进行盘点。盘点时，清点各种酒水和饮料的瓶及罐的数量，再乘以各种饮料的单价，由此汇总得出库存饮料金额。在餐厅和酒吧清点时，除了要清点整瓶数，还要对各类酒水的不满整瓶的量做估计，或称量算出估计量，再核算出金额。月成本额是通过对期初库存额、本月采购额和期末库存额的汇总，算出本月的消耗总额，再加减调整额和各项扣除额，得出饮料净成本额。

月饮料成本报表要反映该月饮料的消耗情况和饮料的营业收入，由此算出饮料的月成本率。将月成本率与标准成本率进行比较，便能清楚地反映出一个月饮料成本控制的效果。饮料成本月报表应尽量简洁，很多企业将其与食品成本报表列在一起，以方便管理人员使用。

四、团队成本核算

（一）分析《团队（会议）用餐通知单》，明确成本核算前提条件

《团队（或会议）用餐通知单》是根据客人预订要求制定的，其内容包括用餐人数、餐费标准、起止时间、餐费安排、酒水标准和客人禁忌或特殊要求等。它既是团队或会议成本核算的客观依据，也是其成本核算的前提条件。因此，正式进行成本核算前，管理人员都要掌握和分析《团队（或会议）用餐通知单》的有关内容和数据，才能正确进行成本核算。

（二）计算团队或会议用餐的餐费标准，确定食品原材料成本

团队或会议用餐的费用可根据用餐人数和天数，确定总餐费标准。但在实际工作

中，团队或会议用餐又是按早、中、晚三餐安排的。因此，其餐费标准还要根据每人每天的费用标准，按事先规定的比例分配到每个餐次。然后再按费用标准，确定每人、每个餐次可安排的费用。在这一过程中，还要考虑到团队或会议用餐的毛利率，确定食品原材料成本。

五、部门成本核算

餐饮成本的日核算并不十分精确，有的原料不一定每日采购，也许隔日采购，当日从库房里发出的原料也不会每日都正好用完，有些原料在使用日以前就领出来了。如盐及其他调料，也许一周领一次，以免天天去领；有些大块肉领来可用几天。上述情况都会使计算的日成本额偏离真实的消耗情况。因此，为了减少人为原因使成本额的计算出现高低波动的状况，有必要统计成本的累积值数据，这样数日后的累积值就会更精确。

第三节　餐饮成本分析与控制

一、餐饮企业成本分析

（一）成本分析的概念

成本分析是指利用成本核算以及其他有关资料，分析成本水平与构成的变动情况，研究影响成本升降的各种因素，寻找降低成本的途径。

（二）成本分析的方法

1. 对比分析法

对比分析法是根据实际成本指标进行对比，找出差异，分析差异产生原因的一种方法，可采用实际指标与计划指标对比，本期实际与上期实际指标对比，本期实际指标与国内外同类型企业的先进指标对比等形式。

通过对比分析，企业可了解成本的升降情况及其发展趋势，从而查明原因，找出差距，提出进一步的改进措施。

2. 因素分析法

因素分析法是将某一综合性指标分解为各个相互关联的因素，来测定这些因素对综合性指标差异额的影响程度的一种分析方法。

在成本分析中采用因素分析法，就是将构成成本的各种因素进行分解，测定各个因素变动对成本计划完成情况的影响程度，并据此对企业的成本计划执行情况进行评价，并提出进一步的改进措施。

采用因素分析法的程序如下：

（1）将要分析的某项经济指标分解为若干因素的乘积；

（2）计算经济指标的实际数与基数，从而形成两个指标体系；

（3）确定各因素的替代顺序；

（4）计算替代指标；

（5）计算各因素变动的影响程度；

（6）将各个因素变动对经济指标影响程度的数额相加，应与该项指标实际数与基数的差额相等。

3. 相关分析法

相关分析法是指在分析某个指标时，将与该指标相关但又不同的指标加以对比，分析其相互关系的一种方法。

【同步案例】

成本分析会议

某餐厅以经营川菜为主，营业面积为900多平方米，12个包间，350多个餐位。开业以来，生意节节攀高，每天22：00后的夜宵生意也不错。奇怪的是，每月的销售收入在不断提高，但月底结算时餐厅利润却没有明显增长。

相关部门共同对当月的营业收入、营业成本、营业费用、部门利润等方面进行对比研究，发现了许多问题。例如，无计划采购造成成本浪费太大，无竞争性采购缺少对供应商进行评估和市场信息调查，采购监控系统未有效建立起来，对采购过程也控制不严。

这次成本分析会取得很大的成功。一些原先对成本控制不甚了解的管理人员，也开始研究起如何降低成本。为了能在以后的成本分析会上向大家如实报告，一些新的制度纷纷出台。

问题： 企业进行成本分析有哪些好处？

二、餐饮成本控制

（一）成本控制的基本思想

成本控制是餐饮企业根据一定时期预先建立的成本管理目标，在生产耗费产生的全过程中对各种影响成本的因素和条件采取的一系列预防、调节和评价措施，以保证成本管理目标实现的管理行为。

成本控制就是指以成本作为控制的手段，通过制度成本总水平指标值、可比产品成本降低率以及成本中心控制成本的责任等，达到对经济活动实施有效控制的一系列管理活动与过程。

要进行有效的成本控制，必须事先确定一个科学合理的定量指标——标准值，在生产加工过程中不断采集实际发生的数据——实际值。

偏差 = 标准值 - 实际值

在成本控制中出现偏差有两类：优偏差和劣偏差。

（二）内部成本控制

1. 内部成本控制的概念

内部成本控制是指企业为了确保经营方针的贯彻执行，实现其经营目标，在企业内部采取的自我调整、约束、规划、评价和控制的一系列方法的总称。

内部控制的目的在于改善经营管理、保证产品的质量、提高经济效益。

内部成本控制包括控制环境、风险评估、控制活动、信息与沟通、监控等要素。

2. 内部成本控制的种类

第一，内部会计控制，控制范围涉及会计事项各方面的业务。

第二，内部管理控制，控制范围涉及企业生产、技术、经营、管理的各部门、各层次、各环节，其目的是提高企业管理水平，确保企业经营目标的实现和有关方针、政策的贯彻执行。

（三）餐饮成本控制岗位职责

包括：参与制订餐饮部工作计划及编制成本控制部费用预算；联系本企业各经营部门，对本企业的采购程序进行督导；加强食品原材料和其他原材料、低值易耗品用的监督与控制；参与采购询价；提出成本控制方案；审核成本控制方案；在月末、季末和年底进行成本分析，编制成本控制分析报告；各种报告和文件存档。

（四）餐饮企业成本控制的综合解决方案

第一，制订各种工作标准。按照餐饮企业的各要素，建立相应的企业标准，包括各种基础标准。

第二，建立健全全面成本管理体系，使整个餐饮企业成为一个有机整体，形成全员、全过程、全方位的管理控制系统。

第三，引入激励、奖惩制度，建立采购价格控制机制，多方比较，以降低成本。

第四，同行相互借鉴，取长补短，交流成本控制检验。

【复习思考题】

1. 试述固定成本和变动成本、可控成本和不可控成本、标准成本和实际成本的概念及其在餐饮管理中各有何意义。

2. 餐饮成本核算的种类有哪些？

【案例分析】

月薪工资小时计算

一家采用纯中式正餐模式管理的餐饮连锁公司，由于业绩出色，需大量招聘服务人员，但此时却出现了一个瓶颈问题，由于人员难招，现有服务员无奈之下都承担了2～3个人的工作份额，结果造成员工大量提出离职。

为了在不增加人力成本的基础上，降低离职率及提高员工工作效率，该餐厅引入月薪工资小时计算的方法。措施有三：服务组现有工资不变，但超出8小时的额外工作均以小时计算，并以工资形式发放；管理组进行培训系统指导，并将管理组加班时间记录，作为晋级培训的一项重要指标，优先安排职业生涯规划；服务组加班由管理组指派，以心态端正、工作积极、效率高的服务人员优先；管理组对排班系统进行学习，将单店人力成本纳入绩效考核。不到1个月，开始出现了一连串的多米诺效应，管理组为了降低离职率，主动培训员工，并与员工沟通，而员工为了得到额外的加班报酬，会主动学习岗位知识，并积极配合管理组工作，从而大大提高了工作效率。到了月底，有个别员工拿到了比初级管理组还要高的工资，起到了积极带头作用，员工由于付出与回报成为正比，离职率大大降低，实际人力成本反而减少。

分析题：分析该企业实际人力成本反而减少的原因。

第十章

餐饮业食品安全管理

导言

本章简要介绍了餐饮业食品安全控制体系的基本构架，着重介绍了餐饮业食品安全的科技控制体系中 GMP 和 SSOP 的基本原理和主要内容，重点介绍了 HACCP 控制体系的基本原理、术语和步骤等，以及在餐饮业实际应用中的步骤要点。

【学习目标】

1. 了解餐饮业食品安全控制体系的基本构架。
2. 掌握食品安全科技体系的概念，以及 GMP 和 SSOP 的基本原理和主要内容。
3. 掌握 HACCP 原理和步骤，以及 HACCP 在实际应用中的步骤和要点。

【导入案例】

和谐世博　食安为先

2010 年上海世博会，百胜餐饮集团中国事业部在上海举办了主题为“和谐世博 食安为先”的世博餐饮与食品安全论坛。

论坛吸引了政府相关部门、行业协会、知名专家学者与媒体的广泛关注和参与。与会嘉宾表示，上海世博会在保障食品安全方面借鉴了国际的先进方法，吸收了国内领先企业行之有效的操作经验，以前所未有的力度，采用具体措施狠抓食品安全，做法和决心令人钦佩。嘉宾们也指出，希望世博的食品安全经验能够在全国产生示范效应，促进全国食品安全水平的整体上升。

第一节　餐饮食品安全控制体系

一、食品安全控制体系概述

广义的食品安全控制体系包括法律法规体系、管理体系和科技体系。狭义的食品安全控制体系主要是指为保障食品安全而制定的安全控制技术和管理方法。

（一）食品安全法律法规体系

食品安全法律法规体系是指有关食品生产和流通的安全质量标准、安全质量检测标准及相关法律法规、规章等规范性文件构成的有机体系。包括与食品有关的法律法规、规章、标准和指南等。

《食品安全法》是我国食品安全法律法规体系中法律效力层次最高的规范性文件，也是制定从属性的食品安全相关法规、规章及其他规范性文件的依据。

《餐饮服务许可管理办法》和《餐饮服务食品安全监督管理办法》是为规范餐饮服务许可工作，加强餐饮服务监督管理，维护正常的餐饮服务秩序，保护消费者健康，根据《食品安全法》《行政许可法》《食品安全法实施条例》等有关法律法规的规定而制定的。两个办法明确规定由食品药品监督管理部门对餐饮服务活动实施行政许可和监督管理，规定了餐饮服务许可、餐饮服务基本要求、餐饮服务单位内部管理、从业人员健康管理、进货查验记录、食品安全事故处置等制度，构建了餐饮服务食品安全监管制度的基本框架。我国食品安全法律法规体系基本框架如图 10－1 所示：

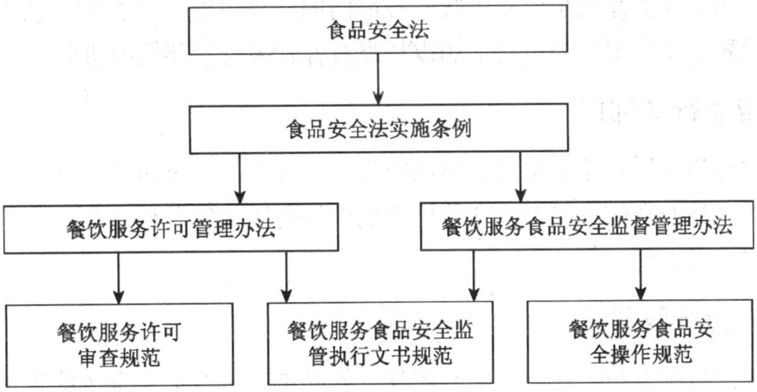

图 10－1　我国食品安全法律法规体系基本框架

（二）食品安全管理体系

食品安全管理体系包括管理职能、政策制定、监管运作和风险交流。

有效的食品安全控制体系必须由国家和政府部门出台适宜的政策，通过建立相关领导机构或部门，明确界定其职责，参与国际食品控制的联络活动，制定应对紧急事件的程序，开展风险分析等措施来进行管理。

食品安全管理体系的核心职能在于建立规范的监管人员队伍和措施，保障监督体系的运行，同时持续改进硬件条件，以提供全部的政策指导和信息。

（三）食品安全科技体系

食品安全科技体系是指国家进行食品安全控制时所需要的科学依据和技术支撑，主要包括基于科学的风险评估、检测监测技术、溯源预警技术和全程控制技术等技术支持体系。食品安全控制关键在风险评估，风险评估为食品有害物的确定和定性提供信息，为进一步探寻有效干预措施提供依据。食品法典委员会（CAC）将风险评估定义为一个以科学为依据的，由有害物确定、有害物定性、暴露量评估、风险定性 4 个步骤组成的过程。

食品安全管理和监督需要检测和监测技术，特别是快速检测技术和长期监测方法，而食品和污染物溯源技术为食品安全事件产品召回管理和重大责任事故责任判定提供了重要的证据和支持。

二、我国食品安全监管机构和职能

《食品安全法》明确了我国采取食品安全分段监管的体制，由国务院质量监督部门负责食品生产加工环节的监督管理，国务院工商行政管理部门负责食品流通环节的监督管理，国家食品药品监督管理部门负责餐饮服务环节的监督管理。几个部门按照职责分工共同监管，可以有效调动各部门的积极性，发挥各自专业领域的优势，达到有效监管的目标。同时为了在食品安全监管中统一各部门的管理思维，整合管理资源，形成管理合力，特别设置了食品安全委员会，用以加强对各有关监管部门的协调、指导。

（一）卫生行政部门

卫生行政部门承担食品安全综合协调职责。负责食品安全风险监测和评估、食品安全标准制定、食品安全信息公布、食品检验机构的资质认定条件和检验规范的制定，组织查处食品安全重大事故。

（二）农业行政部门

农业行政部门监管初级农产品生产环节。负责农产品质量安全风险评估，农产品质量安全国家标准，农产品质量安全的监督管理，依法实施符合安全标准的农产品认证和监督管理，农业检验检测体系建设和机构考核等。

（三）质量监督部门

质量监督部门监管生产加工和进出口活动。负责对食品、食品添加剂和食品相关产品的生产进行监管、对食品进出口进行监管、对食品检验机构进行资质认定管理等。

（四）工商行政部门

工商行政部门监管流通环节。负责流通环节食品安全监督管理，拟定流通环节食品安全监督管理的具体措施、办法，组织实施流通环节食品安全监督检查、质量监测及相关市场准入制度，承担流通环节食品安全重大突发事件应对处置和重大食品安全案件查处工作。

（五）食品药品监督管理部门

食品药品监督管理部门负责对餐饮服务环节进行监督管理。

餐饮服务是指通过即时制作加工、商业销售、服务性劳动等手段，向消费者提供食品、消费场所及设施的食品加工、销售和消费服务活动。提供餐饮服务的单位包括宾馆、饭店、餐馆、食堂、食品摊贩等。食品药品监督管理部门负责对上述这些餐饮服务单位进行监督管理，具体职责包括：

负责颁发餐饮服务许可，负责对提供餐饮服务的食品摊贩进行监管，负责对餐饮服务活动进行日常的监督管理，配合卫生行政部门对食品安全事故进行处置，负责对保健食品进行监管，负责对违法行为的处罚。

第二节　食品安全科技控制体系

一、良好生产规范（GMP）

（一）GMP 的基本概念及应用

GMP 是良好操作规范（Good Manufacturing Practice）的简称，是一种安全和质量保证体系，是为保障食品安全、质量而制定的贯穿食品生产全过程的一系列措施、方法和技术要求。GMP 是普遍应用于食品生产过程的先进管理系统，它要求食品生产企业应具备良好的生产设备、合理的生产过程、完善的质量管理和严格的检测系统，确保最终产品质量符合标准。

GMP 对包括食品生产、加工、贮存、包装、运输等在内的食品企业的生产加工环境、厂房结构与设施、卫生设施、设备与工具、人员的卫生要求与培训、仓储与运输、生产管理制度等方面的卫生质量管理和控制做了详细的规定，是食品生产加工企业应满足的基本标准。

制定和实施 GMP 的目的与意义主要是防止食品在不卫生、不安全或可能引起污染及腐败变坏的环境下进行加工生产，从而避免食品制造过程中人为的错误。建立完善的食品生产加工过程质量安全管理制度，可以确保食品卫生安全和满足相关标准要求，也可以提高产品质量的稳定性。

（二）GMP 的分类

1. 根据不同制定机构分类

（1）由国家权力机构颁布的 GMP。如美国 FDA 颁布的低酸性罐头 GMP，我国颁布的《保健食品良好生产规范》（GB 17405—1998）和《膨化食品良好生产规范》（GB 17404—1998）。

（2）由行业组织制定的 GMP。可作为同类食品共同参照、自愿遵守的管理规范。

（3）由食品企业自己制定的 GMP。作为企业内部管理的规范。

2. 根据不同法律效力分类

（1）强制性 GMP。食品生产企业必须遵守的法律规范，由国家或有关政府部门制定，并颁布监督实施。

（2）指导性（或推荐性）GMP。由国家或有关政府部门或行业组织、协会等制定并推荐给食品企业参照执行，但遵循自愿遵守的原则，不强制实行。

（三）GMP 的内容和特点

1. GMP 的内容

GMP 总体内容包括机构与人员、厂房和设备设施、卫生管理、文件管理、物料控制、生产控制、质量控制、贮存和销售管理等方面内容，涉及生产的方方面面，强调通过对生产全过程的管理来保证产品质量。

从专业化管理的角度，GMP 可以分为质量控制系统和质量保证系统两大方面。质量控制系统是指对原材料、中间品、产品的系统质量控制。质量保证系统是指对影响产品质量、生产过程中易产生的人为差错和污染等问题进行系统的严格管理，以保证产品的质量。

从硬件和软件系统的角度，GMP 可分为硬件系统和软件系统。硬件系统主要包括对人员、厂房、设施、设备等的目标要求，可以概括为以资本为主的投入产出。软件系统主要包括组织机构、组织工作、生产技术、卫生、制度、文件、教育等方面内容，可以概括为以智力为主的投入/产出。

2. GMP 的特点

（1）原则性。GMP 条款仅指明了要求的目标，而没有列出如何达到这些目标的解决办法。达到 GMP 要求的方法和手段是多样化的，企业有自主性、选择性，不同企业可根据自身情况选择最适宜的方式实施 GMP 改造和建设。

（2）时效性。GMP 条款是具有时效性的，因为条款只能根据该国家、该地区现有一般生产水平来制定，而且随着科技和经济贸易的发展，GMP 条款需要定期或不定期补充、修订。对目前有法定效力或约束力或有效性的 GMP，称为现行 GMP。当新的 GMP

颁布时，旧版应立即废止。

（3）基础性。GMP 是保证产品生产质量的起码标准，但不是最为严格、规格最高的。任何一国的 GMP 都不可能把只能由少数企业做得到的一种生产标准来作为全行业的强制性要求。生产达标方法和手段是多样化的，企业有自主性。将生产要求与目标市场的竞争结合起来，必然会形成实现标准要求的多样性。

（4）多样性。尽管各国 GMP 在规定内容上基本相同，但在同样的内容上所要求的精度和严格程度却是不一样的，且存在很大差异。各国 GMP 均是建立在世界卫生组织规定的 GMP 基础之上的，体现着各国政府特别是监督管理部门更为严格的要求趋向，是一种进步和必然的发展趋势。

（四）《餐饮业和集体用餐配送单位卫生规范》

2005 年卫生部颁布了《餐饮业和集体用餐配送单位卫生规范》，该规范是迄今为止我国最为全面、具体的餐饮业卫生规范。对企业自身规范管理、消费者维护自身合法权益、卫生监督人员开展针对性的执法监督等都有重要意义。

《餐饮业和集体用餐配送单位卫生规范》体现了 GMP 的有关精神和要求，并充分结合了我国餐饮业的实际情况。餐饮服务企业按照规范要求进行食品安全管理，有利于提升企业自身食品安全管理水平。其内容包括加工经营场所的卫生条件、加工操作卫生要求、卫生管理制度和从业人员卫生要求等方面。

二、卫生标准操作程序（SSOP）

（一）SSOP 的概念

卫生标准操作程序（Sanitation Standard Operating Procedure）是食品加工企业为了达到良好操作规范而制定的实施细则，主要是明确食品企业在食品生产中如何做到清洗、消毒、卫生保持的指导性文件。

（二）SSOP 的内容

SSOP 至少应包括 8 项内容。

1. 水（冰）的安全性

与食品接触或与食品接触物表面接触的水（冰）的安全性是影响食品卫生的关键因素，食品加工厂应有充足供应的水源。对于任何食品的加工，首先要考虑与食品接触或与食品接触物表面接触用水（冰）来源与处理应符合有关规定，并要考虑非生产用水及污水处理的交叉污染问题。

餐饮业用水（冰）安全的要求如下：

（1）供应水应能保证加工需要，水质应符合《生活饮用水卫生标准》（GB 5497）。

（2）直接与食品接触的冰必须采用符合饮用水标准的水制作；制作设备和盛放冰块

的器具必须保持良好的清洁状态；冰的存放、粉碎、运输、盛装等都必须在卫生条件下进行；防止与地面接触造成污染。

(3) 供水设施完好，一旦损坏后能立即维修好，避免供水设施被其他液体污染。供水设施被污染的主要原因有交叉污染、回流（压力固流、虹吸管回流）。防止措施：食品接触的非饮用水（如冷却水、污水或生活废水等）的管道系统与食品加工用水的管道系统，应以不同颜色明显区分，并以完全分离的管路输送，不得有逆流或相互交接现象；排水系统设计符合餐饮业加工要求，防止发生交叉污染。水龙头需要一个典型的真空中断器或其他阻止回流装置以避免产生负压情况。

2. 食品接触表面的清洁

保持与食品接触的表面（包括设备、手套、工作服）的清洁度是为了防止污染食品。与食品接触表面一般包括直接接触如加工设备、工器具和台案、加工人员的手或手套、工作服等，间接接触如未经清洗消毒的冷库、卫生间的门把手、垃圾箱等。

(1) 餐饮业对食品接触面的状况要求。食品接触面要保持良好状态，其设计、安装便于卫生操作；表面结构应抛光或浅色，易于识别表面残留物，易于清洗、消毒；设备夹杂物品残渣易清除；手套、工作服清洁且状况良好。食品加工用设备和工用具的构造有利于保证食品卫生、易于清洗消毒、易于检查，应有避免润滑油、金属碎屑、污水或其他可能引起污染的物质混入食品的构造；食品接触面应平滑、无凹陷或裂缝，设备内部角落部位应避免有尖角，以避免食品碎屑、污垢等的聚积；设备的摆放位置应便于操作、清洁、维护；所有用在食品处理区及可能接触食品的设备与工用具，应由无毒、无臭味或异味、耐腐蚀、不易发霉且可承受重复清洗和消毒的，符合卫生标准的材料制造；除工艺上必须使用的外（如面点制作），食品接触面原则上不可使用木质材料。必须使用木质材料工用具时，要保证不会对食品产生污染。

工作服（包括衣、帽、口罩）宜用白色（或浅色）布料制作，可按其工作的场所从颜色或式样上进行区分，如粗加工、烹调、仓库、清洁等。手套应保证不易破损，不得使用线手套。

(2) 餐饮业食品接触面消毒保洁的要求。食品接触表面在加工前和加工后都应彻底清洁，并在必要时消毒。首先必须进行彻底清洗（除去微生物赖以生长的营养物质、确保消毒效果），再进行冲洗，然后进行消毒。

工作服应有清洗保洁制度，并按有关卫生管理规定处理相关事项。如工作服应集中清洗和消毒，应有专用的洗衣房，洗衣设备、能力要与实际相适应，不同区域的工作服要分开，并每天清洗消毒。不使用时，必须贮藏于不被污染的地方。

加工设备和器具的清洗消毒的频率：大型设备在每班加工结束之后，工器具每 2～3 小时消毒一次，加工设备、器具（包括手）被污染之后应立即进行消毒。

制定有效的清洗和消毒方法及管理制度，清洗消毒的方法必须安全卫生。使用的洗涤剂、消毒剂必须符合《食品工具、设备用洗涤卫生标准》和《食品工具、设备用洗涤消毒剂卫生标准》等有关卫生标准和要求；用于清扫、清洗和消毒的设备、用具应放置在专用场所妥善保管。

(3) 场所、设施、设备和工用具的清洁，以及餐具清洗、消毒和保洁的方法可参考《餐饮业和集体用餐配送单位卫生规范》相关规定。

3. 防止交叉污染

交叉污染是通过生的食品、食品加工者或食品加工环境把生物或化学的污染物转移到食品的过程。此方面涉及人员要求、原材料和熟食产品的隔离和工厂预防污染的设计。

(1) 人员要求。对手进行适宜清洗和消毒能防止污染；个人物品可能导致污染，需要远离生产区存放；在加工区内杜绝吃、喝或抽烟等行为；未经消毒的肘、胳膊或其他裸露皮肤表面不应与食品相接触。

(2) 隔离防止。包括合理选址和合理设计布局；食品原材料和成品必须在生产和贮藏中分离；产品贮存区域应每日检查。另外注意人流、物流、水流和气流的走向，要从高清洁区到低清洁区，要求人走门、物走传递口。

4. 手清洁、消毒和卫生间设施的维护

厕所设施的维护与卫生以及保持手的清洗和消毒的目的是防止交叉污染。一般的清洗方法和步骤为：清水洗手，擦洗洗手皂液，用水冲净洗手液，将手浸入消毒液中进行消毒，用清水冲洗，干手。

《餐饮业和集体用餐配送单位卫生规范》推荐了餐饮从业人员洗手消毒方法。洗手的清洗台的建造需要防止再污染，水龙头以肘动式、电力自动式或脚踏式较为理想。清洗和消毒频率一般为：每次进入时；加工期间每30分钟至1小时进行1次；当手接触了污染物、废弃物后等。卫生间需要进入方便、卫生良好，具有自动关闭、不能有开向加工区的门，以防止空中或飘浮的病原体和寄生虫进入加工区。卫生间的设施要求：门不能直接朝向加工区，通风良好，地面干燥，整体清洁；数量要与人员相应；进入厕所前要脱下工作服和换鞋。

5. 防止外来污染物污染

餐饮企业经常要使用一些化学物质，如润滑剂、燃料、杀虫剂、清洁剂、消毒剂等，生产过程中还会产生一些污物和废弃物，如冷凝物和地板污物等。下脚料在生产中要加以控制，防止污染食品及包装。严格执行卫生标准，保证食品、食品包装材料和食品接触面不被生物的、化学的和物理的污染物污染。

(1) 有毒化合物的污染。非食品级润滑油被认为污染物，因为它们可能含有毒物质；燃料污染可能导致产品污染；只能用被允许的杀虫剂和灭鼠剂来控制工厂内害虫，并应该按照标签说明使用；不恰当使用化学品、清洗剂和消毒剂可能导致食品外部污染，如直接喷洒。当食品、食品接触面、包装材料暴露于上述污染物时，应被移开、盖住或彻底清洗；员工们应该警惕来自非食品区域或邻近的加工区域的有毒烟雾。

(2) 因不卫生的冷凝物和死水产生的污染。被污染的水滴或冷凝物中可能含有致病菌、化学残留物和污物，导致产品被污染；缺少适当的通风会导致冷凝物或水滴滴落到产品、食品接触面和包装材料上；地面积水或池中的水可能溅到产品、产品接触面上，使得产品被污染，脚或交通工具通过积水时会产生喷溅。

水滴和冷凝水较常见，且难以控制，易形成霉变。一般采取的控制措施有顶棚呈圆弧形、良好通风、合理用水、及时清扫、控制车间温度稳定、提前降温等。包装材料的控制方法常用的有通风、干燥、防霉、防鼠，必要时进行消毒，内外包装分别存放。食品贮存时物品不能混放，且要防霉、防鼠等。

6. 有毒化合物的处理、贮存和使用

食品加工过程中有时需要借助一些特定的有毒物质进行消毒、清洗或添加使用，这些有害有毒化合物主要包括洗涤剂、消毒剂（如次氯酸钠）、杀虫剂（如1605）、润滑剂、食品添加剂（如硝酸钠）等。但使用时必须小心谨慎，按照产品说明书使用，做到正确标记、贮存安全，否则会导致企业加工的食品污染问题。

控制措施：所有这些物品需要适宜的标记并远离加工区域，应有主管部门批准生产、销售、使用的证明；主要成分、毒性、使用剂量和注意事项标识清晰；带锁的柜子；要有清楚的标识、有效期；严格的使用登记记录；单独的贮藏区域，如果可能，清洗剂和其他毒素及腐蚀性成分应贮藏于密贮存区内；要有经过培训的人员进行管理。

7. 雇员的健康状况

食品加工者（包括检验人员）是直接接触食品的人，其身体健康及卫生状况直接影响食品卫生质量。对员工的健康要求一般包括：

不得患有碍食品卫生的传染病（如肝炎、结核等）；不能有外伤、化妆、佩戴首饰和带入个人物品；工作服、帽、口罩、鞋等必须具备，并及时洗手消毒。

应持有效的健康证，制订体检计划并设有体验档案，包括所有和加工有关的人员及管理人员，应具备良好的个人卫生习惯和卫生操作习惯。

涉及有疾病、伤口或其他可能成为污染源的人员要及时隔离。

食品生产企业应制订卫生培训计划，定期对加工人员进行培训，并记录存档。

8. 害虫的灭除和控制

通过害虫传播的食源性疾病的数量巨大，因此虫害的防治对食品加工厂至关重要。害虫的灭除和控制包括加工厂（主要是生区）全范围，甚至包括加工厂周围，重点是厕所、下脚料出口、垃圾箱周围、食堂、贮藏室等。食品和食品加工区域内保持卫生对控制害虫至关重要。

去除任何产生昆虫、害虫的滋生地，如废物、垃圾堆积场地、不用的设备、产品废物和未除尽的植物等吸引害虫的因素。安全有效的害虫控制必须由厂外开始，厂房的窗、门和其他开口，如开的天窗、排污洞和水泵管道周围的裂缝等能进入加工设施区。采取的主要措施包括：清除滋生地和预防进入的风幕、纱窗、门帘，适宜的挡鼠板、翻水弯等；

还包括产区用的杀虫剂、车间入口用的灭蝇灯、粘鼠胶、捕鼠笼等，但不能用灭鼠药。

家养的动物，如用于防鼠的猫和用于护卫的狗或宠物不允许在食品生产和贮存区域出现，因为这些动物可能引起食品污染。

第三节 HACCP 系统

一、HACCP 的基本原理

（一）HACCP 的定义

国家标准 GB/T 15091—1994《食品工业基本术语》对 HACCP（Hazard Analysis and Critilal Control Point）的定义为：生产（加工）安全食品的一种控制手段；对原料、关键生产工序及影响产品安全的人为因素进行分析，确定加工过程中的关键环节，建立、完善监控程序和监控标准，采取规范的纠正措施。

国际标准 CAC/RCP－1《食品卫生通则 1997 修订 3 版》对 HACCP 的定义为：鉴别、评价和控制对食品安全至关重要的危害的一种体系。

【知识链接】

HACCP 的产生

自 20 世纪 80 年代，HACCP 已经成为国际上共同认可和接受的食品安全保证体系，主要是对食品中微生物、化学和物理危害的安全进行控制。近年来政府及消费者对食品安全性的普遍关注和食品传染病的持续发生是 HACCP 体系得到广泛应用的动力。

HACCP 系统是 20 世纪 60 年代由美国皮尔斯柏利公司与宇航局和美国陆军纳蒂克研究所共同开发的，主要用于航天食品中。1971 年在美国第一次国家食品保护会议上提出了 HACCP 原理，立即被食品药物管理局接受，并决定在低酸罐头食品的 GMP 中采用。食品药物管理局于 1974 年公布了将 HACCP 原理引入低酸罐头食品的 GMP。1985 年美国科学院就食品法规中 HACCP 有效性发表了评价结果。随后由美国农业部食品安全检验署、美国陆军纳蒂克研究所、食品药物管理局、美国海洋渔业局四家政府机关及大学和民间机构的专家组成的美国食品微生物学基准咨询委员会（NACMCF）于 1992 年采纳了食品生产的 HACCP 七原。1993 年 FAO/WHO 食品法典委员会批准了《HACCP 体系应用准则》，1997 年颁发了新版法典指南《HACCP 体系及其应用准则》，该指南已被广泛地接受并得到了国际上普遍的采纳，HACCP 概念已被认可为世界范围内生产安全食品准则。

（二）HACCP的基本原理

1. **危害分析**（Hazard Anaylsis）

危害分析是HACCP原理的基础，也是建立HACCP计划的第一步。企业应根据所掌握的食品中存在的危害以及控制方法，结合工艺特点，进行详细的分析。

2. **确定关键控制点**（Critical Control Point）

关键控制点是能进行有效控制危害的加工点、步骤或程序，通过有效地控制防止发生、消除危害，使之降低到可接受水平。如果出现工厂位置、配合、加工过程、仪器设备、配料供方、卫生控制和其他支持性计划，以及用户的改变，CCP都可能改变。

3. **确定与各CCP相关的关键限值**（CL）

关键限值是非常重要的，而且应该合理、适宜，可操作性强，符合实际和实用。如果关键限值过严，即使没有发生影响到食品安全危害，也会要求去采取纠偏措施，如果过松，又会造成不安全的产品到了用户手中。

4. **确立CCP的监控程序，应用监控结果来调整及保持生产处于受控**

企业应制定监控程序并执行，以确定产品的性质或加工过程是否符合关键限值。

5. **确立经监控认为关键控制点有失控时，应采取纠正措施**

当监控表明偏离关键限值或不符合关键限值时采取的程序或行动。如有可能，纠正措施一般应是在HACCP计划中提前决定的。纠正措施一般包括两步：

第一步，纠正或消除发生偏离CL的原因，重新加工控制。

第二步，确定在偏离期间生产的产品，并决定如何处理。采取纠正措施时应加以记录。

6. **验证程序**（Verification Procedures）

用来确定HACCP体系是否按照HACCP计划运转，或者计划是否需要修改，以及再被确认生效使用的方法、程序、检测及审核手段。

7. **记录保持程序**（Record - keeping Procedures）

企业在实行HACCP体系的全过程中，须有大量的技术文件和日常的监测记录，这些记录应是全面的，记录应包括：体系文件，HACCP体系的记录，HACCP小组的活动记录，HACCP前提条件的执行、监控、检查和纠正记录。

二、餐饮业HACCP体系的建立

（一）准备工作

1. **组建HACCP小组**

（1）HACCP小组人员的组成。HACCP小组应由多种专业人员和具有食品安全管理经验的人员共同组成，如部门经理、质量控制人员、加工操作人员（厨师、清洗消毒人员、服务员）等，以确保食品安全相关知识和经验的互补。若企业人员能力不能满足要求，可以外聘专家。

(2) HACCP 小组的主要职责。包括：负责制定 HACCP 体系文件，监督 HACCP 体系的实施，从业人员培训，执行和实施 HACCP 体系中的关键性工作。

(3) HACCP 小组成员应具备的工作能力。包括：确定潜在的不安全因素及进行危害分析，提出监控方法、监督程序和补救措施，在 HACCP 计划的信息不详的情况下提出解决办法。

2. 对菜品进行分类并描述

菜品品种繁多、花样经常翻新是各种类型、各种规模餐饮企业的共同特点。因此，餐饮企业在建立和实施 HACCP 的过程中，应先根据菜品加工特点进行归类，然后再进行描述。我国餐饮食品按加工方式分类见表 10－1。

表 10－1 餐饮食品按加工方式分类

餐饮食品类别	流　程
生食	原料—储存—粗加工—食用
热加工后即时食用	原料—储存—粗加工—加热烹调—食用
热加工后放冷食用	原料—储存—粗加工—加热烹调—常温或冷藏放置—食用

(1) 生食类产品。在整个加工过程中没有加热的环节，在分析工艺时应考虑拌入调味品调味后，可能影响食品的卫生状况。

(2) 热加工后即时食用的产品。在烹调过程中有加热环节的存在，但不同的烹调方式加热的温度和时间有所不同。经过加热后的食品短时间内（一般不超过 2 小时）就供应食用，不存在放置中微生物繁殖的问题，但是其加热后的中心部位往往达不到杀灭微生物、寄生虫的要求，应当予以考虑。

(3) 热加工后冷却食用，或冷却再拌入调味品后食用的产品。在烹调热加工后，将菜品温度降到室温或冷藏后供食用。此种加工方式除了常见的冷荤菜外，还包括糕点制作的冷加工制品。

菜品描述内容可参见表 10－2。

表 10－2 菜品描述内容

食品类别	菜名	原辅料	调料	供餐方式	敏感人群	产品特性	盛装方式	特殊运输要求

菜品描述注意点：食品类别包括生食、热加工后即时食用、热加工后放冷食用等类型；原辅料、调料包括主料、辅料及调味品的品种、产地等信息；供餐方式是指宴会、

自助餐、零点、食堂等；敏感人群通常指由于年龄、健康状况、免疫力低下等而有特殊的要求，这类敏感人群通常包括老人、婴儿、孕妇、病人、免疫系统缺陷者、过敏体质者；产品特性包括产品的形态等重要信息；盛装方式即采用什么容器盛装食品；特殊运输要求即采用什么形式送到消费者手中，如餐车、服务员端送、保温车等。

3. 描绘生产加工流程图并进行现场验证

绘制流程图的要求：应对各类食品分别绘制流程图。一个好的流程图应清晰、准确和足够详尽，应包括从原料采购、加工到消费者食用的整个过程的各个步骤，包括食品加工过程中的所有生产环节。为达到直观、简明的效果，流程图通常以块状形式标出。

在流程图制作完成后需进行现场验证。一般餐饮生产流程图如图 10－2 所示。

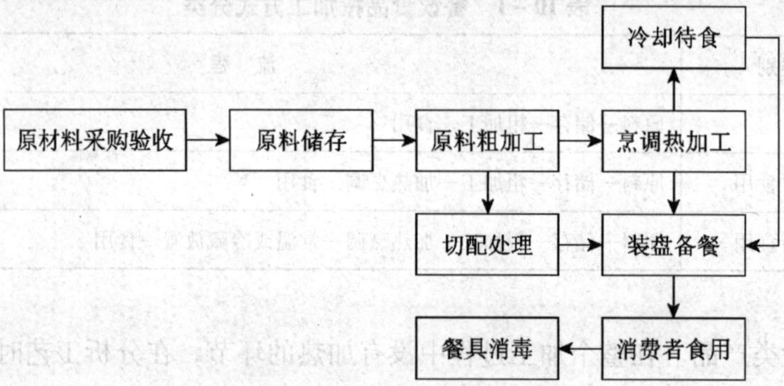

图 10－2　一般餐饮生产流程

（二）基本步骤

1. 进行危害分析，确定预防控制措施

HACCP 小组应对加工过程的所有步骤进行逐一分析，确定哪一个或哪些步骤可能会引入危害，并确定其显著性，同时确定相应的预防控制措施。分析结果填入表 10－3。

表 10－3　餐饮业食品生产加工危害分析工作表

步骤	食品安全危害（1）	显著性（是/否）	判断依据	控制措施	CCP（是/否）
	生物性				
	化学性				
	物理性				

（1）涉及食品安全问题的危害。进行危害分析时应将安全问题与一般质量问题区分开，但应重点考虑的是涉及安全问题的危害。

（2）显著危害与危害的区别。显著危害表明危害是严重的，是消费者不可接受的，如致病菌。对极有可能发生的危害应确定为显著危害，而如食品添加剂在规定的限量之内，相对的危害程度要小。

(3) 对危害作出准确判断的要求。HACCP具有产品、工序和企业的特异性，不同的产品存在许多不同的危害，同一产品不同的加工方式存在的危害不同，同一产品相同加工工序在不同的加工环境，仍然存在着不同的危害。实际分析时，应根据生产管理经验、流行病学调查、客户投诉等多种渠道信息，作出准确判断。

(4) 列出危害分析工作单。危害分析工作单可以用来组织和明确危害分析的思路，见表10-4。

表10-4 危害分析工作单

单位名称： 储存和销售方法：	单位地址： 签名：		产品名称： 预期用途和用户：	日期：	
(1) 烹饪原料/加工步骤	(2) 确定本步骤引入的、受控的或增加的潜在危害	(3) 潜在的食品安全危害是显著的吗？(是/否)	(4) 对第三栏的判断提出依据	(5) 应用什么预防措施来防止显著危害？	(6) 这步骤是关键控制点吗？(是/否)

HACCP工作小组还应考虑对每一危害可采取哪种控制措施。常见加工方式存在的危害及控制措施见表10-5。

表10-5 常见加工方式存在的危害及控制措施

加工类型	存在危害	控制环节	控制措施
生食	原料中的生物及化学污染、加工污染	控制原料预防交叉污染	购买合格原料执行清洗程序保持加工人员及加工器具清洁
热加工后即时食用	原料化学污染成品生物污染	控制原料烹调	购买合格原料加热食品到杀灭微生物的温度和时间
热加工后放冷食用	原料化学污染生物污染	控制原料放置或冷藏环境与温度	购买合格原料保持存放环境清洁控制存放时间和温度

2. **确定关键控制点**

（1）关键控制点与一般控制点的区别。一般控制点与产品质量、生产有关，而通常与产品的安全无关，除非该控制点支持一个关键控制点，可从以下两方面加以区分：如果此步骤失去控制，是否有后续步骤（如一个杀菌步骤、一个化学品清洗步骤、一个冷冻步骤）可有效控制该危害。如果答案是“是”，那么该步骤很可能是一个 CP。如果答案是“否”，则问下一个问题：如果此步骤失去控制，该产品可能会导致疾病或伤害吗？如果答案是“是”，那么该步骤很可能是一个 CCP。

（2）关键控制点的确定。HACCP 小组应当分析显著危害的控制措施，应用关键控制点判断树确定关键控制点见图 10－3。

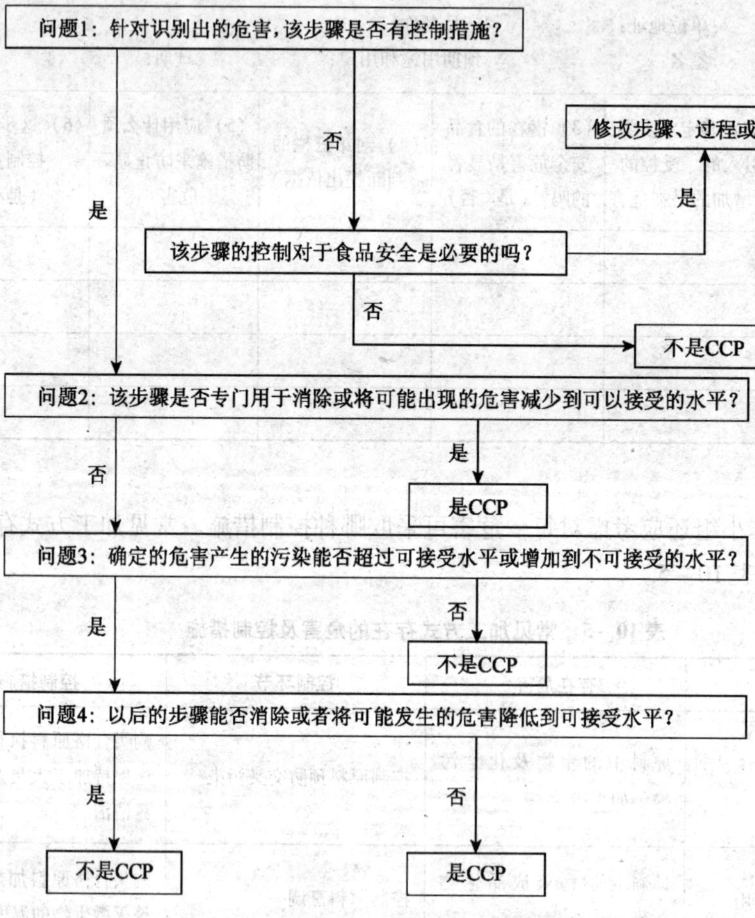

图 10－3　关键控制点判断树

常见关键控制点：原辅料的采购验收及储存，烹调，食品的冷却、冷藏，运输，再加热，餐饮前台服务，餐饮具的清洗消毒与保洁。对这些关键控制点，围绕有毒动植物或含天然毒素原料的控制，原料、半成品与成品的储存，加工过程的交叉污染，熟制过程的烧熟煮透等方面，设置关键限值。

3. **关键限值的确定**

（1）常用关键限值所使用的指标。包括：温度、时间、湿度、pH 值、水分活性、含盐量、含糖量、有效氯、添加剂含量、索证，以及感官指标，如外观和气味等。

（2）确定关键限值应坚持三项原则。一是有效，在此范围内，显著危害能被防止、消除或降低到可接受水平；二是简单，简便快捷，易于操作，可在生产线不停顿的情况下快速监控；三是经济，只需较少的人力、物力、财力投入。

（3）建立操作限值。关键限值建立后，宜建立操作限值。操作限值比关键限值设置的范围更窄，其建立的目的是防止关键限值出现日常偏差，这样在 CCP 超过关键限值以前，就能及时调整生产操作以维持控制。

4. **关键控制点的监控**

监控要做的工作：收集数据，随后从数据中获得信息，根据所获得的信息做出基本的决定或采取正确的行动。

HACCP 小组应对每个 CCP 的监控活动制订相应的工作程序，确定监控的对象、方法、频率及健康人员，并将结果填入 HACCP 计划表（见表 10－6）。

表 10－6　HACCP 计划表

CCP	（显著危害）	控制措施	关键限值	操作限值	监控				纠偏措施	记录	验证
					对象	方法	频率	人员			

当实施标准化操作，将危害控制到安全范围后，监控可适当简化或缩减监控频率。

5. **确定纠偏措施**

餐饮企业常见的纠偏措施包括：确定并纠正引起偏离的原因；明确受影响的菜品及其处理方法，如退货、重新加工、销毁产品、隔离和保存，并做安全评估等；记录纠偏行动，包括偏离的描述、产品处理方法、纠偏人员姓名等。纠偏记录表如表 10－7 所示。

表 10－7　纠偏记录表

产品名称：

关键点		日期		批次	
纠偏项目		关键限值		实际值	
操作人员			检查人员		

续表

过程描述					
纠偏措施					
部门		人员		时间	
验证结果					
部门		人员		时间	

在餐饮业，当关键控制点超出关键限值时，不同的关键控制点应采取相应的纠偏措施，以保证食品安全，常用的纠偏措施见表10－8。

表10－8　餐饮业常用纠偏措施

关键控制点	纠偏措施
采购和验收原料	不予入库
烹调	加热至限量指标
不再加热的食品的处理（冷荤类）	重新加热或销毁
食品的带热存放（自助餐类）	重新加热、调整温度或销毁
设备、餐具的消毒	重新清洗消毒

6. 对HACCP体系进行验证

由于HACCP是一种对食品安全危害进行连续控制的体系，所以HACCP计划的实施需要被验证或审核。验证分为即时验证和长期验证两种。

（1）即时验证。这种验证实施的频率较高，其目的是确保HACCP计划和标准操作程序能持续实施，有效控制危害。例如，CCP记录的复查，对监控设备的校准及其记录的检查等。

（2）长期验证。这种验证实施的频率较低，通常每年进行一次，或在系统发生故障时、产品原材料或加工过程发生显著改变时，或发现了新的危害时进行，其目的是确定HACCP的实施是有效的。例如，检查CCP是否按HACCP的要求被监控，监控活动是否按照HACCP计划中规定的频率执行，当监控表明发生了偏离关键限制的情况时，是否执行了纠偏行动等。

7. 保持记录

餐饮企业的记录可以适当简化，并可以不同形式存在，只要它能证明企业是按照HACCP计划运行即可。

记录的保存期：对于冷藏食品至少保存1年，冷冻食品保存2年。对于其他有关加工设备、加工工艺等方面的研究报告、科学评估的结果应至少保存2年。

在餐饮业实施 HACCP 管理中，为了节约成本和时间并便于推广，对于成立 HACCP 小组、验证、纠偏、记录保持等复杂的过程均可以省略或简化，但重点应放在就企业的硬件条件进行认真的分析，找出在这样的条件下食品安全危害可能存在的环节，并提出相应的控制措施。比较可行的操作方式是制定各关键环节的岗位操作规范，如制定原料验收程序及原料等级验收标准、原料出入库操作规定、原料储藏间卫生控制程序、员工洗手消毒程序、蔬菜粗加工程序手册、烹饪加工程序、备餐卫生操作程序、餐具清洗消毒程序等操作规范，并把规范以文字和图形相结合的方式张贴在相应岗位附近的醒目位置，便于员工遵照执行。

（三）HACCP 体系认证

1. HACCP 体系认证的概念

是指企业委托有资格的认证机构对本企业所建立和实施的 HACCP 管理体系进行认证的活动。获得 HACCP 体系认证，就意味着该企业的食品生产过程中对有关食品危害的预防和控制体系，已经通过了国家认可的权威机构的认证，获得该机构颁发的认证证书，其产品的生产过程也将获得认证机构持续的监控和评估。也就是说，在该企业生产的食品中，能够构成对消费者产生危害的因素已经得到持续有效的控制，该类产品应属安全食品。

2. HACCP 体系的认证程序

企业向认证机构提出申请，认证机构接受企业的申请，并与企业签订认证合同，对企业进行第一阶段的审核并提出意见，企业整改后进行第二阶段的审核，审核通过后进行评定、作出认证决定并批准注册，颁发证书及标志，年度监督审核及复评。

3. 通过 HACCP 体系认证后的跟踪调查

《食品安全法》规定：对通过 HACCP 体系认证的食品生产经营企业，认证机构应当依法实施跟踪调查，对不再符合认证要求的企业，应当依法撤销认证，及时向有关质量监督、工商行政管理、食品药品监督管理部门通报，并向社会公布。认证机构实施跟踪调查不收取任何费用。

【复习思考题】

1. 简述食品安全控制体系包含哪些内容。
2. 简述良好生产规范（GMP）的内容及特点。
3. 简述卫生标准操作程序（SSOP）的内容。
4. 简述餐饮企业如何建立 HACCP 体系。

【案例分析】

吊浆粑中毒事件

据媒体报道，某县境内22名村民近日在食用自制食品吊浆粑后出现不适症状，并有5人因医治无效死亡。

吊浆粑是该县山区农村一种传统食物。通常是用各种粗粮放于水中浸泡后，将其磨成浆状，用可滤水的袋子悬吊，从浆中挤出水分，并使浆呈湿团粉状面，再制成各种食品食用。但是，在加工制作吊浆面过程中，由于农村卫生条件较差，加之夏季气温高、湿度大，吊浆面极易霉变引起中毒。

分析题：综合上述案例，餐饮企业如何预防面点间在加工面食过程中的食物中毒事件？

《餐饮管理》实训指导

实训一　餐饮业概述

1. 实训内容

（1）组织学生对当地餐饮企业组织结构设置情况进行调查分析。

（2）指导学生编制餐饮企业某一具体岗位的岗位责任说明书。

2. 实训目的

通过参观调查，学生了解不同类型餐饮企业的组织结构，了解餐饮企业岗位责任，熟悉岗位责任说明书的编制规范。

3. 实训方法

（1）学生分为三个小组，选择大、中、小类型餐饮企业进行参观调查。

（2）学生分为三个小组，选择前厅、后厨、管理三个不同类别岗位进行分析。

4. 实训要求

（1）学生分组提交大、中、小三种类型餐饮企业的组织结构图。

（2）学生分组提交前厅、后厨、管理三个不同类别岗位的岗位责任说明书。

（3）任课教师以一家成熟的餐饮企业为例对比分析评价。

5. 建议学时

2 学时。

实训二　餐饮服务基本技能

1. 实训内容

（1）轻托训练。

（2）口布折花训练。

（3）中餐铺台训练。

（4）西餐摆台训练。

（5）中西餐上菜训练。

（6）中西餐派菜训练。

（7）中西餐斟酒训练。

2. 实训目的

（1）轻托。通过对托盘的观察、触摸、感受、实作，学生掌握轻托的操作方法，达到托盘使用平稳、灵活自如的要求。

（2）口布折花。通过实训，学生掌握口布折花的基本手法和操作要领，达到卫生规范、熟练操作的标准。

（3）中餐摆台。通过实训，学生掌握中餐铺台的程序和各项标准。

（4）西餐铺台。通过实训，学生掌握西餐铺台的程序和各项标准。

（5）上菜。通过实训，学生应掌握中西餐上菜的顺序、位置、时机、要领、注意事项等内容，最终达到熟练操作、技能娴熟的训练要求。

（6）派菜。通过实训，学生应掌握分菜的方法、顺序、相关要求、注意事项等技能。

（7）斟酒。通过实训，学生认识主要的酒杯与酒的搭配，了解斟酒的要求和标准，能够规范、娴熟地斟倒酒水。

3. 实训方法

（1）观看餐厅服务基本技能教学视频，让学生先有一个直观整体印象；

（2）教师示范讲解，学生分组操作训练，教师进行同步指导。

（3）根据餐厅服务国家职业技能中高级技能要求，设计分项评分标准，对学生进行分项考核测试。

4. 实训要求

（1）轻托。要求如下：

——准备空软饮料瓶、啤酒瓶若干，装满水。

——将学生分组；

——教师示范，从站立托盘开始，先托 2～3 瓶饮料，保持正确姿势静止站立 5 分钟。

——头顶一本书，逐一托盘行走，教师指出不足。

——具备一定的基础技能后，训练技巧。将学生分成两组或三组，作托盘接力比赛。

——练习常步、急步、碎步、绕桩、上楼梯等多种情况下的托盘行走。

（2）口布折花。要求如下：

——教师先教会学生辨别口布的正反面，每叠一种口布花，都要从正确的选择正反面开始。

——教师示范，教会学生基本的技法和折叠方法，比如鸟头的几种折法，每一个学生都应熟练掌握。

——教师分类别由浅入深地教会学生一些常用的口布折花。

——必须掌握的有：植物类，单荷花、枫叶、玫瑰花蕾、竹笋、香蕉；动物类，小孔雀、金鱼、三尾鸟、长尾鸟、海鸥；实物类，僧帽、折扇、合服、三明治、信封。

——熟练程度：10 分钟折叠 10 种杯花，5 分钟折叠 8 种盘花。

（3）中餐摆台。要求如下：

——分解练习，先练铺台布，要求 90% 的学生表现良好。

——再练定位，要求一次放准。

——分次托摆餐具，要求准确、快速。

——四名学生分组同时进行，要求 10 分钟内铺完整的台面。

（4）西餐摆台。要求如下：

——教师先教学生认识餐具，许多学生鱼刀和黄油刀不分，甜品叉和主菜叉不分。

——教师指导学生完成铺桌布和收桌面的练习。

——让学生铺出一个完整的西餐台面。

——策划一次西餐铺台大赛。

（5）上菜。要求如下：

——准备几份菜单，了解菜肴名称、数量、烹饪方法、菜品特色，为菜肴介绍作准备。

——将菜肴送上餐桌，注意中、西餐菜肴的不同要求。

——上带头尾的菜品，应按当地上菜习惯摆放。

——上带有配料、佐料的菜肴，要先上配料、佐料后上菜。

——菜上齐后要告知宾客。

——每上完一道菜后，应后退一步，向宾客介绍菜名和风味特点，特殊菜肴还要介绍烹饪方法；要求表情自然，面带微笑，吐字清晰。

——西餐上菜时，注意右侧上菜、左侧派汁的原则。

（6）派菜。要求如下：

教师首先教会学生餐具套的叠法。

——教师示范用服务勺和服务叉进行派菜的手势和操作要领。

——可用筷架模拟菜肴，分派至空骨碟内。

（7）斟酒。要求如下：

——教师示范。

——由斟倒葡萄酒开始练习。

——左手托空托盘练习中餐宴会斟酒。

——左手托一瓶饮料练习、逐渐增多。

——每斟完一桌，将学生斟倒的酒水置于转台上，排成一排，进行比较，激发学生再练习的欲望。

5. 建议学时

12 学时。

实训三　餐饮服务方式与服务程序

1. 实训内容

（1）中餐零点服务流程训练。

（2）中餐宴会服务流程训练。

（3）西餐零点服务流程训练。

（4）西餐宴会服务流程训练。

2. 实训目的

（1）中餐零点服务。学生熟悉中餐零点服务的整个规范流程。

（2）中餐宴会服务。学生掌握中餐宴会服务程序并能娴熟地运用。

（3）西餐零点服务。学生掌握西餐零点服务的程序和标准。

（4）西餐宴会服务。学生掌握西餐宴会服务的相关服务技能，训练热情、准确、规范地为客人服务的能力。

3. 实训方法

（1）组织学生观看中西餐服务流程教学录像。

（2）教师拟定中西餐规范服务流程标准表，再进行角色扮演和模拟服务训练。

（3）组织学生分迎宾、值台、传菜、酒水等岗位模拟练习。

4. 实训要求

（1）中餐零点服务。要求如下：

——让学生轮流扮演主管组织召开班前会，安排零点服务工作。

——从预订开始，模拟当面预订和电话预订，并填写好预订通知单，做好预订记录，再到迎宾、点菜、上菜、分菜、结账、清台等每个环节，让每个学生都有机会把整个程序熟悉一遍。

（2）中餐宴会服务。要求如下：

——学生轮流扮演主管组织召开班前会，安排宴会服务工作。

——学生分为两组，一组扮演宾客，另一组扮演服务员，从宴会预订、餐前准备、迎宾服务、就餐服务、餐后工作等环节进行模拟训练。

（3）西餐零点服务。要求如下：

——分组让学生用英语练习西餐点菜。

——从问候宾客、引客入座开始，将倒冰水、上面包、点菜、点酒、上菜、撤盘、结账、收台等整个程序进行完整演练。

（4）西餐宴会服务。要求如下：

——由教师下一份模拟的西餐宴会通知单，以全班学生为服务员进行分工，要求各个岗位不能遗漏。

——让学生提交宴会场地布置草图、桌形布置草图、席位安排草图。

——进行模拟迎宾、就餐服务、送客服务。要求整个服务过程流畅、娴熟。

5. 建议学时

6 学时。

实训四　菜单策划

1. 实训内容

（1）点菜菜单设计与制作。

（2）主题宴会菜单设计与制作。

2. 实训目的

（1）点菜菜单设计。学生了解餐饮企业菜单的结构，掌握零点散客菜单设计制作的方法、程序。

（2）主题宴会菜单设计。学生了解一般宴会菜单的结构，掌握餐饮企业主题宴会菜单设计制作的方法、程序。

3. 实训方法

（1）向学生展示成熟餐饮企业使用的点菜菜单与宴会菜单，讲解清楚菜单结构及创新思维；

（2）安排学生事先准备一本某一菜系或区域饮食菜谱，收集菜品图片资料，分析其地域特征；

（3）教师指导学生设计、制作。

4. 实训要求

（1）零点菜单设计。要求如下：

——设定某一菜系或区域饮食为背景，学生自定餐厅主题和档次，设计制作一份完整的点菜菜单，从菜单封面、内容、结构、定价、特色、创新等方面训练综合能力。

——学生可自由选择制作茶单、酒单、特菜菜单、套菜菜单等，充分发挥其创新能力。

（2）主题宴会菜单设计。要求如下：

——设定某一宴会主题为背景，学生自定宴会档次，设计制作一份完整的宴会菜单，从菜品组合、结构编排、凸显特色与创新等方面训练综合能力。

——菜单表现形式不限，学生充分发挥其创新能力。

5. 建议学时

2 学时。

实训五　餐饮原料管理

1. 实训内容

（1）安排学生对当地超市、大型农贸市场进行调查，完成一份餐饮原材料市场行情调查表；

（2）组织学生参观现代物流公司库房或大型餐饮企业库房。

2. 实训目的

通过调查、参观，学生了解当地餐饮原材料市场行情，以及不同类型企业库房的物资管理规范。

3. 实训方法

（1）分组调查。

（2）实地参观，专人介绍。

4. 实训要求

（1）原料行情调查包括品名、产地、等级、规格、单价、上市季节等要素。

（2）提交一份参观单位库房物资分类摆放图。

（3）教师以一家成熟的餐饮企业为例对比分析评价。

5. 实训学时

2 学时。

实训六　厨房生产管理

1. 实训内容

（1）组织学生参观一家规模较大的餐饮企业厨房。

（2）教师指导学生参与菜点制作流程。

2. 实训目的

学生了解厨房功能设计、厨房设备布局概况，熟悉一般餐饮企业厨房生产流程。

3. 实训方法

（1）观看厨房生产过程教学视频。

（2）教师设计一份工作简餐菜单，让学生分组制作菜点。

4. 实训要求

（1）学生在专业人员的指导下到企业厨房参与 3 ~ 5 道不同类别菜点的制作，了解厨房生产岗位及流程。

（2）分组设计一份简单的厨房五常管理方案。

5. 实训学时

4 学时。

实训七　餐饮销售管理

1. 实训内容

（1）分组以问卷和座谈等形式对在校大学生餐饮消费情况进行调查。

（2）设计制作一份学校美食节营销推广方案。

2. 实训目的

了解餐饮业消费需求现状的调查分析方法，掌握餐饮营销方案的设计要求。

3. 实训方法

（1）收集当地报刊所登载的餐饮营销广告资料。

（2）在教师指导下分组设计本校美食节营销推广方案。

4. 实训要求

（1）调查内容主要包括：满意度，市场消费数量及层次，对现有品牌的认知与评价，餐饮消费的心理，影响餐饮选择决策的关键因素，餐饮消费的新需求，等等。

（2）以展板的形式对学生设计的美食节推广方案进行评比。

5. 实训学时

2 学时。

实训八　餐饮服务质量管理

1. 实训内容

分组设计餐厅主管、领班、服务员三个不同岗位员工的服务质量综合考核表。

2. 实训目的

学生了解餐厅不同岗位员工的服务质量要求，了解服务质量综合考核指标的设置。

3. 实训方法

回顾本书第一章岗位职责部分的内容，结合本章服务质量要素综合分析后设计。

4. 实训要求

（1）学生分组提交三份服务质量综合考核表。

（2）教师以一家餐饮企业服务质量考核指标对比分析。

5. 实训学时

2 学时。

实训九　餐饮成本管理

1. 实训内容

分组对当地不同类型的餐饮企业成本控制方法进行调研。

2. 实训目的

通过调研，学生了解不同类型餐饮企业的餐饮成本控制方法。

3. 实训方法

（1）分组调研。

（2）邀请当地餐饮企业中高层管理人员与学生分组讨论成本控制方法和成本控制漏洞。

4. 实训要求

（1）每组提交一份调研报告。

（2）重点讨论成本控制漏洞管理。

5. 实训学时

2 学时。

实训十　餐饮业食品安全管理

1. 实训内容

分组对所在高校食堂从原材料采购、粗加工、烹饪加工和销售各环节等的食品安全控制措施进行调查分析。

2. 实训目的

通过参观调查，学生了解高校学生食堂食品安全控制体系的运行情况。

3. 实训方法

（1）分组调查。

（2）邀请食堂管理人员与学生分组讨论食品安全控制体系建设。

4. 实训要求

（1）以所在高校食堂 5 年间先后采用的食品安全控制措施作纵向对比分析评价。

（2）分组提交食堂食品安全状况分析报告。

5. 实训学时

2 学时。

参考文献

［1］马开良. 餐饮企业餐饮管理［M］. 北京：清华大学出版社，2013.
［2］孟庆节. 餐饮服务与管理［M］. 北京：首都经济贸易大学出版社，2011.
［3］黄文波. 餐饮管理［M］. 天津：南开大学出版社，2002.
［4］檀亚芳. 餐饮运行与管理［M］. 北京：北京大学出版社，2011.
［5］陈觉. 餐饮服务要点及案例评析［M］. 沈阳：辽宁科学出版社，2004.
［6］杨爱华. 餐饮服务与管理［M］. 北京：清华大学出版社，2011.
［7］张波. 餐饮管理［M］. 重庆：重庆大学出版社，2008.
［8］蒋丁新. 饭店管理［M］. 北京：高等教育出版社，2002.
［9］李勇平. 餐饮服务与管理［M］. 大连：东北财经大学出版社，2002.
［10］田瑞云. 饭店餐饮业务与管理［M］. 昆明：云南大学出版社，1997.
［11］杨凤珍. 餐厅服务与管理［M］. 大连：东北财经大学出版社，2000.
［12］乐盈. 饭店餐饮管理［M］. 重庆：重庆大学出版社，2002.
［13］陈诏. 中国撰食文化［M］. 上海：上海古籍出版社，2001.
［14］陈光新. 烹饪概论［M］. 北京：高等教育出版社，1998.
［15］陆棚. 餐饮管理［M］. 北京：中国财富出版社，2013.
［16］李勇平. 餐饮企业餐饮运行管理实务［M］. 北京：中国旅游出版社，2013.
［17］陈静，谢红勇. 餐饮服务与管理［M］. 上海：上海交通大学出版社，2011.
［18］钱丽娟. 餐饮经营与管理［M］. 北京：北京大学出版社，2013.
［19］郑向敏. 餐饮服务与管理［M］. 上海：上海交通大学出版社，2011.
［20］汪为春. 现代饭店管理［M］. 北京：现代教育出版社，2011.
［21］都大明. 饭店管理概论［M］. 上海：复旦大学出版社，2008.
［22］邹益民. 现代饭店管理［M］. 杭州：浙江大学出版社，2006.
［23］谢雨萍. 酒店管理概论［M］. 北京：中国财政经济出版社，2005.
［24］赵涛. 酒店管理［M］. 北京：电子工业出版社，2012.
［25］郭琰. 餐饮管理［M］. 郑州：郑州大学出版社，2006.
［26］史灵歌. 餐饮管理［M］. 郑州：郑州大学出版社，2009.
［27］张波. 餐饮管理［M］. 重庆：重庆大学出版社，2008.
［28］徐文燕. 餐饮管理［M］. 上海：格致出版社，2011.
［29］嵇步峰，侯兵. 餐饮管理［M］. 北京：中国纺织出版社，2008.

［30］熊敏，谭杨，王鑫．餐饮业食品安全控制［M］．北京：化学工业出版社，2012.

［31］杨柳，汪志君．餐饮食品安全［M］．北京：高等教育出版社，2010.

［32］李玉松，张君，王彦秋，等．餐饮业食品安全与食源性疾病［M］．北京：中国环境出版社，2013.

［33］蔡万坤．餐饮管理［M］.4 版．北京：高等教育出版社，2014.

［34］李虹．餐饮管理［M］．北京：中国旅游出版社，2009.

［35］段仕洪．现代餐饮成本核算与控制［M］．上海：上海财经大学出版社，2009.

［36］林德荣．餐饮经营管理策略［M］.2 版．北京：清华大学出版社，2012.

［37］吴克祥．餐饮经营管理［M］．天津：南开大学出版社，2004.

［38］胡爱娟．餐饮运行与管［M］．杭州：浙江大学出版社，2010.

［39］李娉婷．饭店餐饮管理［M］．北京：中国劳动社会保障出版社，2011.

［40］苏志平，刘志全，王德静．现代餐饮企业管理［M］．北京：中国工商出版社，2013.

［41］付迎，张颖超．餐饮管理［M］．黑龙江：哈尔滨工程大学出版社，2012.

［42］黄文波．餐饮管理［M］．北京：对外经济贸易大学出版社，2007.

策划编辑： 段向民
责任编辑： 孙妍峰
责任印制： 冯冬青
封面设计： 何 杰

图书在版编目（CIP）数据

餐饮管理 / 赵顺顶主编 . --北京：中国旅游出版社，2016. 2（2018. 7 重印）

中国旅游业普通高等教育应用型规划教材

ISBN 978-7-5032-5449-9

Ⅰ. ①餐… Ⅱ. ①赵… Ⅲ. ①饮食业—经济管理—高等学校—教材 Ⅳ. ①F719. 3

中国版本图书馆 CIP 数据核字（2015）第 265709 号

书　　名： 餐饮管理

主　　编： 赵顺顶
副 主 编： 马继刚 刘 芳
出版发行： 中国旅游出版社
（北京建国门内大街甲 9 号 邮编：100005）
http：//www. cttp. net. cn E-mail：cttp@ mct. gov. cn
营销中心电话：010-85166503
排　　版： 北京旅教文化传播有限公司
经　　销： 全国各地新华书店
印　　刷： 河北省三河市灵山芝兰印刷有限公司
版　　次： 2016 年 2 月第 1 版 2018 年 7 月第 3 次印刷
开　　本： 787 毫米×1092 毫米 1/16
印　　张： 15. 5
字　　数： 360 千
定　　价： 34. 50 元
I S B N 978-7-5032-5449-9